产教融合赋能乡村振兴的
政策意蕴、学理逻辑与现实方略

盛晓颖　著

中国农业出版社

北　京

前言

　　乡村振兴战略是推动农村产业转型升级、激发人才需求、经济发展提速的重要途径。乡村振兴战略的实施对高等教育提出了新的要求，传统农业转型升级迫切需要适应新发展格局。乡村振兴战略是实现农业农村现代化、破解城乡发展不平衡问题的核心路径。乡村振兴，教育为重、人才为先。以教育强国建设支撑中国式现代化是教育的时代责任。高校是人才培养的主阵地、企业是人才成长的主平台，乡村振兴人才培养理应根植乡村、服务乡村产业、贴近乡村社会需求。强大的创新驱动发展能力是教育强国的核心特征，而产教融合作为教育链、人才链与产业链、创新链深度协同的重要模式，在服务乡村振兴中具有独特的政策价值、理论支撑和实践潜力。随着产教融合建设和实践探索不断深入，高等教育产教融合的改革发展迫切需要找准乡村振兴的切入点，真正发挥应用型人才在乡村振兴中的引领作用。

　　党的二十大报告提出"全面推进乡村振兴，坚持农业农村优先发展"，强调教育、科技、人才"三位一体"协同发力。产教融合通过教育链对接产业链，直接服务于乡村产业升级需求，契合"强化科技、人才支撑"的政策导向。

　　本书从"产教融合服务于乡村振兴战略"视角出发，从产教融合为何、何以、如何赋能乡村振兴的政策意蕴、学理逻辑、现实方略三个方面，以"理论＋实例"的方式，根据农村发展的实际需求，以农业科技水平提高、农业经营模式转变、农村一二三产业融合发展、农业科技产业创新为目的，阐释产教融合赋能乡村振兴的政策意蕴、学理逻辑与现实方略，内容切入乡村振兴战略下聚焦产业链、创新链、人才链、教育链，产教融合为何、何以、如何赋能乡村振兴，充分服务农村产业升级的需求。

本书首先剖析乡村振兴战略下产教融合的发展现状、阐释政策意蕴，界定产教融合实施主体的职责，并分析地方应用型高校产教融合的现状；接着从提高农业质量效益和竞争力出发，进行学理逻辑阐释，探索产教融合的内涵与形态、运行机制和生态环境，构建高校产教融合机制和模式；最后从产教融合各主导者视角出发，进行乡村企业参与产教融合案例分解、高校基础研究成果向乡村产业技术成果转化经验回溯、乡村企业科技人员与工人的创新能力提升、乡村企业的转型发展现实方略总结。旨在以产教融合赋能乡村产业升级，为农村经济发展提供有效动力，推动农村经济实现更好更快发展，丰富深化现有产教融合赋能乡村振兴的理论研究和总结现有实践探索经验。

本书系"社科赋能山区（海岛）县高质量发展行动"研究成果，本书系中国（丽水）两山研究院研究成果，受中国（丽水）两山研究院资助。本书也作为浙江省一流本科课程、省课程思政课程"移动电子商务"课程、中医药与健康现代产业学院校企合作课程劳动教育"产品设计与制作"课程的配套参考教材。受丽水学院中医药与健康产业学院校企合作项目资助（项目编号：23CYJC03）。本书系浙江省课程思政教学项目"'课程思政—专业思政'协同育人机制研究——以丽水学院电子商务专业为例"研究成果。

目录

前言

01

第一章

产教融合赋能乡村振兴的政策意蕴

建设教育强国关键是建成高等教育强国，服务是高等教育的本体使命和根本方向。在教育强国建设过程中，产教融合获得了新的时代意义，是高等教育改革发展的主旋律。产教融合不仅是实施科教兴国战略、人才强国战略、创新驱动发展战略的重要路径之一，还是赋能共同富裕、提升劳动者技能和创新精神的重要推动力量[①]。

一、从教育强国到产教融合

（一）建设教育强国关键是建成高等教育强国

教育强国建设的核心是高等教育，立足当前，创新驱动发展能力是教育强国竞争的核心指标，提升创新驱动发展能力是教育强国的根本任务，支撑强大的创新驱动发展能力是教育强国的核心特征。在创新驱动发展的时代背景下，创新被视为推动发展的首要力量。这是因为创新能够不断产生新的思想和技术，从而促进社会的进步。在创新驱动发展的时代，创新是第一动力。创新依靠人才，人才是第一资源。创新的成果是科学技术，科学技术是第一生产力。

高等教育是创新、人才和科技的重要交汇点，是驱动经济社会发展的引擎，是经济社会发展的自变量。高等教育水平决定一个国家或地区的产

---

① 王中教，刘梦青，马庆敏. 赋能共同富裕的产教融合：逻辑理路与现实选择 [J]. 江苏高教，2023（1）：35-43.

业水平、竞争力水平和经济社会发展水平。党的二十大报告提出，"教育、科技、人才是全面建设社会主义现代化国家的基础性、战略性支撑"。实际上，高等教育正处于教育、科技、人才三者最紧密的结合点，可以说高等教育是"基础中的基础""战略中的战略""支撑中的支撑"。

党的二十大报告提出，"到本世纪中叶，把我国建设成为综合国力和国际影响力领先的社会主义现代化强国"，到2035年，将我国"建成教育强国、科技强国、人才强国、文化强国、体育强国、健康中国"。可见，建成教育强国与建成社会主义现代化强国之间存在约十五年的时间差，而这十五年大致对应一个完整的教育周期，也是培养一代人才所需要的时间。由此，我们可以看出党和国家用教育支撑引领经济社会发展、用教育强国支撑引领强国建设的战略谋划和思考。从这个角度来看，教育强国，不只是纯粹的学术问题，同时也是关系全局的政治问题。研究教育强国，需要我们从学术和政治两种角度、综合两种思维进行全方位的认识。在教育强国建设的战略框架下，产教融合已突破传统校企合作的工具性定位，升维为重构高等教育生态、重塑国家创新体系的核心机制。其时代意义不仅体现为教育链、人才链与产业链、创新链的深度协同，更在于通过"教育—产业—社会"的协同进化，推动知识生产模式变革、人力资本价值重构和社会公平效率平衡。这一过程深刻呼应了科教兴国、人才强国、创新驱动发展三大战略的本质要求，并为共同富裕目标的实现提供系统性支撑。

高等教育在某种程度上已经成为一种经济现象，这一观点在当今社会正逐渐深入人心，获得了越来越多的认可。没有一流的高等教育体系，很难有一流的产业经济体系。越是发达的地区，越是关注高等教育的发展；越是面向发展的地区，越是致力于推动高等教育发展。

首先，高等教育是培养高素质人才的重要途径。一个国家或地区的经济发展离不开人才的支撑，而高等教育正是培养这些人才的主要场所。通过接受高等教育，学生们可以学习到先进的科学知识、技能和思维方式，为将来的职业生涯打下坚实的基础。此外，高等教育还可以培养学生的创新精神和团队合作能力，这些都是现代社会所需人才要具备的重要素质。

其次，高等教育对于推动科技创新具有重要作用。在当今世界，科技已经成为推动经济发展的核心动力。而高等教育机构往往是科技创新的重要基地，许多重大的科研成果都是在这里诞生的。通过推进高等教育的发展，可以为科技创新提供更多的人才和资源支持，从而推动整个产业经济的升级和发展。

再次，高等教育对于促进区域经济发展具有重要意义。一个地区的经济发展往往与其教育资源密切相关。优质的高等教育资源可以吸引更多的学生和教师前来就读和工作，从而带动当地的消费和投资增长。此外，高等教育机构还可以与企业合作开展产学研项目，推动科技成果的转化和应用，为当地经济发展注入新的活力。

最后，高等教育对于提升国家竞争力也具有重要意义。在全球化的背景下，各国之间的竞争日益激烈。而高等教育作为培养高素质人才和推动科技创新的重要途径，直接关系到一个国家的综合国力和国际地位。因此，加强高等教育的发展，不仅可以提升国家的经济实力，还可以增强国家的软实力和国际影响力。

因此，我们应该高度重视高等教育的发展，加大投入力度，优化资源配置，努力打造一流的高等教育体系，为国家的经济发展和社会进步作出更大的贡献。高等教育是教育强国建设的最大变量，教育强国建设的核心是高等教育，建成教育强国的关键是建成高等教育强国。

（二）高校肩负服务"强国建设、民族复兴"的使命

2016年12月，习近平总书记在全国高校思想政治工作会议上发表的重要讲话，明确提出了高等教育"四个服务"的发展方向：为人民服务、为中国共产党治国理政服务、为巩固和发展中国特色社会主义制度服务、为改革开放和社会主义现代化建设服务。

高等教育应致力于推动教育公平，特别是增加对农村、欠发达地区和低收入群体的支持，通过提高录取率和提供奖学金、助学金等多种手段，使更多的学生能够接受优质教育。高校在提升教学科研水平的同时，必须注重增强德育教育内容，完善教育评价体系，推动育人模式的改革。高校

应培养能够适应新时代要求的高素质人才，使其不仅具备专业知识技能，还应具备良好的道德品质和社会责任感。高等教育的"四个服务"不仅是对高校职能的具体指导，也是对整个教育系统提出的更高要求。这需要每所高校根据自身条件和特色，制定具体的实施方案和策略，确保能够在人才培养、科学研究、文化传承创新等方面实现突破，真正成为推动社会进步的重要力量。

在过去，社会服务只是高校的三大职能之一，而且并非高校最主要的职能。然而，如今高校的服务使命已不再只是作为高校的三大职能之一，而是成为高校的根本办学方向。高校的主业也已经从教学与科研转向服务国家重大战略需求。教学与科研不再是高校的"主业"，变成了服务"强国建设、民族复兴"这一根本使命的"主渠道"。"四个服务"是对创新驱动发展时代高等教育办学职能、办学方向的准确判断，是立足强国建设和民族复兴全局对高校办学定位的准确判断，服务社会已经成为高校最重要的使命之一。

（三）高校服务乡村振兴战略的路径

在推动国家繁荣和民族复兴的征程中，高等教育扮演着至关重要的角色。特别是在乡村振兴这一战略举措中，高等教育的重要性更是不言而喻。

服务国家战略需求。高等教育是实施国家战略的关键力量，特别是在乡村振兴战略中。通过培养符合乡村发展需求的高素质人才，高等教育为乡村注入了新的活力和创新能力。这些人才不仅具备专业知识和技能，还拥有创新思维和实践能力，能够引领乡村产业升级和经济发展。同时，高校还可以通过科研项目和技术创新，为乡村提供技术支持和解决方案，推动乡村现代化进程。例如，农业院校可以开展关于农作物种植、病虫害防治等方面的研究，为农民提供更科学的种植方法和技术支持；工程类院校则可以研发适合乡村使用的机械设备，提高农业生产效率。

促进教育公平和质量提升。高等教育机构通过提供远程教育和继续教育等多种形式，有效提高了农村地区的教育质量和水平，缩小了城乡教育差距。远程教育使得优质教育资源得以共享，农村学生可以通过网络平台接受与城市学生同样内容的教育。继续教育则为农村成年人提供了学习新知识和技能的机会，帮助他们适应社会发展的需求，提高就业竞争力。此外，高校还可以通过支教活动和志愿服务，将先进的教育理念和方法带到农村，促进当地教育水平的提升。例如，师范类院校可以组织师生到农村学校进行支教活动，帮助提高农村教师的教学水平和学生的学习成绩；综合类院校则可以开设各类职业技能培训课程，帮助农村劳动力掌握一技之长，增加就业机会。

加强思想政治教育。高校通过强化思想政治教育，培养学生的社会责任感和历史使命感，激励他们参与到推进乡村振兴和社会服务中去。通过课程设置、讲座论坛、社会实践等多种形式，引导学生深入了解国家发展战略和乡村振兴相关政策，增强他们的爱国情怀和服务意识。同时，高校还可以组织学生参与乡村调研和实践活动，让他们亲身体验乡村生活，了解乡村发展的现状和面临的问题，从而激发他们投身乡村建设的热情和决心。例如，社会学类院校可以组织学生到农村进行实地调研，了解农民的生活状况和实际需求。

服务区域经济发展。地方高校利用自身的科研成果和教学优势，与地方政府和企业合作，推动产学研一体化，促进地方经济的结构优化和产业升级。高校可以依托自身的学科优势和人才资源，开展针对性的科研项目和技术攻关，解决地方经济发展中的关键技术难题。同时，高校还可以与企业合作，建立实习实训基地和联合实验室，为学生提供实践机会的同时，也为企业输送优秀人才和提供创新成果。此外，高校还可以通过举办学术会议、科技展览等活动，搭建产学研交流平台，促进信息共享和技术转移。例如，经济学类院校可以研究地方经济发展模式，为地方政府制定产业政策提供参考；工学类院校则可以与企业合作开发新产品、提供新技术，推动产业升级。乡村振兴需要科技创新和产业升级来推动。产教融合能够促进科研成果的转化和应用，推动乡村产业的升级和转型。通过校企合作、产学研结合等方式，将高校和科研机构的科研成果转化为实际生产力，推动乡村经济的高质量发展。

推动文化传承创新。高等教育机构不仅是知识和技能的传递者，也是文化传承和创新的重要场所。通过研究和教学活动，高校可以促进乡村文化的丰富多样和不断创新。高校可以组织专家学者深入研究乡村历史文化，挖掘和整理乡村传统文化资源，保护和传承非物质文化遗产。乡村文化是乡村振兴的"根"和"魂"，对乡村振兴战略具有重要的引领和推动作用。高校等教育机构在传承弘扬优秀传统文化、赋能乡村振兴中具有得天独厚的优势。通过创新人才培养模式、发挥职业教育优势、推进产教融合发展等方式，为乡村文化振兴和经济发展提供全方位的支持和助力。同时，高校还可以鼓励师生创作反映乡村生活的文艺作品，如小说、诗歌、音乐作品等，丰富乡村文化内容。此外，高校还可以利用现代科技手段，如数字媒体、虚拟现实等，创新乡村文化传播方式，提升乡村文化的吸引力和影响力。如文学类院校可以组织师生深入农村采风，创作出一批具有乡土气息的作品；艺术类院校则可以利用现代科技手段制作乡村文化的宣传片、纪录片等。

提升国际竞争力。在全球化的背景下，高等教育的国际竞争力已成为衡量一个国家教育水平和综合实力的重要指标。通过提升教育质量和国际化程度，高等教育有助于提高一个国家的国际地位和影响力。高校可以通过引进国外优质教育资源、开展国际合作与交流项目等方式，提升自身的教育教学水平和科研能力。同时，高校还可以积极参加国际学术组织和会议，展示中国高等教育的成就和特色，增强国际社会对中国教育的认同和尊重。此外，高校还可以通过留学生教育和海外办学等方式，增进与其他国家的友好关系和文化互鉴。例如，外语类院校可以加强与国外知名大学的交流合作，引进先进的教学理念和方法；综合性大学则可以设立留学生奖学金项目，吸引更多优秀外国学生来华学习。

强化社会服务功能。高校应利用其知识和技术优势，积极参与社会服务工作，如科技成果转化、咨询服务等，为社会发展提供智力支持和技术服务。高校可以建立科技成果转化平台，将科研成果转化为实际应用的产品和技术，推动科技创新和产业升级。同时，高校还可以提供专业咨询服务，为政府决策、企业发展等提供科学依据和建议。此外，高校还可以通过开展科普活动、社区服务等形式，普及科学知识，提高公众的科学素养和社会责任感。例如，理工科类院校可以将科研成果应用于实际生产生活中，帮助企业解决技术难题；社科类院校则可以为政府制定政策提供理论支持和数据分析。

促进区域经济发展。高等教育机构可以通过与地方政府和企业的合作，推动产学研一体化，促进区域经济的转型升级和可持续发展。高校可以依托自身的学科优势和人才资源，开展针对性的科研项目和技术攻关，解决地方经济发展中的关键技术难题。同时，高校还可以与企业合作，建立实习实训基地和联合实验室，为学生提供实践机会的同时，也为企业输送优秀人才和提供创新成果。此外，高校还可以通过举办学术会议、科技展览等活动，搭建产学研交流平台，促进信息共享和技术转移。例如，农林类院校可以研究适合当地气候条件的农作物品种改良技术；医药类院校则可以研发针对地方性疾病的药物和治疗方法。

增强学生就业能力。高等教育应关注学生的全面发展和未来就业能力的提升，通过实践教学和职业指导，帮助学生适应社会需求，增强其就业竞争力。高校可以通过开设职业规划课程、举办就业指导讲座等方式，帮助学生了解就业市场趋势和岗位需求，制定合理的职业发展目标。同时，高校还可以与企业合作开展实习实训项目，让学生在实际工作中锻炼能力和积累经验。此外，高校还可以通过建立校友网络、举办招聘会等活动，为学生提供更多的就业机会和信息。例如，商学院可以邀请企业高管来校分享职场经验；理工类院校则可以组织学生参加各类技能竞赛和创新创业大赛。

（四）产教融合是高校服务产业经济发展的根本方式

产教融合是一个由一定机制关联建构的产业与教育关系系统，产业与教育基于契约、产权、制度等多层机制，在微观、中观、宏观层面实现资源、利益、愿景等类型要素的互动与融合[①]。

---

① 蓝洁．中国本土情境中的"产教融合"实践发展与理论构建［J］．教育与职业，2023（11）：29-36.

　　高校服务使命的主要任务是服务产业发展，而产教融合是高校服务产业经济发展的根本方式。高校服务产业发展的使命要求高校充分发挥其在人才培养、科学研究和技术创新方面的优势，通过产教融合的方式，为产业发展提供有力的支持和服务。

　　高校作为知识和人才的重要来源，对于推动产业发展具有不可替代的作用。通过培养高素质的人才、开展科学研究和技术创新，高校可以为产业发展提供强有力的支持。同时，高校还可以通过与企业合作，将科研成果转化为实际生产力，进一步推动产业的发展。在创新驱动发展的当今时代，知识与经济正经历双重转型，一方面，从知识转型来看，高校的知识生产越来越"求用"，越来越注重面向产业经济的发展需求，越来越需要向产业发展的实际靠拢。另一方面，从经济转型来看，产业经济的发展越来越倚重知识和创新，越来越依靠"生产"知识、人才和科技成果的高校。作为知识创新和人才培养的重要基地，高校对于促进产业升级和技术进步具有不可估量的价值。他们通过精心策划的教学计划和前沿的科研项目，为各行各业输送了大量专业人才和创新成果。这些人才和成果不仅加速了技术革新的步伐，也为产业发展注入了源源不断的动力。

　　在传统的教育模式中，产教融合主要聚焦教学的维度，即通过教材、课程和实习等手段，让学生深入了解生产一线的实际状况。然而，随着时代的发展，我们需要将产教融合的视角从单纯的教学层面提升到更广阔的教育层面。这意味着，我们需要在培养理念、方向、目标和模式上进行深度融合，以确保人才培养更加贴近实际需求。此外，我们还需要进一步拓展产教融合的范围，将其延伸至办学的各个层面。这包括在人才培养之外的办学理念、科技创新、组织设计、考核评价和文化建设等方面深入推进产教融合。只有这样，我们才能真正实现教育与产业的无缝对接，为社会培养出更多具有创新精神和实践能力的人才。当前，产教融合已经成为职业教育乃至各类高校的重要办学方向。它不仅关乎高等教育的发展方式，也影响着产业的发展路径，更是整个社会迈向创新驱动发展时代的关键所在。因此，我们需要以更加开放和包容的心态，积极推动产教融合的深入发展，为构建创新型国家贡献智慧和力量。

产教融合要求高校将产业需求与教育教学相结合，使教育更加贴近产业实际，提高教育的针对性和实用性。在产教融合的过程中，高校可以与企业共同制定人才培养方案，将企业的实际需求和最新技术引入课堂，使学生在学习过程中就能接触到真实的产业环境，提升实践能力和创新能力。此外，高校还可以通过与企业合作开展科研项目，将研究成果直接应用于企业的生产和经营中，实现科研与产业的无缝对接。

在产教融合的大背景下，高校与企业之间的合作愈发紧密。双方共同设计人才培养方案，确保教学内容与产业实际需求高度契合。这样的教育模式使得学生能够在学习过程中深入了解行业动态，提前适应未来的工作环境，从而大大增强了他们的就业竞争力和创新能力。产学研一体化的合作模式不仅加速了科技成果的产业化进程，也为企业带来了实实在在的经济效益和竞争优势。此外，产教融合还有助于解决当前高等教育中存在的一些问题。例如，一些高校的课程设置过于理论化，缺乏实践环节；一些专业的人才培养与社会需求脱节等。通过产教融合，这些问题可以得到一定程度的解决。将产教融合作为高等教育改革发展的主旋律，是顺应时代潮流的必然选择。

二、乡村振兴战略背景下产教融合发展的历史机遇

乡村振兴战略是带动农村产业转型升级、激发人才需求、经济发展提速的重要途径。在乡村振兴的宏伟蓝图下，产教融合如同一股强劲的东风，正吹拂着广袤的田野，孕育着无限可能。这不仅是一场经济与教育的深度融合，更是一次历史与未来的激情碰撞。

（一）乡村振兴和产教融合政策梳理

在国家战略布局中，乡村振兴与产教融合是两大相互支撑的核心政策领域。乡村振兴聚焦农业农村现代化，产教融合则通过教育链与产业链的深度协同，为乡村发展注入人才与创新动能。国家层面高度重视推进乡村振兴和产教融合的发展，出台了一系列政策文件，为两者的结合提供了坚

实的制度保障。党的十九大提出实施乡村振兴战略，要坚持农业农村优先发展，按照产业兴旺、生态宜居、乡风文明、治理有效、生活富裕的总要求，建立健全城乡融合发展体制机制和政策体系，加快推进农业农村现代化。2017 年党的十九大首次提出"乡村振兴战略"，明确农业农村优先发展总方针。2018 年《乡村振兴战略规划（2018—2022 年）》出台，系统性部署产业振兴、生态宜居、乡风文明等五大目标，强调"强化人才支撑"和"推动农村三产融合"。2020 年中央 1 号文件聚焦"补上全面小康'三农'领域短板"，提出加强现代农业设施建设、发展富民乡村产业等具体路径，为脱贫攻坚与乡村振兴衔接奠定基础。2021 年《政府工作报告》中多次提及乡村振兴，要求全面推进乡村振兴，完善新型城镇化战略。2020 年教育部《深化新时代教育评价改革总体方案》打破"唯论文"倾向，推动校企协同育人。同年"双高计划"启动，重点建设 56 所高水平高职学校，聚焦现代农业、智能制造等领域。2021 年《中华人民共和国乡村振兴促进法》颁布，以法律形式明确"支持产学研合作"。2022 年《关于深化现代职业教育体系建设改革的意见》提出"市域产教联合体"概念。《中华人民共和国国民经济和社会发展第十四个五年规划和 2035 年远景目标纲要》也提出，坚持农业农村优先发展，全面推进乡村振兴。《中共中央　国务院关于做好 2023 年全面推进乡村振兴重点工作的意见》强调了教育、人才在乡村振兴中的重要作用。在理论研究界，众多学者共同探讨新质生产力、产业需求及专业升级等核心议题，也为乡村振兴注入新的活力。《关于做好 2023 年全面推进乡村振兴重点工作的意见》明确了稳住农业基本盘、提升乡村产业发展水平、提升乡村建设水平和提升乡村治理水平等重点任务。《关于加快推进城乡融合发展的实施意见》提出要建立完善农村产权制度、要素市场化配置机制、新型城镇化体制机制等，推动城乡融合发展。

《中共中央 国务院关于学习运用"千村示范、万村整治"工程经验有力有效推进乡村全面振兴的意见》是党的十八大以来指导"三农"工作的第 12 个中央 1 号文件，强调以推进乡村全面振兴为主题，对 2024 年及未来一个时期的"三农"工作进行了部署。《关于落实政策措施促进农民增收致富的意见》提出了实施农民增收促进行动，挖掘产业经营增收潜力，强化联农带农富农机制等措施。2024 年中央 1 号文件部署了"三农"领域的重点工作，包括确保国家粮食安全、提升乡村产业发展水平、提升乡村建设水平和提升乡村治理水平等。我国乡村振兴进入了全面推进的新发展阶段，其核心是构建农业农村现代化新发展格局。

《职业教育产教融合赋能提升行动实施方案（2023—2025 年）》由国家发展改革委、教育部等 8 部门联合印发，提出到 2025 年国家产教融合试点城市达到 50 个左右，在全国建设培育 1 万家以上产教融合型企业的目标。该方案围绕"赋能"和"提升"，提出了多方面的政策措施。《国务院办公厅关于深化产教融合的若干意见》提出深化产教融合、校企合作的要求，为职业教育与经济社会发展紧密结合提供制度保障。《国家职业教育改革实施方案》明确职业教育的改革方向，包括专业设置改革、支持社会力量兴办职业教育等。2025 年中央 1 号文件《关于进一步深化农村改革 扎实推进乡村全面振兴的意见》成为最新纲领，实施"新一轮千亿斤粮食产能提升行动"，推动良田、良种、良机、良法协同，强化大豆油料扩种与设施农业建设；开展文化产业赋能乡村振兴试点，培育乡村新业态，构建数字化治理平台，推广积分制、清单制等创新方式，强化基层党组织引领作用（表 1-1）。

表 1-1　2017 年以来国家层面产教融合政策

政策名称	发文部门	发文时间	类型
关于深化产教融合的若干意见	国务院	2017.12	指导型
职业学校校企合作促进办法	教育部等六部委	2018.2	设计型
国家职业教育改革实施方案	国务院	2019.1	设计型
建设产教融合型企业实施办法（试行）	国家发展改革委、教育部	2019.3	设计型
关于全面推进现代学徒制工作的通知	教育部办公厅	2019.5	实施型
国家产教融合建设试点实施方案	国家发展改革委、教育部等六部委	2019.9	设计型
试点建设培育国家产教融合型企业工作方案	国家发展改革委、教育部	2019.10	设计型
产学合作协同育人项目管理办法	教育部	2020.1	实施型

（续）

政策名称	发文部门	发文时间	类型
职业教育提质培优行动计划（2020—2023年）	教育部等九部门	2020.9	实施型
关于全面推行中国特色企业新型学徒制加强技能人才培养的指导意见	人社部等五部委	2021.6	指导型
关于推动现代职业教育高质量发展的意见	中共中央办公厅、国务院办公厅	2021.10	指导型
职业教育法	全国人大	2022.4	命令型
关于实施职业教育现场工程师专项培养计划的通知	教育部办公厅等五部门	2022.10	实施型
关于深化现代职业教育体系建设改革的意见	中共中央办公厅、国务院办公厅	2022.12	指导型
关于印发加强和改进新时代中国特色企业新型学徒制工作方案的通知	人社部办公厅	2022.12	设计型
职业教育产教融合赋能提升行动实施方案（2023—2025年）	国家发展改革委、教育部等	2023.6	实施型
关于加快推进现代职业教育体系建设改革重点任务的通知	教育部办公厅	2023.7	实施型

这些政策文件体现了国家对推进乡村振兴和产教融合的高度重视，通过一系列具体措施和目标设定，旨在推动相关领域的高质量发展。

（二）厘清乡村振兴目标，锚定产教融合方向

2022年8月22日，全国乡村振兴产教融合联盟年会在北京举行，与会代表深入探讨了以高质量教育赋能乡村振兴的新模式、新机制、新路径。

以高质量教育赋能乡村振兴的新模式一般有：①产教融合模式。通过建立全国乡村振兴产教融合联盟，推动高校、职业院校与行业企业的合作，共同培养适应乡村发展需求的高素质技术技能人才。②组团式帮扶模式。在东西部协作框架下实施"组团式"教育帮扶，通过双向协作工作机制，促进教育资源的有效整合和优化配置。③特色乡村教育模式。结合地

方文化特色和产业资源，开展特色教育和实践活动，如农业科技教育、环境保护教育等，增强学生对乡村文化的认同和参与乡村振兴的意愿。

以高质量教育赋能乡村振兴的新机制一般有：①教育优先发展机制。坚持教育优先发展战略，加大乡村地区的教育投入力度，完善教育促进乡村振兴的先导机制，补齐教育短板。②提高教育质量机制。通过不断提高教育质量，提升当地人口的科学文化素质、就业与创业能力，增强乡村潜在活力，形成教育促进乡村振兴的长效机制。③多元协同治理机制。实现政府引导、多元主体参与、群众参与的教育促进乡村振兴治理机制，有效动员广大农民参与到教育促进乡村振兴行动中来。

以高质量教育赋能乡村振兴的新路径一般有：①持续优化教育基础设施。改善乡村学校的硬件设施，包括校园建设、实验室、图书馆等，为"引得进""留得住""培育得出"高水平师资人才和优质生源奠定基础。②优化区域教育资源均衡布局。推动优质教育资源向偏远地区合理倾斜，通过财税、技术、人才、就业等全方位的政策支持，减少城乡教育资源的不均衡。③融合地方文化与产业发展需求。实施特色乡村教育，培育应用型乡村发展人才，强化乡村教育在传递新技术、新理念和新思路方面的能动性。

新模式、新机制和新路径的实施，可以有效推动乡村教育的高质量发展，进而赋能乡村振兴，促进乡村经济的多元化发展，缩小城乡差距，传承与创新乡村文化，以及实现可持续发展目标。

学校是人才培养的主阵地、企业是人才成长的主平台，只有产教融合、校企合作，才能真正发挥应用型人才在推进乡村振兴中的引领作用。同时，乡村振兴人才培养理应根植乡村、服务乡村产业、贴近乡村社会需求，让广大学子在乡村振兴实践中绽放青春光彩。

（三）深耕乡村发展实际，多元主体协同育人

在科技日新月异、经济蓬勃发展的当下，高等教育已跃升为推动社会前行的关键引擎。然而，我国广袤乡村地带，受限于历史积淀与地理条件，教育资源不足，教育品质亟待提升，这无形中成了乡村发展的瓶颈。

鉴于此，高等教育亟须深度融入乡村发展脉络，实施产教融合策略，搭建实践创新孵化场域，携手多元主体共筑育人新篇章，从而架设起高校科研智慧与乡村振兴实践之间的桥梁。

首先，高等教育须深植乡村土壤，精准对接其发展需求。乡村不仅是国家经济社会的基石，亦是中华文明的摇篮。高等教育应深入调研乡村现状，聚焦其迫切需求，培育一批既具实操技能又富创新思维的人才。同时，积极投身乡村建设大潮，以科研力量破解难题，推动乡村经济与社会的全面进步。例如，某高校可以组织学生和教授团队前往乡村进行实地考察，了解当地农民的实际需求，并利用所学知识帮助他们解决实际问题，如改良农作物品种、优化灌溉系统等。如，湖南科技学院以推进乡村振兴为导向积极引导学生参与乡村建设各类科研课题、智库研究、规划策划、政策咨询等共 300 余人次，撰写乡村振兴选题相关毕业论文 100 余篇，打通了高校科研学术与推进乡村振兴实践之间的通道。

其次，高等教育需践行产教融合之道，将产业前沿需求融入教育体系。通过与企业、地方政府等多方紧密合作，洞察乡村产业未来走向，定制人才培养蓝图。此举不仅提升了学生的就业竞争力，更为乡村产业振兴输送了宝贵的人才资源。比如，某大学与当地农业企业合作，开设了一门关于现代农业管理的课程，邀请企业专家定期来校授课，分享最新的农业技术和市场动态，帮助学生更好地理解和适应未来的工作环境，由此，该高校的教学信息化水平得到进一步提升，农业类专业课程设置和教学内容得以优化，同时还为当地乡村全面振兴推进发展注入了新生力量。

再次，高等教育应构建实践孵化平台，让"实践出真知"的理念深入人心。设立实习基地、创业孵化器等载体，为学生提供丰富的实战舞台。同时，邀请业界精英、专家学者走进校园，分享经验智慧，引导学生准确把握社会脉搏，锤炼过硬实践能力。例如，某高校建立了一个创新创业中心，鼓励学生将自己的创意转化为实际项目，并提供资金、场地和指导支持，帮助他们实现创业梦想。再如，罗城仫佬族自治县以地方特色产业为依托，设立乡村振兴学院，推进"一院多点"及专业分层设置，打造"螺蛳粉产业园""酸菜小镇"等示范基地，有利于产教融合服务推进乡村振兴。

　　高等教育倡导多元主体协同育人模式，视育人为一项集家庭、学校、社会之力的系统工程。高等教育机构应发挥自身优势，联动各方资源，形成强大育人合力，共同塑造具备社会责任感、创新意识及卓越实践能力的新时代人才。首先，政府作为引导者，应该制定相应的政策和措施，为人才培养提供有力的支持。政府可以通过财政投入、税收优惠等方式，鼓励高校和企业加大对人才培养的投入。同时，政府还应该加强对教育质量的监管，确保人才培养的质量。其次，学校作为育人的主体，应该承担起培养人才的主要责任。高校应该根据社会需求，调整自己的专业设置和发展方向，培养出更多符合市场需求的人才。同时，高校还应该加强与企业、行业的合作，为学生提供更多的实践机会，提高学生的实践能力。再次，企业和行业作为育人的辅助力量，也应该积极参与到人才培养中来。企业可以通过提供实习岗位、设立奖学金等方式，吸引更多优秀学生加入。同时，企业还可以与高校合作，共同开展科研项目，培养学生的创新精神和实践能力。此外，高校还需要加强与产业主管部门、行业协会等其他育人主体的沟通对接，深化交流合作，畅通内外循环。通过这种方式，高校可以更好地了解社会需求，及时调整人才培养的方向和策略。构建多元主体协同育人的新格局，需要地方政府、学校、企业、行业等多方面的共同努力。比如，某大学与地方政府和非营利组织合作，开展了一系列社区服务项目，让学生在实践中学习如何服务社会、解决问题，培养他们的公民意识和团队合作精神。再如，高校聘请农村高技能人才、农企管理人员等，采取兼职任教、科研合作等方式优化师资队伍；完善涉农院校及专业教师的培训机制，根据农村实际发展情况与农业发展前沿需求，对教师进行定期的短时培训与课程考核，以动态更新知识储备，提升教师教学质量。仍以罗城仫佬族自治县为例，当地乡村振兴学院通过"外聘＋签约＋内荐"的方式，吸纳优质师资，并通过理论提升、实践指导、现场教学等形式提升师资队伍的知识素养和专业能力。

　　高等教育需深耕乡村实际，推进产教融合，打造实践孵化高地，实现多元主体协同育人，方能畅通高校科研与乡村振兴之间的通道，为我国乡村振兴伟业注入更强劲的动力。

三、产教融合的发展现状

早在 1991 年，国务院出台的《关于大力发展职业技术教育的决定》就首次提出"产教结合、工学结合"；2014 年颁布的《国务院关于加快发展现代职业教育的决定》将产教融合确立为发展现代职业教育的总体要求和基本原则，2015 年发布的《教育部 国家发展改革委 财政部关于引导部分地方普通本科院校向应用型转变的指导意见》将产教融合扩展到应用型本科院校，2017 年国务院办公厅更是出台了首个专门针对产教融合的国家文件《关于深化产教融合的若干意见》，将产教融合进一步扩展到"双一流"建设高校。自此，产教融合成为所有类型高校的办学遵循。

我国全力推进产业与教育的深度融合，旨在达成两项核心目标。首要目标是培育一支庞大的高素质创新及技术技能人才队伍，以解决人才培养供给侧与产业需求侧之间的结构性矛盾。其次，我们鼓励多方主体围绕产业的关键技术、核心工艺和共性问题进行协同创新，加速科技成果的转化应用，从而全面提升我国的自主创新能力。产教融合项目可以分为面向人才培养、面向科技创新，以及二者兼顾三类，但归根结底，产教融合都是以育人为根本目标。

（一）产教融合的合作类型和特点

产教融合的合作类型主要是实践基地建设、专业与课程建设、人才培养模式改革、"双创"教育、联合办学、科技创新等，合作类型多元化。其中，实践基地建设、专业与课程建设、联合办学三种类型居主导地位，是目前产教融合最主要的合作形式，其中除以科技创新为目标外，其他都以人才培养为目标。

实践基地建设，旨在通过整合科技产业园、行业龙头企业等优质资源，构建功能集约、开放共享、高效运行的专业或跨专业实践教学平台。从组织形式上看，大致可分为三类。第一类是产学研用协同的大型实验、实训和实习基地，兼具生产、教学、研发和创新创业功能。例如，哈尔滨工程大学与深圳市大疆创新科技有限公司共同建设的智能机器人创新实践基地，打通了高校、孵化中心和企业之间的创新创业壁垒，构建了"课程实验—企业实践—科技创新—科研训练"多维递进式实践教学育人平台。第二类是以引企入校、引校进企、校企一体等方式，吸引优势企业与学校共建共享实践基地。本科高校主要通过与产业集群联动发展的方式，共同打造多功能的实践基地和集群化建设实体。如浙江农林大学与浙江省江山市木竹加工产业集群的校企协同育人，形成了"一体两翼"实践基地集群建设范式。"一体"是指"产教综合体"，"两翼"则是指"校中企"和"企中校"。高职院校则主要通过引企入校的方式，打造综合性产教融合基地。例如，苏州工业园区服务外包职业学院在校内创建了产教融合载体——"独墅湖创客汇"，吸引了12家优秀企业入驻，现已成为苏州工业园区云彩孵化器和江苏省众创空间。第三类是政府主导建设产业园区，学校与入驻园区的企业合作共建实践基地。例如，常州工业职业技术学院与江苏省西太湖科技产业园共建了西太湖现代服务业学院。政府提供办学场地和基础设施，学校与产业园区内的现代服务业企业开展全方位合作，建立了跨境电商基地和"互联网＋"商务实景实训平台等，让企业精准参与人才培养全过程。

专业与课程建设。信息技术与教育的深度融合已成为教育创新的重要趋势。企业不仅提供技术支持，更是主动适应技术发展对人才需求的变化，全面融入专业和课程建设。以南京农业大学为例，该校与北京世纪超星信息技术发展有限责任公司合作，通过信息技术与课程教材建设的深度融合，成功打造了一批具有农林特色的通识教育"金课"，并开发了新形态的数字教材。这些课程不仅体现了大国"三农"的教育内涵，还为学生提供了更加丰富、多元的学习体验。清华大学则与学堂在线共同研发了智慧教学工具"雨课堂"。疫情防控期间，利用雨课堂技术，向武汉大学、华中科技大学等6所院校同步课程，将优质教学资源分享给全国更多高校，推动了新型校际课程共享及应用的发展。这种创新的教学模式不仅提高了教学质量，还促进了教育资源的均衡分配，让更多的学生受益。

联合办学。联合办学模式正引领着一场创新变革。高校与企业携手共建产业学院，共同打造混合所有制二级学院，这不仅是企业拓宽产教融合参与途径的新趋势，更是其发挥重要主体作用的生动体现。为充分挖掘产业优势并彰显企业的主体地位，众多高校积极投身于现代产业学院的建设之中。以淄博职业学院为例，该校与鲁南制药集团强强联手，共同缔造了"鲁南制药学院"。这一创新之举不仅设立了校企订单班和现代学徒制班，更实现了单独代码招生，将课堂直接延伸至企业内部，确保教学与岗位需求实现无缝对接。与此同时，职业教育办学体制改革也在持续深化。职业院校与企业共同探索股份制、混合所有制的发展道路，以期实现资源共享、优势互补。南京旅游职业学院便是这一改革的佼佼者。该校与北京广慧金通教育科技有限公司携手合作，共同成立了混合所有制的乘务学院。双方明确各自的权力，并以入股方式进行深度合作：学校主要提供办学场地、师资力量和教学管理等资源，企业则贡献技术、部分师资、资金以及实习实训场所等宝贵资源。通过这样的合作模式，高校与企业实现了互利共赢，共同推动了职业教育的创新与发展。

产教融合旨在整合产业优质资源，优化人才培养结构、提高人才培养质量，其根本目标是育人。在产教融合中，培育人才始终是核心使命。众多此类项目将人才培养置于首位，或将其与科技创新并重，作为双重目标。然而，部分产教融合项目偏离了育人的根本目标。有部分科技驱动的项目，在追求创新的过程中，未能充分融入教育元素，将科技创新作为最终目标，从而偏离了培养人才的根本宗旨。这种状况反映出企业的功利导向，因为聚焦人才培养获利难、获利慢，聚焦科技创新获利易、获利快。这些产教融合项目热衷于校企联合开展技术攻关、产品研发、成果转化，没有将科学研究及时反哺人才培养，产教融合的目标没有聚焦育人。产教融合的核心目标是实现教育与产业的深度对接，确保人才培养与市场需求的无缝匹配。这一过程不仅关乎教育质量的提升，更是对国家创新驱动发展战略的有力支撑。通过产教融合，我们可以培养出更多具备创新精神和实践能力的高素质人才。这些人才将成为推动社会进步和经济发展的重要力量，为国家的繁荣富强贡献智慧和力量。因此，我们必须坚持聚焦人才培养，确保产教融合项目始终沿着正确的方向前进。只有这样，我们才能真正实现产教融合的初衷，为国家的发展注入源源不断的活力。

观察合作模式，产教融合项目的广度和深度不够。企业与学术部门之间的联手更为常见，由于缺乏学校层面的顶层设计和系统规划，院系主导的产教融合项目往往无法充分利用企业的优质资源，产教融合项目大多流于浅层合作。在产教融合的探索中，师资队伍尚未稳固，实习与教学活动未能紧密相连，校企合作机制尚待完善，协同育人模式亟待构建。究其根源，企业在合作中难以感受到实质性收益时，导致参与热情不高。当前，产教融合项目在方案制定、课程设计、教材开发等关键环节上，往往由高校主导，企业仅作为辅助角色，难以从中获取显著利益。这种局面下，企业的积极性自然难以持久。然而，产教融合的深入推进，必须建立在双方共赢的基础上。只有当校企双方都能从合作中获益时，才能确保长期稳定的合作关系，实现深度融合。对于高校而言，开展产教融合不仅是为了利用企业的优质资源和真实工作情境进行人才培养，更是为了推动科技成果的转化和应用。因此，我们需要重新审视当前的合作模式，寻找更加公平、互利的合作方式，让企业在合作中真正受益，从而激发其参与热情，共同推动产教融合向更深层次发展。许多高校没有设立专门的机构或人员来负责推动产教融合工作，企业与整个教育机构的合作显得较为稀缺。这种现状揭示了一个普遍问题：大多数项目缺乏专门的产教融合管理机构，导致制度化管理难以形成。

在众多产教融合项目中，质量监控与评价机制的缺失成了一个普遍现象。为了确保这些项目能够取得实效，建立一套切实有效的工作标准和评估方法是至关重要的。否则，学校与企业在合作过程中可能会陷入盲目状态，难以达到最优的合作效果。通过实施质量管理，我们可以明确产教融合项目的目标，确定合作过程中所需的资源，并探索如何高效利用这些资源。同时，我们还可以评估校企双方是否通过合作实现了共赢，以及合作效果是否达到了预期目标。如果发现实际效果与预期目标存在差距，我们需要及时调整方案，以确保项目质量的持续提升。除了对项目实施过程进行质量监控和内部评价外，项目的外部评价也同样重要。这有助于我们从更广泛的角度审视项目的效果，为未来的改进提供宝贵的参考。有少数先驱者在探索建立一种能够持续优化的闭环质量管理体系，以期实现自我完善。但遗憾的是，大部分项目在评价机制上存在明显短板，既缺少对项目目标和执行过程的内部质量监控，也鲜见政府或独立第三方机构对项目成效的客观评估。

高校参与产教融合的积极性远高于企业。高等教育机构展现出了比企业更为浓厚的兴趣。特别是那些专注于工科领域的特色高校，他们在这一进程中扮演着领头羊的角色，东部沿海地带的学府更是积极参与，其热情远超内陆及西部地区的同行。与此同时，第三产业的企业成了产教融合的主力军，尤其是那些致力于科技推广与应用服务的公司，它们在这一领域内尤为活跃。新兴行业更是将校企合作推向了新的高度，这些合作项目不仅数量众多，而且形式多样。值得一提的是，民营企业在这场融合运动中的表现尤为抢眼，它们的积极性明显超越了国有企业和外资企业，成为推动产教融合的重要力量。育人是高校的首要职责，并非企业的重要任务。无论是哪类企业，他们与高校合作的根本动机都是为了企业自身发展。企业投入人财物参与产教融合，必然要保证其经济收益与产出回报。因此，企业在产教融合中的理性选择依然是，通过付出最小化的成本来获取最大化的收益。企业无利可图必然积极性不高，这是校企双方深层次合作很难开展的根本原因。

产教融合项目学生覆盖面不够。产教融合项目覆盖的学生数量有限，这些项目往往聚焦于单一学科领域，缺乏跨学科的广泛合作，导致只有特定专业的学生能够从中获益，而其他领域的学生则错失了接触企业优质资源的机会。在培养层次上，这些项目的局限性同样明显。目前，能够同时涵盖本科、研究生等不同教育阶段的产教融合项目寥寥无几。有些项目仅针对本科生，未能延伸至研究生阶段；而另一些项目则仅限于研究生参与，没有为本科生提供相应的机会。

产教融合的合作类型多元化。实践基地建设、专业与课程建设、联合办学，这三大支柱共同撑起了产教融合的宏伟蓝图。实践基地，作为产教融合的重要载体，其形式之丰富令人瞩目。从产学研用协同的大型实践基地，到引企入校、引校进企、校企一体的共建共享实践基地，再到学校与产业园区中的企业携手共建的实践基地,每一种形式都承载着教育与产业的深度融合使命,为学生提供了宝贵的实践机会。在专业与课程建设方面,企业的力量不可或缺。他们聚焦信息技术与教育教学的深度融合,助力高校打造与时俱进的专业体系和课程内容。这种深度合作不仅提升了教育的质量和水平,也为学生的未来发展奠定了坚实的基础。而在校企联合办学的创新之路上,产业学院和混合所有制二级学院成了耀眼的新星。它们打破了传统办学模式的束缚,实现了校企资源的优化配置和共享共赢。这种创新模式不仅为学生提供了更加广阔的发展空间,也为企业培养了更多符合市场需求的高素质人才。

(二)多元主体的产教融合瓶颈分析

产教融合的利益相关者主要包括政府、高校、行业企业,多元主体利益诉求不匹配,产教融合面临校热企冷、有合无融等问题。

政府管理未形成工作合力。政府部门出台了一系列规章制度,但没有出台与之相匹配的实施细则,影响合作向更深层次发展。政府明确规定对行业企业培养技能型人才、科技研发等项目给予资金补助,但具体由谁给予补助、怎么补助、补助多少等并没有明确规定,致使行业企业参与校企合作的积极性不高。地方政府之间没有形成工作合力,使政策在具体落实过程中易出现区域间发展不平衡现象,影响行业产教融合共同体的形成。

学校,作为教育的领航者,秉持着"培养人才"和"非营利"的核心理念。在校企合作与产教融合的征途上,其核心使命在于提升技术技能人才的培养质量及科技创新力,旨在最大化社会福祉。在当前教育与行业互动的格局中,高校往往呈现出一种自我封闭的趋势,不仅在地理上与业界保持距离,更在心理层面与行业企业之间形成了一道隐性的隔阂。这种状况削弱了学校与企业之间本应紧密无间的联系,使得双方的合作机制变得生硬且低效,严重阻碍了产业界与教育领域深度融合、共同进步的步伐,无法有效推动行业产教融合共同体的构建。

企业作为市场的核心参与者,其本质追求在于通过各种途径增强产品的品质与生产效率，以实现利润的最大化和资本的有效增值。校企合作产教融合在实践中却常常因为管理机制的不健全、运营模式的不明确以及人力和财政资源的不足而陷入困境。行业产教融合共同体内，专门管理机构需承担起人才培养与产教一体化责任，为构建共同体出谋划策。但由于缺乏相应管理机制与清晰运营模式，缺少人力与财政资金支持，使管理机构长期处于松懈状态。因此，受限于行业与学校的利益诉求不匹配，双方难以进行深度融合，进而就很难形成休戚与共的产教融合共同体。

行业协会作为行业与教育机构之间的重要联络者，本应承担起推动产业教育融合的关键角色。然而，由于缺乏专业的管理人才、资金支持以及健全的制度框架，这些协会在提供服务、进行管理和协调以及维护权益方面受到了极大的限制。此外，一些行业协会在制定行业标准和规划行业发展时，往往没有进行深入的市场调研和严谨的分析论证。这导致了其发布的报告内容不够详尽，缺乏必要的科学依据和未来洞察力，从而在推动行业与教育融合的过程中未能发挥出应有的指导作用。

在探讨"产教融合"这一概念时，我们不难发现，尽管它作为政策导向和学术讨论的焦点已逐渐深入人心，但其稳定性仍显不足，未能实现真正意义上的深度融合。回顾历史，无论是政策文件还是学术研究，都曾以"产教结合""产学合作"等表述来阐述这一理念，并将其定位为职业教育的核心使命与行动指南。然而，这些表述往往局限于当时的经济社会发展环境，过分强调"校企合作"模式，而忽视了更为广泛的经济社会背景[①]。值得注意的是，"产教融合"与"校企合作"并非同一概念。前者不仅涉及教育层面的变革，更关乎经济、企业产业等社会多方主体的共同参与。传统的产教融合模式过于关注表面的教育现象，而忽略了背后的经济社会因素，导致"产"与"教"的融合缺乏稳定性，难以取得实质性突破。因此，我们需要重新审视"产教融合"的内涵与外延，打破传统观念的束缚，探索更为全面、深入的融合路径。这需要政府、企业、教育机构等多方共同努力，共同构建一个稳定、高效的产教融合体系，以推动教育

---

① 庄西真．产教融合的内在矛盾与解决策略［J］．中国高教研究，2018（9）：81-86．

的可持续发展和社会进步[①]。

在资源整合的复杂舞台上，主体间的协调往往如同一场精心编排的舞蹈，每个舞者都拥有独特的步伐与节奏。产教融合，这一跨界合作的典范，因其涉及多元主体的共同治理与运作，而面临着协调一致的挑战。在这个宏大的叙事中，"产业"与"教育"作为社会结构的两大支柱，各自承载着不同的使命与愿景，它们的融合之旅充满了变革与创新的火花。产业系统，以其市场驱动的核心和盈利导向的策略，构建了一套高效运转的管理模式；而教育系统，则以培养人才和知识传播为己任，形成了一套以育人为中心的行动框架。当这两股力量试图交织在一起，共同孕育出全新的产教融合生态时，它们不可避免地会在改革的征途上遭遇方向与路径的选择分歧。这种差异并非不可调和，而是需要双方展现出前所未有的灵活性与创造力，共同探索一条既能保留各自特色又能实现深度融合的新路。在这个过程中，每一方都需要放下成见，勇于尝试新的合作模式，不断调整自己的步调以适应对方的节奏。只有这样，才能在这场跨越界限的合作中，找到那个既能促进产业发展又能提升教育质量的最佳平衡点。

（三）职业教育的产教融合困境

职业教育产教融合赋能乡村振兴战略是增强新时代职业教育适应性的重要举措。深化产教融合是职业教育实现高质量发展的重要支撑，也是职业教育有效服务国家产业经济发展的必然要求。职业教育作为服务乡村振兴战略的重要力量，必须适应乡村产业结构转型升级的需求和变化，调整自身专业结构与教育体系的转型升级，更好地服务乡村产业调整和乡村经济高质量发展[②]。

在政策的推动和各方参与主体的共同努力下，职业教育产教融合有了长足的发展，政府应出台相关政策，鼓励和支持职业教育机构进行专业结构调整和教育体系改革。随着现代农业的发展，设置和优化专业结构，重

---

① 石伟平，郝天聪．从校企合作到产教融合：我国职业教育办学模式改革的思维转向［J］．教育发展研究，2019（1）：1-9.

② 仇志海，"双高计划"建设背景下高职院校创新创业教育探讨［J］教育与职业，2021（8）.

点发展与农业、林业、畜牧业、渔业等相关的专业。增设了如智慧农业、绿色农业、农产品加工与营销等新兴专业，以适应新技术和新产业的需求。根据乡村产业发展的实际需求，利用现代信息技术提升教学效果，扩大教育资源覆盖面，注重培养具备实际操作能力和创新精神的技能型人才，满足乡村产业发展对高素质劳动者的需求[①]。通过与企业合作开展实习实训，提高学生的实践能力和就业竞争力。职业教育作为服务乡村振兴战略的重要力量，必须不断调整自身专业结构和教育体系，以便更好地适应乡村产业结构转型升级的需求和变化，为乡村经济高质量发展提供强有力的人才支撑和智力支持。

随着产教融合上升为国家战略，在具体实施过程中取得了很大进展。然而，这一过程也暴露出一些亟待解决的问题：供需双方对接不足，导致许多资源无法有效利用；行业企业参与的积极性不高，使得教育与产业的结合不够紧密；此外，产教融合的层次较低，难以满足现代社会对高素质人才的需求。同时，随着乡村振兴战略的实施，面对新时代的农村经济社会发展新需求，职业教育产教融合仍面临以下现实困境。这些困境不仅影响了职业教育的高质量发展，也制约了乡村经济的振兴和产业升级。具体表现在以下方面。

价值差异凸显。职业院校和企业作为产教融合的主体单位，两者的价值取向与利益诉求存在较大差异。学校以育人为首要目的，注重学生综合素质的提升；而企业则关注经济效益，希望人才培养能够快速转化为生产力。这种差异导致了校企合作难以深入，双方难以形成一致的价值观和目标。

权责不清。现行政策制度下的保障机制和动力牵引力度还不平衡。产教融合涉及地方政府、行业企业、高职院校等多元主体，它们在融合中均有着不同的角色定位和责任担当。我国职业教育产教融合尚未形成地方政府、学校、企业和社会组织等各方主体共同参与的格局。由于缺乏完备的

---

① 王小虎，陈姚，创业教育融入人才培养体系的思考与实践：基于全国性双创教育调查的研究分析四，中国高等教育，2019（5）.

产教融合法律体系予以支撑，各主体的权利与责任边界不清晰，出现权利责任失衡、供需结构失衡等问题。

利益分配错位。在产教多元主体合作中，各方主体的利益是否得到满足直接影响产教融合的有效性及持续性。由于技术技能型人才的培养与成长具有周期性以及高技能人才的结构性短缺问题，企业赖以生存与发展的人力资源往往无法及时兑现，出现企业参与职业教育的意愿和动力不足。

供需结构失衡。教育链、人才链与产业链、创新链需要有机衔接，但目前高职院校的人才培养与产业人才需求脱节现象严重。尤其是产业的转型升级对高技能人才培养提出了更高的要求，人才市场结构性短缺现象较为突出。职业教育专业体系与乡村产业发展需求不够协调。从目前职业教育涉农专业建设情况来看，一些职业院校并没有针对乡村产业需求进行人才培养方面的合作，在职业教育涉农专业产教融合上呈现分离状态。

组织形态虚化。现有的产教融合组织大多依据契约而建，本质上还是相对虚化的组织与理想中的"价值共同体"，产教融合主体间表现为市场经济下的外部关系，难以呈现出标准的组织形式与完美的实践样态，因而容易落入形式化、离散化、低效化与短期化的窠臼之中。

信息遮蔽。产教双方遮蔽、隐瞒甚至扭曲信息的行为十分常见，这使得产教融合组织难以达到帕累托最优效应。逆向选择和道德风险的问题严重影响了产教融合的效果。例如，乡村振兴战略实施以来，乡村产业在原有的农业与农产品加工基础上不断升级，逐渐发展出了乡村特色旅游、康养等新业态，但职业教育未能及时与乡村产业进行专业匹配体系建设。

成本博弈。行业企业多为有限理性的主体，更多关注眼前的显性收益，考量的是产教融合中带来的额外成本支出。如果企业在产教融合中的支出成本超出了原有预期，企业可能会采取投机行为或终止合作。职业院校主要依靠从政府获取财政拨款来满足发展需要，而财政拨款主要依据招生规模，未对涉农专业建设方面有专项配套激励政策。在学校层面，对师资建设这一个重要的群体政策牵引、支持不足。

政策执行有偏差。政府在产教融合实践中表现出"缺位"与"越位"的现象，或者过度限制与干预，打击了产教主体的积极性，破坏了市场背景下双方自由而充分的资源配置。

社会认同感低。社会层面,"学历是第一块敲门砖"的观念根深蒂固,职业院校"去职业化"与用人单位有形无形的门槛又往往强化了这一观念,使得职教学生本身缺乏参与产教融合的动机。

职业认同感低。技能型人才缺乏相应的职业公会,这些人才无法向社会持续宣传自己的工作内容,进而难以改变社会对职业教育的认知,这使得许多技能型人才在自我认同上也面临困境,难以提升对自身职业身份的认同感。

面对这些困境,需要从多个角度入手,包括完善法律法规、明确权责边界、优化利益分配机制、加强信息透明度、降低合作成本、精准政策执行、提升社会认同感和职业认同感等,以推动职业教育产教融合的深入发展,更好地服务乡村振兴战略。

(四) 行业特色高校产教融合路径

行业特色高校是在中国高等教育体系中,具有显著行业背景和学科特色的一类高校。行业特色高校是面向行业、为行业服务的高校,涵盖农业、林业、水利、地质、矿产、石油、交通、建筑、财经、政法、传媒、医学等多个领域。行业特色高校是行业产业人力资源供给和社会服务的重要阵地,承担着为行业产业输送具有良好知识储备和技术技能的专业人才的责任。这些高校通常面向特定的行业需求,开设与该行业紧密相关的学科和专业,旨在培养具备良好知识储备和专业技能的专业人才。许多行业特色高校源于1952年国家对全国高校院系重组和调整时期,由综合性大学的院系分离出来逐步发展壮大①。

经历了几十年的发展,这些高校形成了鲜明的办学类型、学科特点与服务方向。当前,加快推进高水平行业特色型大学建设,创建世界一流大学和一流学科是重要目标。行业特色高校主动探索行业关键共性技术发展方向,加强与行业单位联合构筑高水平科研平台,行业特色高校的专业设

---

① 陈峰. 走行业特色型高校高质量发展之路 [J]. 中国高等教育, 2021 (9): 22-24.

置与发展离不开行业发展需求，需不断捕捉技术信息，把握行业动态。围绕国家重大基础研究、高端技术研究和区域共性关键技术问题进行科学研究，促进学科交叉融合，提升创新能力[①]。

随着经济增长方式的转变，产业结构优化升级，科学技术日新月异，社会需求日益多元化。在当今时代背景下，行业特色高校人才培养与经济社会结合得更加紧密，其以培养一大批行业领军人才为使命[②]。行业特色高校与综合性高校相比，其人才培养具有鲜明的特征。

以行业技术发展需求为引领，更新知识谱系，重构课程内容。一是行业特色高校应主动出击，积极对接行业技术发展的最新需求。这意味着，学校需要建立一个动态的信息收集与反馈机制，定期与行业内的企业、研究机构进行深入交流，了解当前技术的发展趋势、面临的挑战以及未来的发展方向。通过这种方式，学校可以及时捕捉到行业技术发展的脉搏，为课程内容的更新提供有力的依据。强化专业课程内容的实用性，是对接行业技术发展需求的关键一步。为此，行业特色高校可以采取多种方式，将真实的行业问题引入课堂。例如，可以通过与企业合作，引入实际的项目案例，让学生在解决具体问题的过程中，学会如何运用所学知识进行分析、推理和创新。同时，学校还可以邀请行业内的专家和技术人员来校授课或举办讲座，分享他们的经验和见解，帮助学生更好地理解行业技术的实际应用。此外，行业特色高校还可以结合行业发展需求和生产生活中的实际问题，对课程内容进行有针对性的调整和优化。例如，针对某个特定行业的技术瓶颈或难点，学校可以组织专门的研究小组，开展跨学科的研究和探讨，寻找解决方案。同时，学校还可以根据生产的逻辑、环节和业务流程等组织课程，使学生在学习过程中能够更好地理解和掌握行业技术的核心要素。在具体的课程设计上，行业特色高校应遵循以能力为导向的教学原则，注重培养学生的实践能力和创新能力。为此，学校可以设计一

① 陈新民，高飞.我国高校行业学院：逻辑起点、演进路径与发展趋势［J］.国家教育行政学院学报，2019（8）：31-38.

② 刘献君.行业特色高校发展中需要处理的若干关系［J］.中国高教研究，2019（8）：14-16.

系列具有挑战性的实践活动课程，如实验、实习、项目设计等，让学生在实践中锻炼自己的动手能力和解决问题的能力。同时，学校还应重视基础知识课程的建设，确保学生具备扎实的理论基础和宽广的知识视野。总之，以行业技术发展需求为引领，更新知识谱系、重构课程内容是行业特色高校面临的一项重要任务。通过主动对接行业技术发展需求、强化专业课程内容的实用性、结合行业发展需求和生产生活中的实际问题编制课程内容，以及遵循以能力为导向的教学理论设计具体的实践活动课程和基础知识课程等措施的实施，行业特色高校将培养出更多具备创新精神和实践能力的优秀人才，为我国经济社会的发展作出更大的贡献①。二是关注课程与行业发展的相关性。行业特色高校应主动探索国家产业发展中关键技术领域的内容，拓展课程广度，挖掘课程深度，增加课程与行业的相关性，提高课程的行业前沿性和综合化水平②。行业特色高校应积极引导行业企业参与课程资源建设。《现代产业学院建设指南（试行）》强调，要对传统的路径依赖进行突破，全方位发挥产业优势，强调企业作为教育主要参与者的重要作用，全面深化产教融合。

通过课程设计、实习实践、技术支持等多种方式，双方可以实现资源共享、优势互补，培养出更多符合行业需求的高素质人才。高校和企业应共同发挥人才培养的作用，行业特色高校可通过邀请企业中生产一线的技术人员参与课程设计，积极引导行业企业参与高校的课程资源建设，推动课程内容与行业标准、生产流程等产业需求对接。企业还可以为高校提供实习和实践机会，让学生在真实的工作环境中锻炼自己的技能。通过这种方式，学生不仅能够将课堂上学到的理论知识应用到实际工作中，还能够了解企业的运作模式和文化，为未来的职业生涯做好准备。行业特色高校应支持教师与企业沟通交流，支持和鼓励企业一线技术人员在产教融合、校企合作的基础上重构课程内容，来自企业的技术人员洞悉生产现状和现

---

① 秦咏红，郑建萍，王晓勇．产教融合实训基地的技术教学论基础与建构方案［J］．高等工程教育研究，2020（5）：95-100．

② 高树仁，宋丹．行业特色型大学"新学科"发展逻辑与行动策略［J］．学位与研究生教育，2020（11）：32-37．

存的技术瓶颈，请他们参与课程设计，有助于丰富课程知识体系和更新知识谱系，帮助学生了解行业知识和行业现状，提高学生对行业产业的认知程度。高校的教师和研究人员通常具有深厚的理论基础和丰富的实践经验，他们可以帮助企业解决技术难题，推动企业的创新发展。高校还可以为企业提供定制化的培训服务，帮助企业提升员工的专业技能和综合素质。

行业特色高校应积极落实产教融合政策，促进师生科研成果向技术产品转化，服务经济社会发展。行业特色高校应主动推动产教融合，加速将师生的科研成就转化为实用技术产品，以支持经济社会的持续发展。这些高校在将科研成果商业化的过程中，不仅彰显了其对经济社会发展的贡献，还有助于保护自主创新的知识产权。此外，这一过程还能激发经济的"双循环"，充分展示行业创新的实际成效和价值。

四、产教融合的创新形式

(一)市域产教联合体

在产业园区建设发展的过程中，我国不仅积累了丰富的经验，还探索出了一种独特的地方政府与市场有机合作的协同治理逻辑。这种逻辑不仅确保了市场在资源配置中的决定性地位，同时也充分发挥了地方政府的宏观调控作用。通过这种协同治理机制，我国成功地实现了产业园区的快速发展和高效运作。为了进一步推动产教融合，我国开始尝试将这一协同治理机制应用于市域产教联合体的建设中。

在探索创新链与区域产业集群的深度融合中，我们见证了一种全新的合作模式的诞生——区域产教融合集成创新联盟。随着产业分工的日益精细化，产业集群展现出了鲜明的地域特色，与之相辅相成的是，相关学科专业群也在这些区域集中涌现，形成了一种动态的互动机制。这种机制不仅推动了产教融合向区域化发展的新趋势，也为产业集群的升级提供了源源不断的动力。在这个过程中，产业集群不仅要塑造具有核心竞争力的主导产业，更要培育出具有更高附加值的支柱产业，从而形成多层次、多维度的产业集群梯队。这样的梯队结构有助于推动整个产业集群的整体升级，进而激发高校学科专业群在科技创新和成果转化方面的巨大潜力，实现科技与产业的持续迭代创新。因此，我们应当依托区域产业集群的强大基础，将校企双方在育人和生产方面的核心要素有机融合，共同构建一个区域产教融合集成创新联盟。这个联盟将促进各方共生共荣，实现组织间合作范围的扩大与深化，提升合作效益，为本地经济社会发展注入新的活力。

产教联合体又称产教融合体或产教融合共同体，是高等教育与产业深度合作的产物，对新时代高等教育创新发展、有效办学至关重要。市域产教联合体作为一种新型产教融合组织形态，具有组织目标的区域性、治理主体的多样性、组织资源的丰富性和运行机制健全等组织特征，能够更好地服务于区域经济社会发展，促进教育链、人才链与产业链、创新链有机衔接和实现多元共治。市域产教联合体是一种将产业、教育、科研等资源进行深度融合的新型组织形式，旨在解决长期以来产教融合不深、机制层面的顽疾。通过"市域""产教""共同体"三个关键词展开解析，即在强调地方政府主体责任基础上，明确以"市域"为空间范畴和工作场域，以"产""教"为两大核心发展领域，以"联合"为组织形态和目标取向。通过建设市域产教联合体，可以更好地发挥政府和市场的协同作用，促进人才、科技、信息等重要生产要素在园区内的优化配置。

市域产教联合体加强地方政府与企业的合作，共同制定产业发展规划和人才培养计划；推动高校与产业园区的深度合作，实现资源共享、优势互补；建立健全产学研用一体化的创新体系，促进科技成果的转化和应用；加强政策引导和支持，为市域产教联合体的发展提供良好的环境和条件。市域产教联合体能够有效地促进"四链"即产业链、创新链、价值链和人才链的有机融合衔接，有助于提升产业园区的整体竞争力和可持续发展能力，为区域高质量发展提供有力支撑。我国在产业园区建设发展历程中形成的地方政府与市场有机合作的协同治理逻辑具有重要的借鉴意义，通过将其应用于市域产教联合体的建设中，进一步推动产教融合的深入发展，为区域高质量发展注入新的动力①。

市域产教联合体实现了对三螺旋理论的继承与发展，具有深厚的理论渊源。市域产教联合体主要由地方政府、企业和职业院校构成，它们在互动融合中呈非线性螺旋形上升，形成彼此联系、相互促进的动态组织模式，推动"四链"有机融合。市域产教联合体是一个由用规则描述的、相互作用的主体构成的复杂适应系统②。产教联合体，这一概念的诞生源自丰富且多元的产教融合实践，它随着人们对这类活动认知的不断深入而逐渐成形。在当前的学术界，对产教联合体的内涵有着不同的理解，大致可以归纳为四种主要观点。

首先，是"合作关系说"。这种观点强调的是学校、企业以及科研机构等参与主体之间的合作关系，认为产教联合体正是这种合作关系的体现。具体来说，这种合作关系不仅包括了各方在资源和信息上的共享，还涉及共同制订教学计划、开展联合科研项目以及推动技术转移等多个方面。通过这样的合作，各参与方能够实现优势互补，共同提升教育质量和科研水平。

其次，是"教育活动说"。这种观点侧重于教育部门与产业部门为了推动知识转移、经济发展以及科技创新而实施的一系列教育活动，认为这些活动构成了产教联合体的核心。例如，高校与企业共同开发课程，将最新的行业动态和技术引入课堂；企业提供实习机会，让学生在实际工作环境中锻炼技能；双方共同举办学术研讨会和技术交流会，促进知识的双向流动。这些教育活动不仅提升了学生的实践能力，也为企业培养了大量符合需求的高素质人才。

再次，是"组织形式说"。这种观点将产教联合体视为一种基于责权利基础之上构建的持续、稳定的融合型组织，具有多种不同的类型。例如，有些产教联合体以项目为导向，围绕特定课题或产品进行研发和生

---

① 甄杰，任浩，唐开翼．中国产业园区持续发展：历程、形态与逻辑［J］．城市规划学刊，2022（1）：66－73．

② 约翰·H.霍兰．隐秩序：适应性造就复杂性［M］．周晓牧，韩晖，译．上海：上海科技教育出版社，2011：1．

产；有些则以人才培养为核心，通过定制化的教育方案满足企业的人才需求；还有些则致力于打造创新创业平台，鼓励学生和教师参与创业实践。无论哪种类型，都体现了产教联合体在组织结构上的独特性和灵活性。

最后，是"命运共同体说"。这种观点强调的是产教联合体作为基于利益、情感和责任的命运共同体，以多方主体的利益汇合点为抓手，实现有效联结和深度耦合。这意味着，无论是学校还是企业，都需要认识到彼此之间的紧密联系和相互依赖性，共同努力推动产教融合事业的发展。只有这样，才能形成真正的命运共同体，实现共赢的局面①。

本书将从组织的角度出发，对产教联合体建设进行深入探讨。因此，我们选择采用第三种观点，即将产教联合体视为一种具有特定组织目标、组织结构和组织制度的产教融合组织形态，通常以实体化的方式运行。通过对这一观点的深入研究和分析，我们将揭示出产教联合体在促进教育改革、推动经济发展和社会进步等方面所发挥的重要作用。

2023年4月，《关于开展市域产教联合体建设的通知》由教育部办公厅颁布，市域产教联合体创建工作启动，计划到2025年共建设150家左右。同年10月，第一批国家市域产教联合体名单公布，共有28家市域产教联合体入选。2023年7月教育部发布《关于支持建设国家轨道交通装备行业产教融合共同体的通知》，并制定专门建设指南，涉及建设单位、建设任务、监测指标等内容，以推进轨道交通装备行业产教融合共同体建设。同年，国家轨道交通装备行业产教融合共同体成立，这是首个国家重大行业产教融合共同体。此后，信息技术、半导体、生物医药、钢铁智能制造等多个方面的全国行业产教融合共同体相继成立。通过构建市域产教联合体，充分发挥地方政府宏观调控作用和科研院所的技术服务作用，突破产教融合"合而不融"的局限，重构产业与教育动态和谐的合作系统。

市域产教联合体，这一创新模式融合了产业与教育的精髓，不仅打破了资源界限，促进了教育与产业的深度融合，还实现了信息与知识的无缝

---

① 郑晓茹. 城市社区项目制治理的行动框架、逻辑与范畴研究［J］. 上海交通大学学报（哲学社会科学版），2018（5）：57-66.

对接与共享。这种跨界合作有助于推动知识生产模式的革新，有效缓解人才市场的供需失衡，促进产业链、教育链、创新链和价值链的紧密联动，为区域发展注入新的活力。市域产教联合体，作为创新的产教融合模式，展现出四大核心特征。

首先，其目标具有鲜明的地域特色，与跨区域、行业性的共同体不同，它以产业园区为根基，成为区域发展的人才库、智慧源泉和文化中心，专注于服务地方人才培养和产业升级转型。例如，在江苏省苏州市的工业园区，通过与当地高校合作，培养了一大批适应本地经济发展需要的高素质人才，有效推动了区域内企业的技术创新和产业升级。市域产教联合体，作为区域产教命运共同体的典范，根植于"市域"这一独特场域，紧密依托区域产业园区。它巧妙地整合了产业资源与职业教育资源，旨在提升人才培养与区域产业发展需求的契合度，实现"产"与"教"在空间上的深度融合。

其次，治理结构多元，遵循资源共享、互利共赢的原则，由职业院校和企业共同引领，地方政府、科研机构及行业组织等多方参与，各司其职，共同构建命运共同体。这种多元化的治理结构确保了各方利益得到平衡，同时也促进了资源的高效利用。市域产教联合体不仅是多元办学主体共同参与的组织形态，更是多维立体式的治理空间。这个联合体融入了政府、学校、行业、企业等多元行动者的运作元素和功能，形成了一个复杂而有机的整体。在这个整体中，每个参与者都扮演着独特的角色，共同推动着教育事业的发展。市域产教联合体的构建，依托于协调联动的工作机制和多方参与的理事会制度。这种机制确保了各个办学主体能够各司其职、互相补充、协同发力。地方政府部门负责制定政策、提供支持；学校则承担起培养人才的重任；行业和企业则通过提供实践机会、分享资源等方式，为学生的成长提供助力。在市域产教联合体中，各方共同努力，共建共治，实现了共同利益。这种合作模式不仅提高了教育质量，还促进了地方经济的发展。通过与企业的合作，学校能够更好地了解市场需求，调整教学内容和方法，使学生更加符合社会的需求。同时，企业也能从中受益，获得更多优秀的人才和技术支持。此外，市域产教联合体还注重培养学生的综合素质和社会责任感。通过组织各种实践活动、志愿服务等，让学生在实践中锻炼自己，增强团队协作能力和社会适应能力。这些经历不仅对学生的个人成长有益，也为他们未来的职业生涯打下了坚实的基础。市域产教联合体打破了传统的教育界限，实现了多方共赢的局面。在这个过程中，地方政府、学校、行业和企业等多元行动者共同参与，为学生的成长提供了更加广阔的舞台。比如，在浙江省杭州市，阿里巴巴集团与多所高校联合成立了"互联网＋"学院，共同探索互联网技术与传统产业的深度融合。

再次，资源丰富多样，市域产教联合体涵盖先进制造业、现代服务业、现代农业等主导产业，以及生物技术、新能源、新材料等新兴领域；教育层面则汇聚中职、高职乃至普通本科院校的力量。这种多样化的资源整合，不仅为学生提供了丰富的学习和实践机会，也为产业的发展注入了新的活力。例如，在广东省深圳市，华为技术有限公司与深圳大学合作，建立了多个研究中心，共同研发前沿科技产品。

最后，运行机制完善，产权清晰，组织架构健全，设有专门部门，确保实体化运作，推动产教深度融合，取得实效。市域产教联合体是一个跨界型教育组织，由地方政府、职业院校、行业和企业等主体构成，这种组织机制是其高效运行的基础。但同时由于各参与主体各自属于一个独立组织，又各自带有自身的边界，有着不同的利益追求。完善的运行机制是市域产教联合体成功的关键，它保证了项目的可持续发展和高效管理。比如在四川省成都市，当地政府设立了专门的产教融合发展基金，支持校企合作项目，取得了显著的经济和社会效益。市域产教联合体依托产业园区，作为区域产业发展的空间集聚载体，产业集聚形成的规模效应对教育事业的支持力度更大，教育发展带来的人才供给和科技转化更加低成本、高效率，以此提升职业教育产出的本地受益率。

作为一种新型制度设计和适应产教融合需要的新型组织形态，市域产教联合体集多种功能于一体，旨在通过整合多元利益诉求、创新资源利用模式、强化区域服务功能，解决校企合作中长期存在的"政策真空""校热企冷"等现实难题①。实体化运作是校企合作办学的高阶形式，也是高

---

① 唐智彬. 从公共价值创造的视角看市域产教联合体［J］. 职业技术教育，2023（16）：1.

等教育深化产教融合和高质量发展的主攻方向。市域产教联合体由地方政府、学校、行业、企业等多方参与，若仅是松散型合作，缺少行政赋权，又没有专门经费投入，将会面临有限理性、不确定性和复杂性、行为投机性、"小数现象"等问题①。从制度生成逻辑上讲，市域产教联合体的组织属性、运行方式与其他产教融合组织形态存在一定的差异性，需要对组织结构进行战略性设计规划，科学合理安排②。

　　在市域产教联合体中，地方政府、企业、学校和科研机构共同构成了其核心架构。作为"产业"的代表，企业以价值增值为追求，以财富创造为使命，以利润最大化为目标。在这一目标的驱动下，企业致力于实现组织效率的最大化和成本的最小化。为了适应复杂多变的市场环境，企业在组织行为的流程规范性和运行灵活性之间，更倾向于后者。而作为"教育"的代表，职业学校则兼具工具性和人文性的双重价值取向。一方面，学校重视学生技能的提升、就业能力的增强和就业质量的提高，以及学校成果的积累与发展；另一方面，学校也关注学生的全面成长和可持续发展，以及服务经济社会发展所带来的隐性价值。由于学校的行政属性和公益属性，受科层管理模式的制约，学校在组织行为的流程规范性和运行灵活性之间，更倾向于前者。因此，学校和企业成了联合体中价值观冲突的核心主体。要达成一致的愿景、使命和目标，关键在于找到两者之间的平衡点，实现双方价值的融合与共生。在这个背景下，地方政府扮演着协调者的角色，努力促进企业与学校的合作。地方政府通过政策引导和资源整合，推动双方在人才培养、技术创新和市场开拓等方面进行深度合作。同时，科研机构作为知识创新的重要力量，为企业提供技术支持，为学校提供最新的科研成果和教学资源。然而，在实际操作中，企业和学校之间的矛盾依然存在。企业希望学校能够培养出更多符合市场需求的技术人才，而学校则希望企业能够提供更多的实践机会和就业渠道。为了解决这些问

①　郝天聪，石伟平. 从松散联结到实体嵌入：职业教育产教融合的困境及其突破 [J]. 教育研究，2019 (7)：102 - 110.
②　马维旻. 产业学院建设的理念与路径：基于格力明珠产业学院的实践探索 [J]. 终身教育研究，2021 (4)：47 - 52.

题，双方开始探索新的合作模式。例如，一家知名企业决定与当地的一所职业学校建立长期合作关系。企业不仅在学校设立了奖学金，还提供了实习岗位和就业机会。同时，学校也根据企业的需求调整了课程设置，增加了实践教学环节。这种合作模式使得学生能够在学习过程中接触到真实的工作环境，提高了他们的就业竞争力。地方政府还积极推动产学研一体化的发展。通过搭建平台，促进企业、学校和科研机构之间的信息交流和资源共享。这样一来，企业可以更好地了解市场需求和技术发展趋势，学校可以更好地培养学生的实践能力和创新精神，科研机构可以更好地将研究成果转化为实际应用。在这个过程中，各方逐渐意识到，只有通过紧密合作，才能实现共赢发展。企业不再仅仅追求短期利益，而是开始关注社会责任和可持续发展；学校也不再局限于传统的教学模式，而是积极探索与企业合作的新模式；地方政府则充分发挥桥梁作用，为各方提供支持和服务。最终，市域产教联合体形成了一个良性循环的生态系统。企业、学校和科研机构相互依存、相互促进，共同推动地区经济社会的繁荣发展。在这个过程中，每个人都找到了属于自己的位置和价值，实现了个人的成长和社会的进步。

市域产教联合体建设的关键不仅在于"联什么"，还在于"怎么联"。

一是完善顶层设计，建立健全治理体系。

在产教联合体的治理结构中，协作治理的价值导向扮演着核心角色。它不仅能够激发各方参与治理的热情与动力，还能促进形成一种积极向上的治理环境。首先，运行类制度作为主导，为产教联合体创造了一个有利的外部条件。这些基本规范和流程是推动其治理体系和治理能力现代化的关键因素。从宏观视角来看，我们需要明确如何确保各主体之间的责权利平衡，以及如何建立有效的委托—代理关系。这些问题的妥善解决对于产教联合体的未来走向至关重要，甚至会直接影响到其治理效率。在宏观层面，我们应当深入探讨如何确保各主体之间的责权利平衡。这不仅仅是一个简单的分配问题，更是一个复杂的系统工程。例如，可以通过设立专门的协调委员会来监督和调节各方的利益冲突，确保每个参与者都能在公平的环境中发挥其应有的作用。此外，建立一个透明的信息共享平台也是必不可少的，这样可以让所有相关方及时了解最新的政策动态和治理进展，从而增强彼此的信任感和合作意愿。从微观层面来讲，政府作为产教联合体的发起者，应当通过制定规范性政策文件来设计产教联合体的运营机制，确立其运作规则，并对跨界治理、绩效评估、长效机制等方面进行明确规定。这样做可以有效减少制度性交易成本和治理风险，从而持续增强产教联合体的发展动力和活力。具体来说，政府可以引入第三方评估机构，对产教联合体的运行效果进行定期评估，并根据评估结果调整相关政策，以确保治理体系的灵活性和适应性。同时，还可以通过设立专项基金来支持那些在治理创新方面表现突出的项目，进一步激励各方积极参与到治理实践中来。此外，我们还应该关注人才培养和技术创新这两个关键领域。在人才培养方面，可以通过与高校和研究机构的合作，共同开发符合市场需求的课程和培训项目，为产教联合体输送更多具备实战经验的高素质人才。在技术创新方面，鼓励企业加大研发投入，推动新技术的应用和转化，为产教联合体的发展注入新的活力。综上所述，产教联合体的治理结构需要从多个维度进行优化和完善。只有当各个层面的工作都得到有效推进时，才能构建出一个真正高效、透明、可持续发展的治理体系。

其次，在推进产教联合体的发展过程中，要素类制度扮演着至关重要的角色。它不仅为联合体的发展方向提供了清晰的指引，还明确了主要任务：协同培养人才和推动产业创新。为了实现人才培养的目标，关键在于构建强大的师资队伍和完善的教育平台。而在促进产业创新方面，技术和知识成了不可或缺的宝贵资源。因此，制定要素类制度时，必须遵循制度生成的逻辑，通过多方协商来确保制度的多样性和适应性。这样的制度能够更好地满足不同任务的需求，为产教联合体的发展提供有力支持。同时，政府也应发挥协调作用，平衡联合体内部各方的利益诉求，整合内外部资源，从而加速产教联合体的成长与发展。

最后，保障类制度作为基础，规范了多元组织的建制。在构建产教联合体的坚实基石上，保障性制度扮演着至关重要的角色，它不仅为多元组织架构设定了明确的规范框架，还涵盖了金融支持、财税优惠、土地政策及信用激励等多维度的支撑体系。这些精心设计的政策工具，旨在推动产教联合体在自我增值的道路上稳步前行，实现其内在价值的最大化。鉴于此，地方政府需秉持灵活应变的策略，依据地域特色和时代需求，精准评估产教融合对于产业创新驱动与职业教育模式革新的实际贡献。在此基础上，对现行的"金融＋财政＋土地＋信用"四位一体的激励政策进行深度细化，确保每项措施都能精准对接实际需求，避免政策制定陷入复杂冗余的"丛林法则"。通过持续优化政策细节，明确各类激励手段的具体操作流程，旨在打造一个既具吸引力又高效透明的政策环境，从而激发产教联合体的潜能，加速其在促进产业升级与教育改革中的积极作用，共同绘制出一幅产教深度融合、互促共进的美好蓝图。

二是强化主体功能，创新组织变革，构建生态系统。

在探索产教联合体这一典范生态系统的构建之旅中，我们见证了传统智慧如何转化为社会实践的价值。这一过程涉及生态主体、客体及环境的物理与社会维度交织，促进了知识的流动、要素的汇聚和资源的循环。核心任务在于强化产教联合体中生态主体的核心地位。地方政府、园区、学府和企业等多元主体在生态系统中扮演着枢纽角色，成为推动价值创造的关键力量。通过这些主体间的深度耦合、互动交流和共生共荣，一个以"四链"协同为特征的创新生态体系得以形成，为产教联合体提供了最佳的发展路径。因此，我们需要巧妙地运用地方政府的引导力和市场的调节力，双管齐下，推动生态主体间资源的共建共享。同时，精心梳理并优化各主体间的复杂关系网，为构建一个既动态平衡又紧密相连的产教联合体生态系统奠定坚实基础。

从创新视角分析，人力资本提升、技术创新、知识创造等成果作为产教联合体生态系统中的生态客体而存在，是产教联合体实现自身价值创造的重要体现。通过加强产教联合体生态主体的建设，可以激发出异质性资源协同创新的巨大潜力，促进产业需求与技术供给等不同生态因子之间的深度融合，增强各主体间的凝聚力和增值效应。地方政府在这一过程中扮演着至关重要的角色，它既要妥善处理产教联合体内部的文化融合和制度体系构建等复杂问题，又要积极解决外部的资金投入、设备共享和资源开发等挑战。作为掌舵者，地方政府需要将产教联合体视为未来区域职业教育与产业发展的新引擎，并从技术、知识、资金和人才等多个维度提升资源禀赋，进一步推动区域新发展格局的建设，创建更具适应性与合作性的优质生态环境，为构建人才共育、成果共享、风险共担、多元共赢的产教联合体生态系统创造有利条件。

产教联合体的发展愿景，深植于各利益相关者对未来的精心策划与热切期盼之中。这一愿景的实现，依赖于一套精心设计的目标机制——一个旨在促进各方共同进步、实现共赢的制度框架。因此，首要任务便是对这一目标机制进行优化与完善，确保其深度融入产教联合体的日常运营与决策过程。通过这样的整合，我们不仅能够为产教联合体的发展注入新的活力，更能显著提升其整体效能，推动其在教育与产业融合的道路上迈出更加坚实的步伐。产教联合体应基于理事会（董事会）构建一个精简的决策框架，通过各利益相关方在公共事务中的协同合作，提高决策过程的科学性。

地方政府应自觉树立"顶层设计者、统筹协调者、问题答卷者、公共服务者"的定位，主动担任联合体建设的第一责任主体，深入基层调研，倾听多种声音，协调各方诉求，达成目标共识，细化任务分工。地方政府必须将市域产教联合体建设提升至推动全区域经济社会发展的核心战略高度，从宏观角度将其融入国民经济和社会发展的蓝图、土地利用规划、城市综合布局，以及各类经济建设、产业发展和公共事业进步的专项规划与行动方案之中。在重大任务落实层面，地方政府要从后方指挥所走向战斗前线，谋划推进一批项目建设，形成标杆和辐射效应。

地方政府致力于落实服务型政府的核心理念和开放与共享的理念，精心梳理并丰富各项服务内容，力求在简化行政审批流程的同时，显著增强工作效率。努力提升实训基地的使用效率，同时显著降低周边高校在设施建设上的重复投资。通过引领创建科技中介和项目孵化的平台，提供一系列服务，包括科技项目的展示、技术的传播、成果的转化、产品的中间试验、工艺的优化、知识产权的保护以及决策的咨询等。推动高校、科研机构和行业领导者的科技成果向中小型企业的应用扩展，促进科技的普及和应用。同时要牵头打造人才供需交流平台，定期发布人才需求目录，服务高校毕业生和社会青年就业创业，推进农村劳动力转移就业。通过将技能人才纳入高层次人才目录，以彰显其重要性和价值。健全技能人才专业技术职务认证评定机制，确保其专业水平得到认可。加强技能文化宣传等举措，提升社会对技能人才的认知和尊重，为技能人才的成长创造一个更加有利的人文社会环境。

市级政府应通过税收减免、土地分配和资金援助等手段，全力激发产教联合体的活力，确保其与地区人才需求和产业布局紧密对接。这一策略旨在将产教联合体塑造为知识创新和技术革新的关键驱动力。为了实现这一目标，产教联合体需以内部章程为基础，建立起一套高效的协作执行体系，促进不同管理实体间的深度融合，并加强跨界合作治理，从而有效克服利益分歧对发展的潜在障碍。同时，必须精心设计并优化协调机制，以应对产教联合体内部可能出现的利益冲突、文化差异及价值观分歧等问题，重新塑造其内部治理结构。此外，还需在实际操作中加强与税务、财政、人力资源、教育等政府部门的协同工作，构建一个涵盖政策支持、资金投入、技术交流和人才培养的综合支撑体系，为产教联合体的顺畅运作提供坚实保障。

仅仅依靠正向激励可能不足以应对所有情况，也可以在负向激励上做文章，探索通过白名单制度和可兑现的积分制度建立引导和激励企业的长效机制，通过对企业的评估和审核，将符合一定标准的企业列入白名单。这些企业通常具有较好的经营状况、良好的信誉记录以及积极的社会责任表现。被列入白名单的企业可以享受到一系列的优惠政策和支持措施，如税收减免、融资便利等。这种制度的实施旨在鼓励企业积极履行社会责任，提升企业形象和品牌价值。对于那些在产教融合中不积极、不作为、不支持员工技能学习和提升的企业，应该给予必要的限制。这些限制可以包括取消其享受优惠政策的资格、限制其参与某些项目或活动等。鼓励企业为技能型员工敞开发展通道，支持员工参加职业技能培训、鉴定和学历提升教育。通过这种方式，可以促使企业更加重视员工的培训和发展，提高员工整体的教育水平。此外，还可以考虑建立一套完善的监督机制，确保白名单制度和可兑现的积分制度的有效实施。包括定期对企业进行评估和审核，及时发现问题并采取相应的纠正措施。同时，也应该加强对企业的宣传和教育工作，提高他们对这两种制度的认识和理解程度。通过白名单制度和可兑现的积分制度建立引导和激励企业的长效机制是一种有效的管理方式，不仅可以激发员工的积极性和创造力，还能促进他们的个人成长和发展；要实现这一目标需要综合考虑各种因素并采取相应的措施来确保制度的顺利实施。

三是强化企业参与高等教育的能力，提升核心竞争力。

由于企业的规模、实力和业务范围的不同，并不是所有企业都具备申请成为产教融合型企业的资格或需求。然而，每个企业都应该以成为产教融合型企业为目标，积极支持联合体的建设，并参与学校的专业建设、人才培养、教学改革以及就业创业等业务。鼓励企业积极挖掘自身潜力，与高校携手共建特色产业学院，共同打造教师企业实践流动站和学生实习实训基地。企业应根据自身生产需求，为学生提供专业对口的岗位实习与就业机会，让学生在实践中成长，在挑战中提升。同时，企业还应与高校共同开展现代学徒制、现场工程师人才培养等项目，共同编制教学标准和人才培养方案，确保教学内容与企业实际需求紧密结合。此外，企业还应与高校共同开发教材和数字化资源，利用现代信息技术手段，为学生提供更加丰富、多元的学习资源。同时，双方还应共同实施教育教学评价改革，建立科学、公正的评价体系，激励学生不断进步，追求卓越。制定企业人才战略中长期规划，淡化实习生"留企率"、人才培养投入产出比等功利性指标，用足地方政府支持政策红利等显性回报，正视优质企业文化积累的隐性回报。通过这些举措，企业不仅能够提升自身的竞争力，还能够为社会培养出更多具备创新精神和实践能力的优秀人才。

企业要想在激烈的市场竞争中立于不败之地，就必须坚守本业，精耕细作。加大研发投入，钻研核心业务，不断提升生产经营管理水平，增强核心竞争力，这是企业发展的基石。切不可因产教融合政策导向或目标设定而舍本逐末，忽视了自身的核心能力建设。正是因为企业在发展进程中走在产业前沿，掌握核心业务，引领新标准、新技术、新工艺开发，才具备了强大的产教融合能力。与各职业院校形成优势互补，达成互利共赢的局面，这正是企业与教育深度融合的生动体现。同时，企业自身不断走向强大，也具备了更强的实力为公共财政、服务公益事业作出贡献，回馈社会和人民。

广大企业应牢牢抓住产教联合体建设的有利契机，用足用好政策红利以及学校、科研机构的人才、科技等优势资源。补齐自身短板，加快数字化转型和技术改造，加速产业链整合，降低人力成本，提升创新能力。通过市域产教融合体建设，不断提升企业与学校之间的合作默契度、功能耦合度和要素匹配度，实现企业与学校发展同向同行，同频共振。在这个过程中，企业需要保持敏锐的市场洞察力和创新精神，不断探索新的商业模式和技术路径。同时，也要注重人才培养和引进，为企业的发展提供源源不断的动力。只有这样，企业才能在激烈的市场竞争中始终保持竞争力，实现可持续发展。

四是创新运行机制——项目制促进科技成果转化应用。

项目制在产教联合体建设中已深植其根，释放了显著的制度动能，激活了各方参与者的建设热情，并取得了显著成效。这一创新机制不仅为职业教育注入了新的活力，还极大地提升了教育质量和效率。高校强化"应用为主、转化为先"的激励机制导向，重点面向企业数字化改造和转型升级的技术难题，推行"企业出题，学校答题"的课题模式，实现大多数教师科研项目和学生毕业设计选题源于企业实际需求，促进科技成果转化应用。

在项目制治理下，产教联合体建设在具体运行中形成一种实践意义上的制度—行动安排，能够最大限度地获得确定性的途径和可预测的结果。在项目制的推动下，产教联合体作为具有独特组织特征的融合平台或实体，已成为富有中国特色且充满活力的职业教育模式。其数量迅速增长，类型也日益多样化。实证研究表明，近年来我国涌现了产业学院、职业教育集团、产教融合园区、校中厂（场）、厂中校、智慧学习工场、教师工作室及产教融合型企业等多种形式的产教联合体。这些联合体在职能配置、组织结构、治理框架及合作主体等方面展现出丰富多样的特点。

从类型学视角出发，根据主导单位的不同，当前的产教联合体可划分为三种主要类型。

首先是学校主导型，主要包括职业教育集团和产业学院，由职业院校牵头。这些院校通过整合资源，优化课程设置，提升教学质量，以满足市场需求。其次是行业企业主导型，主要指产教融合型企业，由行业企业引领，深度参与人才培养，并在实现高技能人才培养目标中发挥关键作用。这类企业可进一步细分为产教融合办学型、教学活动参与型及教育产品生产经营型三大类。最后是学校企业并列型，主要涉及市域产教联合体和行业产教融合共同体，其中学校和企业均积极参与，共同致力于人才培养和服务产业发展。在这些不同类型的产教联合体中，各成员单位在主导单位的引导下开展工作，维护彼此的核心利益，深入参与产教融合与校企合作，以实现既定的目标和任务。具体来说，学校主导型的产教联合体通常由一所或多所职业院校联合组成，它们利用自身的教育资源和师资力量，与企业合作开展各类培训项目。例如，某职业学院与当地一家知名企业合作，共同开设了一个智能制造专业的培训班。学生们不仅可以在课堂上学习理论知识，还可以直接到企业的生产线上实习，亲身体验现代化的生产流程和技术应用。这种模式不仅提高了学生的实践能力，也为企业输送了大量合格的技术人才。与此同时，行业企业主导型的产教联合体则更加注重企业在人才培养过程中的主导地位。这些企业通常会与多所职业院校建立长期合作关系，共同制定人才培养方案，提供实习岗位和就业机会。例如，一家大型制造企业与几所职业技术学院合作，共同开发了一个针对高端制造业的技术人才培养计划。如电子科技大学在"面向国防重大需求的校企科技攻关项目"中，与重庆声光电有限公司合作研发了能够满足电子对抗、移动通信、安防等国防与民用领域的核心元器件。企业不仅提供了先进的设备和技术支持，还派出资深工程师担任兼职教师，指导学生进行实际操作。这种深度合作使得学生能够在毕业时具备较高的专业技能和实践经验，更容易适应工作岗位的要求。此外，学校企业并列型的产教联合体则是一种更为灵活的合作模式。在这种模式下，学校和企业各自发挥自身优势，共同推进人才培养和产业发展。例如，一个市级的产教联合体可能包括多所高校和多家企业，它们共同投资建设了一个集教学、科研、生产于一体的综合性实训基地。学生们可以在这里接受系统的教育和培训，同时参与到实际的生产项目中去，积累宝贵的工作经验。而企业则可以通过这种方式获得最新的科研成果和技术人才支持，加速自身的创新发展。

项目制在产教联合体建设中的成功应用，为我国职业教育的发展开辟了新的道路。通过不断探索和完善各种类型的产教联合体模式，我们可以更好地满足社会对高素质技术人才的需求，推动经济的持续健康发展[①]。例如，常州大学"智能制造产业学院创新型工程人才培养项目"，以"项目制课程流"为引领，重构"模块化知识性课程"，探索构建一套多学科融合培养的新工科人才培养模式。

在项目制治理框架下，产教联合体的构建展现了其深远的现实意义。这种融合了产业与教育的治理模式，通过引入强烈的激励竞争机制，不仅彰显了技术理性的鲜明特色，还为地方政府、职业学校及行业企业等提供了一个自下而上竞争项目的优质平台。这一机制极大地激发了各参与主体的积极性，有效解决了传统科层制度中资源平均分配导致的激励不足问题。同时，产教联合体项目所采用的强激励机制，不仅与地方政府追求职业教育高质量发展的目标相契合，更为重要的是，它发挥了杠杆作用，促使地方各治理主体共同投入资源，形成了一种协同发展的新格局，这无疑成了近年来产教深度融合的重要推动力。然而，项目制治理下的产教联合体建设也并非完美无缺。由于其本质特征，产教联合体的建设往往遵循"一事一议"的原则，这种运动式和分割化的治理方式，可能会忽视产教联合体内涵建设的长期性、过程性和系统性，其在发展过程中会出现偏差。此外，项目制还可能加剧立项地区或单位与非立项地区或单位之间的差距，进一步影响产教融合发展的均衡性。

项目制治理下的产教联合体建设既有其积极的一面，也存在一些潜在的问题。因此，我们需要在推进产教联合体建设的过程中，不断优化和完善项目制治理机制，以确保产教融合的持续、健康和均衡发展[②]。应改变以往松散型联合体形式，注重赋权增能，明确各自的权利和义务，成为真

---

① 欧阳河，戴春桃. 产教融合型企业的内涵、分类与特征初探 [J]. 中国职业技术教育，2019 (24)：5-8.

② 匡英，朱正茹. 深化职业教育产教融合的关键是实现跨界组织实体化运作 [J]. 河北大学学报（哲学社会科学版），2024 (2)：30-37.

正意义上的地方政府、行业、企业与学校四方协同的命运共同体。

为了更好地实现这一目标，我们需要完善产教联合体建设治理机制，基于此提出如下建议：

基于区域高等教育产教融合的真实需求，结合发展布局，精准地做好产教联合体项目分配与调整，向欠发达地区适当进行倾斜。这意味着我们要深入了解各地区的实际情况，根据当地产业发展和人才需求，有针对性地开展产教联合体项目。同时，要关注欠发达地区的发展，通过政策扶持和资源倾斜，促进其职业教育水平的提升。

基于建设现代高等教育体系的系统观，以深化产教融合为主线，注意产教联合体项目的持续性和关联性，避免"碎片化"现象出现。这要求我们在推进产教联合体建设时，要有全局观念和长远眼光，确保各项措施相互衔接、相互促进。同时，要避免片面追求短期效益，要注重项目的长期发展和可持续性。

既要注重自上而下的资源配置，又要加强微观主体参与平台的建设，关注多元主体的需求。这意味着政府要在宏观层面做好规划和引导，为产教联合体提供必要的政策支持和资金保障。同时，也要充分发挥市场和社会力量的作用，鼓励企业、行业协会等微观主体积极参与职业教育治理，共同推动产教联合体的发展。

市域产教联合体质量评估既可以采取自我评估也可以采取管理者评估，更要注重强化制度供给，积极开展第三方评估。引入第三方组织对产教联合体建设效果进行审核及督查，确保专业性和中立性，等等，以规避项目实践风险和提升产教联合体建设的效能。这要求我们建立健全评估机制，定期对产教联合体的建设情况进行评估和监督。同时，要引入专业的第三方机构进行独立评估，确保评估结果的客观性和公正性。通过这种方式，我们可以及时发现问题并采取相应措施加以解决，从而提高产教联合体的建设效能[①]。新兴技术如大数据、区块链、人工智能和云计算的融合

---

　　① 刘奉越.职业教育产教融合组织形态的实践样态及演进逻辑［J］.高等工程教育研究，2024（1）：138-143.

应用，为市域产教联合体的质量评估提供了坚实的技术支持。通过加强数字化、网络化和信息化建设，我们能够建立一个集数据收集、管理、比较和分析于一体的产教联合体监测与评估平台，实现对市域产教联合体建设情况的实时动态监控。这个平台的建立，将有助于更好地了解市域产教联合体的运行状况，及时发现问题并采取相应措施进行改进。同时，通过对数据的深入挖掘和分析，我们可以发现潜在的发展趋势和机会，为市域产教联合体的发展提供有力的支持，促进市域产教联合体之间的交流与合作，共享经验和资源，共同推动职业教育的发展，更好地实现教育资源的优化配置，推动市域产教联合体的建设和发展①。

市域产教联合体的构建，作为我国深化产教融合战略的核心举措，旨在通过激活地方政府、企业、高校与研究机构之间的协同合作机制，精准对接行业前沿技术、创新工艺及市场需求，优化人才培养资源配置。这一模式从实际需求出发，打破人才培养与就业市场的壁垒，以内涵式发展为引领，促进高等教育与地方经济、社会发展的深度融合与良性互动。

目前市域产教联合体的建设尚处于萌芽阶段，各地方正积极探索实践路径。面对未来可能遭遇的挑战与阻碍，需深入剖析其建设的内在逻辑，强化"产助教、教促产、产教深度融合"的理念，坚定地在市域层面推进政企校研"四位一体"的技术技能人才培养新模式。同时，持续推动教育链、人才链与产业链、创新链的深度融合，使高等教育成为城市经济社会发展生态系统中不可或缺的一部分，在新时代背景下激发出高等教育发展的新活力与创造力。

（二）产教融合共同体

在产与教"貌合神离"的生产力条件下，必须遵循其组织发展阶段性特征，给予充分的外部法律、政策、制度的规约和支持，给予各方主体充

---

① 刘奉越，郑林昌.职业教育产教融合发展水平测度及空间分异研究［J］.国家教育行政学院学报，2023（5）：38-46.

分的研讨、互动和合作的空间与条件，力求通过促进产教融合共同体协同创新，保障共同体高效能运行。例如，对与"新质生产力"具有高契合度的、以"创新驱动"为核心发展动力的企业，应给予更大的自主权和创新活动空间。协同创新将有效促进产教融合共同体组织约束力和行动力生成，一方面可以协调共同体内部各主体基于"平等""互惠""有效沟通"而形成的高效合作；另一方面也可能吸纳并有效协调更多经济实体，催生新型经济发展综合体，实现生产要素的创新性配置，甚至推动新型生产关系生成，最终实现引领产业的深度转型升级。

人才培养模式是关于培养什么样的人以及如何培养人的集中表达和展现，包括人才培养目标、课程体系、教育教学方式以及学业成果评价等。因此，通过人才培养模式创新，可以明确产教融合共同体多元主体如何围绕科技创新完成育人全过程的功能、任务、关系、工作程序与方式的协同，从而奠定共同体的基本组织架构。这一基本组织架构应具备高兼容性、融合性以及创新性，兼顾科技创新、以产促教、以教促产等组织功能，融合产教政研等多元组织属性，并时刻保持敏感、灵活、创新的行动原则。企业应成为教育创新的核心驱动力，通过汇聚各方的顶尖资源，重塑人才培养策略。这一过程涉及对教育环境、项目及方法的全面革新，旨在打造一个产教紧密结合的生态系统，并确立其高效运作的框架。

产教融合没有统一实践样态，而是呈现出多形态、多样化、多层次等特征。在探索产教融合的深层次内涵时，学术界的领军人物们主要从三个维度进行剖析：系统整合、组织协同与制度创新。一些学者借助系统理论和整体观念，提出应从宏观视角审视产业界与教育界的深度融合，中观层面关注地区性产业集群与学术领域的集群效应，而微观层面则聚焦高等教育机制的创新集成设计①。另一些专家从组织社会学的角度出发，强调产教融合的实践核心在于组织层面的深度对接。他们认为，通过明确共同的

---

① 谢笑珍．"产教融合"机理及其机制设计路径研究［J］．高等工程教育研究，2019（5）：81-87．

组织目标、优化组织结构布局以及培育共享的组织文化，能够有效促进双方的融合进程①。同时，还有研究者依据新制度主义理论框架，指出产教融合实质上是跨越学校与企业界限的跨部门合作模式，它标志着一种具有鲜明混合特征的系统性制度转型，旨在构建更加灵活高效的合作生态系统②。

在推动产业与教育深度融合的过程中，激发企业参与热情的核心在于构建一套高效的激励机制。当前政策虽已着重解决企业参与度不高的问题，设计了一系列旨在鼓励企业积极投身产教融合的激励措施，但在实践中仍面临正向激励难以有效落地、负向约束不够明确的双重挑战。一方面，国家正逐步增强对企业参与产教融合的正面激励力度。例如，2019年发布的《国家职业教育改革实施方案》中，创新性地提出了"金融＋财政＋土地＋信用"四位一体的综合激励政策，旨在全方位支持产教融合型企业的发展。紧接着，2021年的《关于推动现代职业教育高质量发展的意见》进一步强调，将企业在校企合作中的实际贡献作为其评选优秀企业的重要考量因素，以此激发企业的参与热情。《关于深化产教融合的若干意见》的26条任务中，有15条任务出现"有关部门"字样，并未明确具体责任主体③。然而，这些政策的落地执行却面临着复杂的局面。由于涉及多个中央部委及地方政府部门的紧密协作与统筹规划，使得政策红利的兑现过程变得相对缓慢且充满挑战，受益企业范围有限，难以调动广大中小微企业积极性。在探讨校企合作的激励措施时，我们注意到一种新兴的趋势——负向激励。例如，《职业学校校企合作促进办法》中明确规定，合作双方必须尊重并保护学生、教师及企业员工的合法权益，不得有任何侵犯行为。然而，这样的政策更像是一份"不可为"的清单，对于那些对合作持消极态度、缺乏积极性、不采取任何行动、不投入资源的"躺平"型企业，却显得力不从心，缺乏有效的制约手段。因此，如何确保这些激

---

① 杜连森. 职业院校、企业与产教融合［J］. 中国高教研究，2018（9）：93-98.

② 刘宝. 职业教育产教融合的合法性问题研究［J］. 职业技术教育，2022（1）：45-52.

③ 陈鹏，王辉. 我国产教融合政策的生产、分配与消费：话语分析的视角［J］. 教育研究，2019（9）：110-119.

励措施能够真正落到实处，成为当前亟待解决的问题①。

　　建立以目标为指引的产教融合长效机制，对于实现教育和产业的统筹融合、良性互动发展具有重要意义。教育与产业的深度融合已成为推动社会进步和经济发展的重要力量。产教融合不仅能够促进教育资源的优化配置，提高人才培养质量，还能有效解决人才供给与产业需求之间的结构性矛盾，为经济发展和产业升级提供强有力的人才支撑。首先，政府应以人才培养供给侧和产业需求侧匹配为目标，加强顶层设计。政府应发挥主导作用，制定相关政策和措施，引导和支持产教融合的发展，要面向产业和区域发展需求，完善教育资源布局，统筹优化教育和产业结构，促进教育和产业联动发展。政府可以通过财政投入、税收优惠等方式，鼓励行业企业参与职业教育和高等教育的建设和发展。同时，政府还应加强对产教融合的监管和评估，确保各项政策措施得到有效落实，促进产教融合的健康发展，要从系统的制度改革入手，构建整体性的产教融合制度体系，提供多元治理结构以协调各方利益。比如，推进产教融合的法律法规建设，落实激励政策，推动各方主体自觉参与产教融合，保障各方权益。再如，发挥企业的重要主体作用，推动企业深度参与职业教育。对在提升技术技能人才培养质量、促进就业中发挥重要主体作用的企业，按照规定给予奖励；对符合条件认定为产教融合型企业的，按照规定给予金融、财政、土地等支持。其次，行业企业应积极参与产教融合，发挥其在人才培养和技术创新方面的优势。企业可以通过与高校合作，共同开展人才培养项目，为学生提供实习实训机会，使学生在实际工作中提升技能和素质。此外，企业还可以与高校共同开展科研合作，推动技术创新和成果转化，为产业发展提供技术支持。再次，高校应以培养高素质创新人才为目标，以社会需求为导向，促进学科专业交叉融合，深入推进以需求为导向的人才培养改革。高校应主动适应产教融合的需求，调整教育教学内容和方法，建立与产业转型升级相适应的学科专业体系，瞄准科技前沿和关键领域，培养符合产业发展需求的高素质人才，加快培养紧缺人才。加强双师型师资队

---

① 唐智彬. 从公共价值创造的视角看市域产教联合体［J］. 职业技术教育，2023（16）：1.

伍建设。既要注重提升教师个体的双师素质，规定教师定期到企业实践锻炼；又要注重优化教师队伍的双师结构，邀请企业技术和管理人才到学校任教。高校可以通过与企业合作，引入企业的实际案例和项目，使学生在学习过程中更好地理解和掌握相关知识和技能，鼓励本科生针对企业真实问题参与科研，培养学生创新实践能力。同时，高校还应加强师资队伍建设，引进具有丰富实践经验的行业专家和企业高管，提高教学质量和水平。高校还应注重科教融合，用高水平的科研支撑高质量的人才培养。把科技创新成果转变为教学内容，为学生提供前沿领域知识。行业协会，作为政府、企业与院校之间的纽带，应发挥其独特作用，引领并促进相关法律法规框架的构建与优化，确保这一进程有法可依，有序进行。通过精心打造一套企业责任评估标准体系，并将其融入企业社会责任的综合考量之中，我们能够激励企业更加主动地投身于社会贡献，同时，这也为教育机构开辟了广阔的合作天地，带来了丰富的资源补给。行业领军企业，作为经济增长的强劲引擎，更应勇于担当，积极履行社会责任。它们可以慷慨解囊，提供资金支持，或是捐赠先进设备，甚至派遣专业人才，与教育机构共同打造生产型实训平台。企业应支持产业导师定期举办专题讲座，让学生了解岗位要求和企业文化，以提升学生技术技能水平和就业适应能力。这样的合作模式，不仅能够加速企业的技术创新步伐，提升核心竞争力，还能为学生搭建起通往实践的桥梁，培育出更多符合市场脉搏的高素质人才，实现双赢乃至多赢的局面。

为了深化产教融合，必须设立专门的组织机构来推动其发展，确保这一进程更加规范化、制度化和可持续。这样的专门机构将作为行业企业与学校之间沟通的桥梁，促进所有相关方的共同成长。高校与企业应携手成立产教融合理事会或校企合作指导委员会，发挥咨询与指导作用。此外，还应设立一个地方协调机构，负责协调地方政府、企业和高校之间的关系，共同制定一系列制度，确保产教融合的有效进行。通过这种方式，可以形成一个由区域龙头企业参与、共同管理的工作机制，实现校企之间的优势互补、资源共享、互惠互利和共同发展。在具体操作层面，产教融合理事会或校企合作指导委员会应定期召开会议，讨论并解决合作过程中出现的问题。这些会议不仅为双方提供了一个面对面交流的平台，还能及时调整合作策略，以适应不断变化的市场和技术需求。理事会成员可以包括高校的教授、企业的高管以及行业专家，他们共同出谋划策，为学生提供更贴近实际需求的教育内容。同时，协调机构的角色也至关重要。它不仅要负责制定和执行各项规章制度，还要监督各方的执行情况，确保合作的公平性和透明度。这个机构可以由政府相关部门牵头，联合区域内的主要企业和高校共同组建，形成一套完善的管理体系。通过这种多层次、多方位的合作模式，可以有效避免资源浪费，提高合作效率。为了更好地实现资源共享，高校和企业可以共同投资建设实验室、研究中心等基础设施，为学生提供实践操作的机会。企业还可以派遣技术专家到学校授课，或者邀请学生到企业实习，让学生在实践中学习和成长。这种双向互动不仅能够提升学生的实践能力，也能为企业培养符合自身需求的人才。总之，通过建立专门的组织机构，加强高校与企业之间的沟通与合作，可以实现产教融合的规范化、制度化和可持续发展。这不仅有助于提升教育质量，还能促进企业的技术创新和产业升级，最终实现校企双赢的局面。

产教融合的质量监控与评价，涉及多元主体和多维标准。评价主体主要包含政府职能部门、行业企业、学校，以及第三方组织等。评价方式不仅要注重校企双方的内部评价，还要注重政府或第三方的外部评价；评价标准不仅要关注人才培养质量，还要关注科研成果的转化率，更要关注人才培养与产业需求的供需匹配度以及产教融合的广度和深度。我们必须深化对培养人才重要性的认识，并将校企合作的成效作为衡量成功的首要准则。这要求我们细致评估以市场需求为核心的人才培养策略是否完善，要强化育人意识，以及学校与企业在专业建设和课程开发上的合作是否紧密贴合产业发展趋势和服务创新需求。同时，共同建立的实习和创业平台是否能够适应职场的实际要求，以及拥有双重专业技能的教师团队是否能够满足行业发展的需要，也是我们需要重点关注的方面。最终，所有的努力都应聚焦于学生实践创新能力、问题解决能力及探索能力的显著提升，这是评价我们工作成效的关键指标。

在追求科研卓越的道路上，我们必须将应用意识作为核心驱动力，确保研究成果能够转化为推动社会进步的实际力量。为此，我们应当重视校企之间的紧密合作，共同攻克技术难题，并以此作为衡量科研成果价值的关键指标。我们要深入评估这些联合研发项目的成果，不仅关注其产业化和商业化的进程，更要考察它们如何转化为现实的生产力，以及这些转化成果在实践中的表现如何。同时，我们还要审视这些科研成果对于国家和社会、行业企业所带来的实质性贡献，以此来全面评价其价值。此外，高校在开展工程技术研究时，应将企业一线的实际需求作为选题的重要依据，确保研究方向与市场需求紧密相连。同时，成果转化的效率和效果也应成为评价项目成功与否以及人才能力高低的重要标准。

在推动产教融合的进程中，将供需对接作为核心，以服务区域经济社会的发展为首要标准。目标是实现教育培养与产业需求之间的全面融合，确保两者在结构要素上达到高度一致。因此，评估产教融合成效的关键，在于观察教育与产业之间是否建立了有效的协同与互动机制。具体而言，需要检验的是企业和行业在参与产教融合过程中的积极性和主动性是否得到了充分的激发。同时，教育机构是否能够紧密地与区域经济和社会发展的需求相对接，并与产业界保持步调一致，共同推动产业的升级与转型。最终，要探讨的是产教融合对于促进区域经济发展的实际贡献程度。通过这些综合性的评估指标，我们能够全面了解产教融合的实际成效，以及它对区域经济社会产生的深远影响。

最后，建立健全产教融合长效机制需要各方共同努力。行业产教融合共同体的融合模式并非与生俱来、一成不变，总会存在一些缺陷和不足，这就需要不断改革融合模式，强化协同创新，推动行业深度参与协同育人，以适应人才培养和经济社会发展需要。在构建行业产教共同体的过程中，各参与主体需积极承担起各自的责任，共同推动教育与产业的深度融合。产教融合不能停留在学校和企业"点对点"式合作，应由点到面、由面到体，逐层升级，形成"面对面"结合、"体对体"融合。地方政府、行业企业和高校应加强沟通与合作，形成合力，共同推动产教融合的发展。此外，还应加强宣传和推广工作，提高社会各界对产教融合的认识和支持度，营造良好的发展氛围。政府部门还可以通过授予荣誉称号、颁发奖章、宣传事迹等方式提升校企主体的荣誉感，帮助校企提升品牌价值，增强其合作共建意愿。以目标为指引建立产教融合长效机制是深化产教融合的主要目标。通过政府、行业企业和高校的共同努力，我们可以实现教育和产业的统筹融合、良性互动发展，为经济发展和产业升级提供有力的人才保障。

（三）现代产业学院

现代产业学院作为产教融合载体，承载了地方政府赋予的经济、社会和治理三重目标，一开始就打上了政府干预的烙印，这种干预一方面推动现代产业学院建设迅速进入"快车道"，另一方面迫使现代产业学院缩短路径演化时间，未能建立适宜的生态环境，抑制了自组织的孕育与发展，致使现代产业学院发展所需的他组织与自组织共同作用、协调发展的有效机制难以建立，始终处于组织运行低级阶段。

对于地方应用型高校而言，现代产业学院是在地方应用型高校实现自身办学目标进程中，随着区域产业结构调整与提档升级、学校学科和专业发展到一定水平阶段，人才培养质量和技术服务能力与市场需求差异快速扩大的背景下产生的，国家产教融合及产业学院建设相关支持政策出台，加速了产业学院育人生态的形成。

现代产业学院推动区域产业资源向教学资源转化，提升人才工程实践能力，开展应用型科学研究等都依托于产业协同发展，通过自组织和自学习机制促使知识螺旋循环与增长，从而改变主体生态位，在与环境适用和匹配过程中选择合适生态位。

现代产业学院是深入推进产教融合的新型办学组织。2020 年 8 月，教育部、工业和信息化部联合发布的《现代产业学院建设指南（试行）》提出，要"以区域产业发展急需为牵引，面向行业特色鲜明、与产业联系紧密的高校，建设若干高校与地方政府、行业企业等多主体共建共管共享的现代产业学院"，它指出要"实现现代产业学院可持续、内涵式创新发展"。现代产业学院一般组织形式是隶属于学校二级学院，但无论是组织架构、运行机制还是育人模式都与传统以学科为依据设立的传统专业学院存在差异①。

在组织形成的早期阶段，环境因素对新兴机构的资源获取和战略方向选择具有决定性作用，进而对其架构、存续及发展产生深远的影响。组织的独特印记主要由两大要素塑造：外部环境条件和创始团队的特质。对于现代产业学院而言，其初始环境涉及在其建立过程中遭遇的一系列外部影响，诸如地区经济状况、教育与产业融合的政策导向、当地产业结构及合作学校的基本情况。现代产业学院的创建者群体多元，涵盖了学校、企业、行业协会以及地方政府部门等不同主体。这些来自不同背景的管理者携带着各自的经验和视角，共同参与产业学院的构建，从而在其形成之初便注入了独特的组织印记。

现代产业学院，作为高等教育领域内一股新兴的力量，与传统的学术型高校有着本质的区别。它不仅仅是学校的一个分支，又是一种创新的产教融合模式，其学科建设和专业发展紧密围绕行业需求展开，强调企业的深度参与和合作。这种学院的创建涉及多方力量，包括教育机构、企业界、行业协会以及政府部门，每一方都以其独特的地位和影响力共同塑造了这一新型教育实体。在现代产业学院的形成过程中，外部环境起到了至关重要的作用。这包括了地区经济的转型阶段、产业升级政策的支持、地方产业发展的现状，以及高校自身的条件和资源。特别是在经济结构调整和新兴产业蓬勃发展的背景下，对于具备高级技能和实践能力的人才的需求日益增长，这直接推动了现代产业学院在培养高素质应用型人才方面的努力和创新。因此，现代产业学院不仅代表了教育与产业深度融合的新趋势，也反映了社会经济发展对教育改革和人才培养模式更新的迫切需求。通过这样的教育模式，可以更好地为学生提供与实际工作环境相符合的学习机会，同时也为企业输送了大量符合行业需求的专业人才。

产业学院的区域聚集特征是需求驱动和政策推动共同作用的结果。现代产业学院作为企业参与共建的机构，目前许多由地方龙头企业共同建

---

① 郑琦.产业学院：一种利益相关者共同治理的高职办学模式［J］.成人教育，2014（3）：62－64.

设，这些企业拥有丰富的产业生态系统。同时，共建产业学院进行产教融合也是丰富产业生态的途径，使现代产业学院融入地方优势产业生态并留下独特印记。现代产业学院是学校基于自身资源和动态能力，跨越组织边界，与产业系统主体协同进化的平台。学校的初始条件是影响产业学院质量的重要因素。应用型高校具有"地方性、应用型、开放式"的办学特点，与区域经济发展更为紧密，符合产业学院顺应产教融合发展趋势、彰显高校转型内在诉求的逻辑起点。实际上，现代产业学院的建设实践和理论研究多出现在应用型高校，形成了现代产业学院运行模式呈现应用型高校运营模式的特点[①]。

现代产业学院作为产教融合创新生态系统的载体，其可持续发展不仅仅是单纯的组织发展。一方面，它嵌套于产业生态环境中，运行和发展受到政治、经济、文化和社会等多重因素的影响。这种复杂的环境使得现代产业学院与产业集群、政府、企业等种群之间产生了错综复杂的联系和连接。另一方面，现代产业学院也嵌套于大学生态环境中。在学院内部，不同学科和专业之间存在合作与竞争关系；在学院之间，也存在类似的互动关系。研究现代产业学院的可持续发展机制，不仅要关注学院作为一个整体的发展，还应将组织内外各种群体关系及与环境的适配性统筹于分析过程中。

从现代产业学院组织个体发展过程的角度来看，研究如何实现可持续发展，即组织个体演化过程，是至关重要的。这包括了解学院在不同阶段所面临的挑战和机遇，以及如何应对这些变化以保持持续成长。同时，从现代产业学院组织各种群间关系出发，研究组织资源存量和布局变化引起的产教融合主体生态位变化，促使组织生态结构和功能优化，形成现代产业学院可持续发展的动力。这意味着要深入探讨如何在资源有限的情况下，通过优化资源配置和调整组织结构，提高学院的整体效能和竞争力。

从产业学院组织与环境转变关系出发，研究因环境改变而出现演化结果不确定性时，如何使组织持续保持自我生存发展的状态和能力，实现适

---

① 鲍计国. 建立产业学院的必要性研究［J］. 天津中德应用技术大学学报，2020（5）：33-37.

应性进化，从而保证现代产业学院可持续发展目标的实现。这要求学院具备高度的灵活性和适应能力，能够在不断变化的环境中找到生存和发展的途径。

为了确保现代产业学院的持续发展，关键在于在遵循生态演化规律的基础上培育自组织机制。现代产业学院自身带有产业和教育两重属性，混合性是其标志性特征。产权结构：公有制与非公有制的技术、资本、场地等按一定比例投入；办学性质：现代产业学院是办学机构，但具有企业特征；价值追求：既追求公益性，又追求经济效益；治理方式：既有市场平等主体的协商，也有行政科层的权力。

现代产业学院对接产业技术创新需求、以交叉融合与协同共享为组织建设理念、功能定位上呈现出复合一体性。一是教育链、产业链及创新链的强耦合关系。现代产业学院强调教育链、产业链及创新链的有机衔接、深度融合。三链融合状态下，知识流、信息流、资源流高度集聚，学院集人才培养、科学研究、技术创新、企业服务及学生创业功能于一体。二是高校和企业双方实现高质量协同发展。现代产业学院通过组织模式的深度变革，以交叉融合与协同共享为建设理念，实现双向赋能。三是"以人为本"是基本价值信条。现代产业学院究其根本是人才培养载体的创新，人的发展是现代产业学院的根本价值追求，包括高校一线教师与学生。

建立产业学院迭代进化机制的核心在于抓住产教融合的五个关键要素。首先，在专业层面，需要建立专业结构与产业结构适调机制；在探索应用型高等教育与科技服务供给的交汇点上，产业学院作为产教融合教育理念的实践平台和有效工具，扮演着至关重要的角色。其成功实施的核心在于高校层面建立一套高效的产教融合执行体系，而重点则放在院校操作层面，即依据产业逻辑打造一流的应用型学科和高品质的专业集群，确保人才供应和技术支撑与行业需求紧密对接，实现协同发展。其次，在人才培养目标方面，需要建立专业标准与职业要求匹配机制，面对行业的特定需求，回归到应用型学科的本质发展路径上，产业学院成了构建专业集群与行业共同成长生态的关键载体。最后，在资源建设方面，需要建立教育资源与产业资源高效融合机制、建立课程结构与岗位技能相呼应的调整机制、建立学校文化与企业文化互补促进机制；通过高水平的应用学科研究、培养适应社会需求的应用型人才以及提供社会服务，产业学院有力推动了行业的发展，进而提高了应用型高校对社会变化的响应能力和适应性。通过以上三个要素机制的构建和执行，可以形成产教融合型人才培养方案、校企双方共编共用产教融合型教材或讲义、有梯度的共建型企业级实践平台、源于工程实际的复杂工程实验项目案例库等。这样，在产业对技术和人才需求发生变化的背景下，产业学院能够自觉从供给侧快速响应并做出适应性调整。同时，根据产业升级调整及新业态发展，产业学院可以在专业层面不断进行优化迭代，提升人才培养结构和质量方面的适应性[①]。

（四）乡村振兴产业学院

随着《中共中央　国务院关于实施乡村振兴战略的意见》《国家乡村振兴战略规划（2018—2022 年)》以及《高职扩招专项工作实施方案》的陆续发布，党中央、国务院对高等职业教育寄予厚望，明确指出其在推进乡村振兴、实现人才支撑和智力扶贫方面应当承担起关键角色责任。面对这一重大使命，高职院校面临着前所未有的机遇与挑战。一方面，国家政策的指引为职业教育的发展指明了方向，提供了广阔的舞台；另一方面，如何在有限的教育资源条件下，有效应对多元化的学生背景，确保教育质量不受影响，同时紧密结合乡村产业发展的实际需求，成为摆在所有高职院校面前的紧迫任务。

由于乡村产业发展相对滞后，相关新技术、新业态、新模式在乡村产业的应用范围和推广速度也不如在其他产业广泛和迅速。这种局面在一定限度上使得乡村地区在面对现代化浪潮时显得格外脆弱，难以跟上时代的步伐。乡村产业对掌握新技能、新理念、新方式技术技能人才的需求不高，这进一步加剧了乡村发展的困境。缺乏对新型人才的迫切需求，使得

---

① 李艳，王继水．我国产业学院研究：进程与趋势：基于 CNKI 近 10 年核心期刊的文献研究[J]．中国职业技术教育，2020（3）：22－27．

乡村在人才引进和培养方面处于劣势地位。与此同时，对建设乡村振兴产业学院的内在动力也不如其他产业强烈。农业企业数量相对较少，直接导致有意愿、有能力与高职院校联合共建乡村振兴产业学院的相关主体的可选择空间有限。这一现象不仅限制了乡村产业的发展潜力，也阻碍了乡村振兴战略的有效实施。为了改变这一现状，需要从多个层面入手，加强乡村产业的基础设施建设，提高乡村地区的信息化水平，以便更好地吸引和利用新技术、新业态、新模式。同时，加大对乡村产业人才的培养和引进力度，提升乡村产业的整体竞争力。此外，政府和企业应共同努力，推动乡村振兴产业学院的建设，为乡村产业发展提供有力的人才支撑和智力支持。只有这样，才能实现乡村产业的全面振兴，让乡村地区在新时代的发展中焕发出新的活力。

高职院校需要深入分析乡村产业结构的特点与发展趋势，精准定位专业设置与课程内容，使之与乡村振兴战略紧密相连。这意味着，不仅要培养具备专业技能的技术人才，更要注重学生综合素质的提升，包括对农业现代化的理解、农村社会治理能力的培养以及创新创业精神的激发，从而为乡村输送既懂技术又懂管理、既会经营又能创新的复合型人才。为了解决教育与产业对接的难题，突破办学资源的限制，并贯彻乡村振兴战略的要求，一些高等职业院校正在不断深化产教融合和校企合作模式。他们积极探索与地方政府和行业企业共同举办乡村振兴产业学院，以实现教育与产业的深度融合。这些高职院校通过与地方政府和行业企业的紧密合作，共同打造乡村振兴产业学院，为学生提供实践机会和就业渠道。这种合作模式不仅有助于提高学生的实践能力和就业竞争力，还能促进当地产业的发展和升级。推广建设乡村振兴产业学院协调各方资源，推动学校和企业依托乡村建设生产基地等基础设施，有效拉动乡村投资，促进乡村产业发展。

乡村振兴产业学院，作为乡村发展的人才引擎，旨在通过与乡村产业链和创新链的紧密对接，提供定制化的人才支持。这一机构不仅是乡村振兴战略的重要组成部分，更是实现资源优化配置的关键举措。高职院校携手地方政府及涉农企业，共同创办乡村振兴产业学院。乡村振兴产业学院由地方政府、职业技术学院以及农业相关企业携手共建，共同管理和分享资源。通过这种合作模式，各方不仅能共享治理权，还能确保教育方向与地方产业发展需求同步，从而优化资源配置和发展方向。此外，这种合作还有助于高职院校紧跟农业领域的最新技术趋势和业务模式，使教学内容更加符合实际需求。通过紧密的产教结合和校企合作，可以有效提升农业人才的培养质量，确保教育供给与农业产业需求之间的高度匹配。

该计划招募农民工与高素质农民，利用地方资源的独特优势，应对乡村产业发展的新挑战。针对这些群体的特性，乡村振兴产业学院将创新人才培养模式和教学方法，把课堂直接带到产业基地和农田中。通过探索灵活的学制和教学机制，以适应农民的工作方式与生活习惯，与地方政府和企业合作，培养一支能够长期驻扎、有效工作、表现卓越、并具有带动作用的乡村振兴领导力量。这一举措是实现乡村振兴战略和扩大高职教育覆盖的关键步骤。

在乡村振兴产业学院中，学生们可以接触到最新的产业技术和管理经验，了解乡村发展的实际需求。他们可以通过参与实际项目、实习等方式，将所学知识应用于实践中，为乡村发展贡献自己的力量。同时，乡村振兴产业学院也为教师提供了更多的教学资源和研究机会。教师们可以与企业专家共同开展科研项目，推动产学研一体化发展。这不仅有助于提高教师的教学水平，还能促进学校与企业之间的深度合作。总之，高职院校与地方政府和行业企业联合举办乡村振兴产业学院，是一种创新的产教融合模式。它有助于解决教育与产业对接的难题，突破办学资源的限制，并为乡村振兴战略的实施提供有力支持。同时，考虑到生源的多样性，高职院校应采取灵活多样的教学方式和管理策略，如实施分类教学、个性化辅导等，确保每位学生都能在适合自己的环境中成长，最大化其潜能。加强校企合作，构建产教融合的长效机制，让企业深度参与到人才培养的全过程中来，不仅能够提升学生的实践能力，还能直接对接市场需求，促进毕业生高质量就业，进而为乡村振兴注入新鲜血液。面对新时代背景下的新要求，高职院校必须主动求变，勇于创新，通过深化教育教学改革，优化资源配置，强化与乡村产业的深度融合，不仅能够有效应对当前的挑战，更能为乡村振兴战略的成功实施奠定坚实的人才基础和智力支持。这不仅是高职教育自身发展的需要，更是服务国家大局、助力乡村振兴的时代责任。

乡村振兴产业学院的建设推进策略如下。

首先，乡村振兴产业学院在制度设计上，紧密贴合社会主义现代化的宏观需求，确保教育资源向乡村倾斜，以解决长期以来乡村职业教育资源短缺以及涉农产业链和创新链发展缺乏本地人才支撑的问题。建立"乡村人才特聘教授"制度，给予涉农推广人员高校教师编制，创建"乡村振兴产教融合指数"，将技术扩散率、本地就业率等纳入考核。这种制度安排，不仅体现了对乡村发展的高度重视，也为乡村产业的振兴提供了坚实的人才保障。

其次，乡村振兴产业学院在运行机制上，注重多主体的协同合作，形成整体功能。与传统学校二级学院不同，它拥有独立的法人地位和完善的内部治理结构，能够更好地承接农村的产业形态，并与当地政府和企业开展合作办学。设立"四方协同履约保证金"，对未达预期效益项目启动退出补偿，构建"传统文化保护性开发评估体系"，防止产业升级中的文化异化。同时，学院还紧密对接乡村产业链的需求，以工作岗位为导向，在产业集聚地和人才需求地设立教学点，试点"产教融合用地"政策，允许将集体经营性建设用地用于实训基地建设，探索"教育链＋供应链金融"模式，支持产教融合基础设施建设，确保人才培养的针对性和实效性。

最后，乡村振兴产业学院在办学能力上，也展现出独特的优势。针对农民工和高素质农民等招生对象的特点，政校企共同制定了具有针对性、实效性的人才培养方案和柔性、弹性的学制。课程体系突出实践性和操作性，教学方式和场景灵活多变，教师团队具备"双师"能力和接地气的气质，管理服务制度也更加有针对性和灵活性。这些特点使得乡村振兴产业学院能够更好地满足乡村产业发展的实际需求，为推进乡村振兴贡献更多的力量。

第二章

产教融合赋能乡村振兴的学理逻辑

强国必先强农，强国建设需以强农建设为基础。

2023 年，中央 1 号文件勾勒出了一幅宏伟蓝图：建设一个供给坚实、科技先进、经营高效、产业坚韧且竞争力卓越的农业强国。这一愿景标志着我国迈向农业强国的坚定步伐又进了一步。为了实现这一目标，在食物消费日益多元化的趋势下，我们必须拓宽农业增值的新领域；同时，面对全球粮食贸易壁垒不断加高的挑战，我们还需要清晰界定建设农业强国的核心使命与基本准则。

2024 年中央 1 号文件《中共中央 国务院关于学习"千村示范、万村整治"工程经验有力有效推进乡村全面振兴的意见》通过一系列具体措施和目标设定，旨在推动乡村振兴及相关领域的高质量发展，确保国家粮食安全、提升乡村产业、乡村建设和乡村治理水平。坚持产业兴农、质量兴农、绿色兴农，加快构建粮经饲统筹、农林牧渔并举、产加销贯通、农文旅融合的现代乡村产业体系。鼓励各地因地制宜大力发展特色产业，推进乡村旅游集聚区（村）建设，培育生态旅游、森林康养、休闲露营等新业态。推动农产品生产和初加工、精深加工协同发展，促进农产品就近就地转化增值。这些措施不仅有助于解决当前"三农"领域面临的问题，更为未来的可持续发展奠定了坚实基础。

在迈向农业强国的征途中，我们设定了宏伟目标：到 2035 年，农业现代化基本轮廓初步显现；到 21 世纪中叶，实现全面建设农业强国的宏伟目标。这近三十年的奋斗征程，不仅是时间的累积，更是智慧与汗水的结晶。

在绘制这一壮丽蓝图的过程中，我们必须清晰勾勒出建设农业强国的战略路径，如同航海者需明确航向。通过拓宽国际视野，借鉴全球农业发展的先进经验与教训，我们能够更加精准地定位自身位置，以开放的心态拥抱变化，探索符合国情的未来农业发展新坐标。

一、农业强国与乡村振兴

农业强国建设并非孤立存在，而是与乡村振兴、农业农村现代化以及中国式现代化的发展大局紧密相连。

（一）基础保障与深远规划

农业强，乡村振兴的基石才稳。只有农业强大了，农村经济才能繁荣，农民收入才能提高，乡村才能真正实现全面振兴。乡村振兴为农业强国建设提供了广阔的发展空间和市场需求。随着乡村振兴战略的深入实施，农村基础设施不断完善，农业生产条件持续改善，为农业强国建设提供了有力支撑。二者相互促进，共同推动农业农村现代化进程。建设农业强国是实现农业农村现代化的重要组成部分。

农业农村现代化为农业强国建设提供了全面保障。通过推进农业农村现代化，可以提高农业生产效率和质量，增强农业的国际竞争力，从而为农业强国建设奠定坚实基础。农业强国建设是实现农业农村现代化的重要组成部分。农业农村现代化不仅要求农业生产方式的现代化，还包括农业经营体系、农业科技、农业装备等方面的现代化。农业强国建设与乡村振兴二者相辅相成，共同构成农业农村发展的完整体系。

农业强国建设的战略目标是我国在新时代背景下对农业农村发展的深远谋划。这一战略谋划不仅关乎亿万农民的福祉和生活质量，也关系到国家的长远发展。为了实现这一宏伟目标，我国计划用大约三十年的时间来完成农业强国的建设，在此过程中，乡村振兴则是关键一环，其目标是在党的二十大后的五年内取得显著成效。这不仅需要政策的持续支持，也需要全社会的共同努力，通过产业振兴、人才振兴、生态振兴、文化振兴和组织振兴，推动农业农村现代化，为农业强国建设奠定坚实基础。

全面推进乡村振兴，是农业强国建设的一个阶段性目标。这意味着，在未来五年内，我们将集中力量解决农业农村发展中的突出问题，推动农业现代化进程，提高农民生活水平，促进农村社会和谐稳定发展。这一阶段性的目标实现后，将为后续的农业强国建设奠定坚实基础。

（二）重要意义与全面部署

乡村振兴的实效性对于农业强国建设具有重要意义，农业强国建设的战略目标与第二个百年奋斗目标相统一，是我国在新的历史时期对农业农村发展的全面部署。

第一，在产业方面，通过优化农业产业结构，发展现代农业，可以提高农业生产效率和产品质量，增强农产品的市场竞争力。农业作为乡村产业体系的基石，其向高级化和现代化的转型在加速乡村产业振兴的过程中扮演着至关重要的角色。然而，乡村产业的振兴不仅限于农业本身，还涉及农村第一、第二、第三产业的深度融合和转型升级。在此过程中，构建的现代化乡村产业体系将从多个层面为建设农业强国提供坚实的产业支撑。

第二，在人才方面，培养和引进一批懂农业、爱农村、爱农民的专业人才，为农业农村发展提供智力支持。无论是推动乡村的全面振兴，还是建设农业强国，其根基均在于人才的兴盛与活跃。面对农村地区日益严重的空心化现象以及青壮年劳动力持续外流的挑战，解决乡村人才振兴问题已成为迈向农业强国道路上的首要任务。鉴于农业、农民及农村三者之间存在着紧密而复杂的联系，在促进乡村人才发展的过程中，不仅需要关注农业生产经营管理层面的人力资源开发，还应涵盖社会治理等多个方面，以实现全方位覆盖。这不仅需要政策支持，还需要通过优化农村创业环境，提供职业培训和激励机制等措施，吸引人才回流激发其潜力。一旦成功激活了这一潜力巨大的人力资源库，将为我国建设成为真正的农业强国奠定坚实基础，并形成一支结构合理、层次分明且充满活力的专业队伍。

第三，在文化方面，传承和发展乡村文化，提升农民的文化素养和精神风貌，增强农村社会的凝聚力和向心力。乡村文化，作为农业强国的精神支柱，其建设过程本质上是对传统农耕文明的继承与创新。这种传承不仅关乎文化的延续，更是乡村振兴战略中不可或缺的一环。通过强化这一基础，我们能够为乡村文化的复兴奠定坚实的基石。从另一个角度来看，振兴乡村文化对于培养农民适应现代市场经济规则的能力至关重要，同时也提升了整个农村地区的文明水平。这不仅促进了更加先进的农业生产方式的应用，还极大地推动了农业强国建设的步伐。

第四，在生态方面，加强农村生态环境保护，推动绿色发展，促进人与自然和谐共生。在追求乡村生态振兴的宏伟蓝图中，我们面临着一项融合山水林田湖草沙的全方位生态修复与保护任务。这一使命不仅关乎自然之美的恢复，更是农业强国梦想实现的关键一环。农田生态是自然界不可或缺的组成部分，其健康状态直接映射出农业强国建设的绿色低碳愿景。迈向农业强国的征途，本质上是一场对农田生态可持续性的深刻探索与实践，旨在通过强化这一基石，为乡村振兴战略注入源源不断的绿色动力。与此同时，认识到生态环境是一个不可分割的整体，我们的策略必须超越单一领域的界限。森林的繁茂、河流的清澈、湿地的生机以及草地的茂盛，这些生态系统的和谐共生，共同编织了一张支撑农业绿色发展的生态网。有效的治理措施，如同精心布置的棋局，每一步都旨在优化这张网络的结构与功能，确保农业生产能在最适宜的自然条件下蓬勃发展，实现经济效益与生态福祉的双重丰收。乡村生态振兴不仅是一场关乎土地与作物的革命，更是一次深层次的生态文明觉醒。在这一进程中，我们不仅要守护好每一寸耕地，更要智慧地管理与恢复周围的自然环境，让农业发展与生态保护相辅相成，共同绘制出一幅现代农业与自然和谐共存的美好画卷。

第五，在组织方面，完善农村基层组织体系，提高农村治理能力和水平，保障农民的合法权益。在大国小农的基本国情下，小农户们面临着规模有限、资金薄弱以及产业化进程缓慢的挑战，这些因素共同制约了他们在推动农业强国建设中发挥更大作用的能力。虽然少数小农户能够凭借自身的积累与努力，逐渐蜕变为现代农业的新兴力量；但绝大多数小农户仍需要借助外部力量或与其他组织联合，才能实现向现代化农业的转型。在这一转型过程中，乡村基层治理机构、新型农村集体经济组织以及各类乡村社会组织的振兴与发展，为促进小农户与农业强国建设之间形成紧密而有机的联系提供了坚实的组织动员基础。通过完善农村基层组织体系，能够更好地整合资源、协调利益，推动小农户融入现代农业产业链，实现农业生产的规模化、专业化和市场化。

二、农业产业现代化

农业农村现代化是建设农业强国的应有之义，是促进农民农村共同富裕的内在要求。没有农业农村现代化，社会主义现代化就是不完整的。新中国成立以来，探索一条适合国情的农业农村现代化道路进而全面建成社会主义现代化强国，始终是我们不懈追求的目标。

在探讨建设农业强国时，我们必须认识到"三农"问题的紧密联系，将农业现代化与农村现代化视为一个不可分割的整体。一方面，农村现代化为农业现代化提供了坚实的基础。乡村不仅是农民生活的家园，更是农业生产活动的核心区域，拥有支撑现代农业运作的关键基础设施。随着农村现代化的推进，农民的生活条件得到显著改善，吸引更多年轻人回归乡村，为农业现代化注入了新鲜血液，巩固了其人才基础。同时，村落布局的优化及道路、水利、电力等基础设施的完善，不仅促进了土地规模化利用，也提升了农业生产所需的基础设施水平，进一步推动了农业强国的建设。另一方面，农村现代化是实现农业现代化目标的价值归宿。农业的根本目的是服务于人的生存与发展，广大农民作为农业生产的主体，理应成为农业现代化成果的主要受益者。当农业现代化带来的收益更多地用于推动农村现代化时，农民不仅能够获得更高的经济收入，还能享受到更高的生活质量，从而增强幸福感和满足感。这种良性循环不仅促进了农业与农村的协同发展，更为建设农业强国奠定了坚实的社会和经济基础。

中国农业农村现代化的历史逻辑源于新中国成立以来，中国共产党领导下的社会主义建设实践。在这个过程中，中国经历了从农业国向工业国的转变，从计划经济向市场经济的转变，这些转变都为农业农村现代化提供了历史背景和条件。

现实逻辑则体现在当前中国经济社会发展的阶段性特征方面。随着中国经济的快速发展，农业农村发展也面临着新的挑战和机遇。一方面，农业生产方式需要从传统的劳动密集型向现代的技术密集型转变，提高农业生产效率和质量；另一方面，农村社会结构和农民生活方式的变化也需要适应现代化的要求，实现城乡一体化发展。

中国农业农村现代化的辩证统一体现为历史逻辑与现实逻辑的相互关联和相互作用。历史逻辑为现实逻辑提供了基础和前提，现实逻辑则是对历史逻辑的继承和发展。在这个过程中，中国共产党始终坚持以人民为中心的发展思想，把农业农村现代化作为全面建设社会主义现代化国家的重要任务，不断推进农业农村改革，加强农业科技创新，培育新型农业经营主体，推动农业绿色发展，努力实现农业农村现代化的目标。

乡村振兴战略如同引领中国"三农"工作的璀璨灯塔，其终极目标是实现农业农村的全面现代化。这一宏伟目标，在微观层面聚焦于农民与农村的共同繁荣，而在宏观视野下则致力于铸就农业强国的辉煌篇章。值得注意的是，农业农村现代化虽然为共同富裕与农业强国建设铺设了坚实的基石，但并非其自动生成的结果——它是通往这些理想状态不可或缺的桥梁，而非终点本身。

城乡融合发展是推进农业农村现代化的核心路径，它要求我们跨越传统的界限，将目光投向更广阔的天地。这不仅意味着要促进城乡要素的自由流动与优化配置，还需让新型城镇化与乡村振兴两大引擎并驾齐驱，形成强大的发展合力。在此过程中，县域经济的蓬勃发展与乡村产业的蓬勃振兴应紧密相连，如同交响乐中的和谐旋律，共同奏响富民强村的时代强音。

同时，城市农民工的市民化进程与农村居民享受现代生活的愿景亦应同步推进，两者相辅相成，共同绘制出一幅城乡共荣、人民幸福的美好画卷。这不仅是一场空间上的迁徙与融合，更是心灵深处对美好生活的共同向往与追求。

党的二十大报告明确指出要"全面推进乡村振兴"，一方面强调乡村振兴的底板在于"全面夯实粮食安全根基"，另一方面从推进农业农村现代化尤其是农业现代化的角度提出"加快建设农业强国"①。加快建设农业强国是全面推进乡村振兴的重大任务，也是实现农业农村现代化的主攻方向，更是全面建设社会主义现代化国家的必然要求和实现路径。中国的农业农村现代化进程被赋予了新的内涵，它不再是一个单一维度的发展目标，而是涵盖了乡村全面振兴、建设农业强国以及实现农民与农村共同富裕等多重愿景。这一过程强调农业、农民和农村三者之间的深度融合与发展。

这种现代化不是简单地将农业现代化、农民现代化和农村现代化相加，而是一种更加复杂且有机的结合方式，其中，每一个方面都与其他两个方面紧密相连，相互促进，共同构成了中国特有的农业农村现代化道路。

一方面，农业是国家强盛的基石，作为全球农业的重要参与者，中国迈向农业强国的步伐，不仅是全面推动社会主义现代化进程的关键一环，同时也面临着重大挑战与机遇。当前，我国在粮食供需平衡上对国际市场的依赖程度依然较高，绿色、高品质的农产品供应尚显不足，稳定生产和保障供给的基础亟待加固；农业科技领域仍存在不少短板和薄弱环节，特别是在核心种质资源和高端农业装备方面，对外依赖性较大；新型农业经营主体和服务提供者的数量有待提升；同时，农业面临的外部不稳定性和不确定性因素日益增多，风险不断累积；此外，国内粮食及其他农产品的价格普遍高于国际水平，缺乏具备全球资源整合能力的跨国农业企业，导致竞争力相对较弱。因此，如何加速构建一个供给保障有力、科技装备先进、经营体系完善、产业韧性充足、竞争实力强劲的农业强国，成为摆在我们面前亟待解决的"中国课题"。

---

① 杜志雄. 粮食安全问题是乡村振兴的底板 |《"三农"大家谈》解读二十大报告［N］. 农民日报，2022 - 11 - 09.

另一方面，绿色低碳的发展模式不仅关乎全球的安全与稳定，更是人类生存的关键。近年来，极端天气事件在全球范围内频繁发生，全球变暖和温室效应已成为我们共同面临的最大挑战之一。农业，作为自然界的"绿色守护者"，其本质在于提供生态产品并应对气候变化，推动农村生产生活方式向更加环保、低耗的方向转变。然而，当前农业领域仍面临着资源过度消耗的问题，种养业的绿色发展和低碳加工技术相对滞后，农业面源污染问题依然严峻。面对这一现状，绿色低碳发展无疑是全球疫情后实现绿色复苏的唯一正确路径。在现代化进程中，我们必须积极回应农田固碳扩容、种植业节能减排、农机设备节能降耗、畜牧业减排降碳以及可再生能源替代等实践命题。这些命题不仅是农业绿色转型的关键环节，更是实现农业可持续发展的必由之路。

"农富"是指"农民农村共同富裕"，"农"不仅指"农民"还指"农村"，"富"既包括物质"富"足又包括精神"富"有；"国强"则是指"农业强国"，农业农村现代化要致力于全面建设农业强国新目标。

加快实现农业农村现代化也是建设农业强国的关键所在。现代农业的发展需要依靠先进的科技手段和管理理念，通过推广智能化、信息化技术在农业生产中的应用，可以实现精准种植、智能养殖等新型农业模式，提高资源利用效率，降低环境污染风险。此外，加强农村基础设施建设，完善公共服务体系，也是实现农业农村现代化的重要环节。

乡村治理体系和治理能力现代化内嵌于中国农业农村现代化。

坚持中国共产党的领导是中国乡村治理的核心原则，确保了乡村治理的正确方向和稳定性。同时，农村土地集体所有制，保障了农民的土地权益，夯实了农村经济的基础，也为乡村治理提供了重要支撑。此外，坚持村民自治组织制度，体现了基层民主，让农民能够直接参与乡村治理，增强了治理的民主性和透明度。

乡村治理体系和治理能力现代化的核心在于构建科学、系统、高效的治理结构，以实现乡村社会的和谐稳定与持续发展。乡村治理体系现代化的关键是通过制度创新和机制优化，形成一套适应现代社会发展需求的乡村治理模式。这包括政治、自治、法治、德治、智治五个方面的有机融合，旨在构建一个综合治理、源头治理和智慧治理相结合的治理体系，以实现乡村善治。

具体来说，乡村治理体系以基层党组织为领导核心，村民自治组织和村务监督组织为基础，以集体经济组织和农民合作组织为纽带，以其他经济社会组织为补充，形成了一个多层次、多元化的村级组织体系。乡村治理能力现代化则强调治理主体能力的提升，包括组织力量与个体力量、正式力量和非正式力量、政府力量和市场力量的良性互动相辅相成。通过教育培训、制度建设等方式，提高乡村干部和村民的治理能力，使他们能够更好地参与乡村治理，推动乡村社会的发展。

推进乡村治理体系和治理能力现代化，必须坚持中国共产党的领导、农村土地集体所有制以及村民自治组织制度等基本原则。同时，要注重因地制宜，根据不同地区的具体情况，探索适合当地发展的治理模式。此外，还需要加强法治建设，完善相关法律法规，为乡村治理提供有力的法律保障。

乡村治理体系和治理能力现代化是中国农业农村现代化的重要组成部分，对于推动乡村振兴战略的实施具有重要意义。通过构建科学、系统、高效的治理结构和提升治理主体的能力，可以实现乡村社会的和谐稳定与持续发展。

（一）乡村产业现代化的表现

我国乡村产业的根基尚显脆弱。多数乡村的产业结构呈现单一性，以传统的种植业和养殖业为主导，其他产业的发展相对滞后，产业多样性不足，难以形成完整的产业链条。经营模式上，大多数乡村仍然以小农户的传统粗放式经营为主，现代化、规模化、专业化的经营方式较为罕见。乡村产业发展面临着人才、资金、设施等多方面的瓶颈制约，特别是与乡村产业发展相契合的本土实用技术人才严重短缺。此外，乡村金融环境尚不完善，乡村产业发展的资金投入机制尚未建立，金融服务不足，融资渠道不畅。乡村产业发展所需的配套设施也显得不足，通信、物流等基础设施相对薄弱，难以满足现代化产业发展的需求。乡村产业链条较短，大量农户仅停留在农产品生产的初级阶段，只有少数农户进行农产品加工，且大多局限于简单的初加工，精深加工极为罕见。近年来，休闲农业和乡村旅游业虽然有所发展，但多以"农家乐"、景观或古迹游览为主，形式较为简单，缺乏深度开发。由于乡村产业链条短、产业融合度低，产业的附加值不高，这些问题制约了乡村产业现代化进程，亟待通过政策支持、技术创新和制度优化加以解决。

经过改革开放四十多年的发展，我国乡村产业获得了长足的发展，乡村产业现代化是我国乡村振兴的基础，是实现第二个百年奋斗目标的基本要求。

基于乡村振兴战略的要求，根据我国国情，我国乡村产业现代化应表现在以下方面。

第一，乡村产业现代化的核心在于提升竞争力和构建高效的运作模式，其关键驱动力源自科技进步。这些先进的科技，如现代育种技术、生物基因工程、信息技术以及污染防治技术等，在推动乡村产业发展的过程中发挥着至关重要的战略支撑作用。它们不仅为乡村产业的转型升级提供了强大的动力，还引领着乡村产业走向更加高效、环保和可持续的发展道路。农业科技装备的全面革新，引领了农业向机械化、智能化以及高端化的转型。乡村产业的竞争力显著增强，效率大幅提升，使得其经济效益接近城市产业，进而从根本上缩小了城乡之间的经济差距。

第二，在追求经济效益的同时，我们也必须关注环境保护和可持续发展。因此，乡村产业现代化发展必然要突出绿色生产，以实现经济、社会和环境的协调发展。绿色生产强调在生产过程中减少对环境的破坏，提高资源利用效率，实现可持续发展，是乡村产业现代化的内在要求。随着消费者对绿色、有机、无公害农产品的需求日益增长，绿色生产已经成了农业市场的一大趋势。通过采用绿色生产技术，不仅可以提高农产品的品质和附加值，还可以满足消费者的需求，从而提升乡村产业的市场竞争力。休闲农业、乡村旅游以及乡村康养产业如雨后春笋般蓬勃发展。农村地区逐渐成为人们寻求旅游、放松、度假和养生的理想之地，青山绿水、田园风光、独特文化和迷人景观，通过商品化和产业化的方式，其价值被进一步挖掘和实现。乡村地区是我国重要的生态屏障，承担着维护生态平衡、保护生物多样性的重要任务。由于过度开发和不合理利用资源，乡村地区的生态环境面临着严重的压力。通过推广绿色生产方式，可以有效地减少农业生产对环境的破坏，保护乡村地区的生态环境，为子孙后代留下一片绿水青山。乡村振兴战略是我国新时代"三农"工作的重要抓手，通过产业兴旺、生态宜居、乡风文明、治理有效、生活富裕五个方面的发展，全面提升农村地区的综合实力。推动乡村产业结构的优化升级，推广绿色生产方式，培育新型农业经营主体，提高农民的科技素质和创新能力。

第三，乡村产业现代化是一个涉及多个方面的复杂过程，它要求我们在保持农业稳定发展的同时，积极推动二、三产业的发展，实现一二三产业的深度融合。第一、二、三产业融合发展，推动了农业的转型升级，也促进了农村经济的全面发展。随着科技的进步和农业技术的创新，农业生产方式正在发生深刻变革。现代农业技术如精准农业、智能农业等的应用，使得农作物的产量和质量得到了显著提升。同时，农业产业结构也在不断优化，特色农产品、绿色有机食品等高附加值产品的开发，为农民带来了更多的经济收益。此外，农业与旅游、文化等产业的融合，也为农村经济发展注入了新的活力。随着城市化进程的加快，越来越多的农村地区开始发展工业，尤其是以农产品加工为主的轻工业。这些工业企业不仅为农村提供了大量就业机会，还带动了相关产业链的发展。例如，农产品加工业的发展，不仅提高了农产品的附加值，还促进了农业与市场的对接，使农民能够更好地分享产业链增值的收益。服务业的快速发展，为乡村产业现代化提供了强大的支撑。随着居民生活水平的提高和消费观念的变化，乡村旅游、休闲农业、农家乐等新型服务业应运而生。这些服务业的发展，不仅丰富了农村的经济形态，还提升了农民的生活品质。同时，电子商务、物流配送等现代服务业的普及，也为农产品的销售提供了更加便捷的通道，进一步扩大了农村的市场空间。

（二）乡村产业现代化的发展路径

第一，加强农业科技创新是新时代背景下推动农业高质量发展的必然选择。加强农业科技创新，不仅是提高农业生产效率、保障粮食安全的关键途径，更是促进农村经济发展、实现乡村振兴战略的重要支撑。

首先，农业科技创新是解决资源约束、应对环境挑战的有效手段。随着全球人口的增长和消费模式的变化，对食物多样化的需求日益增加，而耕地面积却在不断减少，水资源短缺、土壤退化等问题也日益严峻。面对这些挑战，传统的农业生产方式已难以为继。通过科技创新，比如研发节水灌溉技术、耐旱抗病的作物品种、精准施肥技术等，可以有效提高资源的利用效率，减少对环境的负面影响，实现农业的可持续发展。通过引入先进的农业机械和技术，如无人驾驶拖拉机、智能灌溉系统等，可以大幅度提高土地的利用率和作物的产量。

其次，农业科技创新能够显著提升农产品的质量和产量。生物技术、信息技术、智能装备等现代科技的应用，使得农作物育种更加精准高效，病虫害防治更加科学合理，农业生产全过程实现了智能化管理。农业信息化的科技创新能够有效提升农业生产的智能化水平。通过引入物联网、大数据、云计算等现代信息技术，可以实现对农田环境的实时监测和管理，精准施肥、灌溉，减少资源浪费。这不仅提高了单位面积的产出，还改善了农产品的品质，满足了消费者对绿色、健康食品的需求，增强了农产品的市场竞争力。

最后，农业科技创新是推动农业产业结构优化升级的动力。随着"互联网＋"、大数据、云计算等技术的融入，农业不再仅仅是第一产业的代名词，而是与第二、第三产业深度融合，形成了农业产业链条的延伸和拓展。例如，通过建立农产品追溯体系，提升了食品安全水平；发展乡村旅游、休闲农业等新业态，拓宽了农民增收渠道，促进了一二三产业的交叉融合，为农业现代化开辟了新路径。

此外，加强农业科技创新还有助于缩小城乡差距，促进社会公平。通过科技下乡、农技推广等方式，将先进的农业技术和知识带到农村，培训高素质农民，不仅提升了农民的科学文化素质和生产技能，也为农村青年提供了更多的就业和创业机会，有效缓解了农村劳动力流失问题，促进了城乡协调发展。科技创新可以提升农民的生活水平。通过提供农业科技培训和信息服务，可以帮助农民掌握现代农业技术，提高他们的生产能力和收入水平。同时，通过发展农村电商和农产品品牌，可以帮助农民拓宽销售渠道，增加农产品的附加值。

第二，特色化深加工是乡村产业现代化发展的重要方向。特色化深加工作为推动乡村产业现代化的重要途径，不仅能够提升农产品的附加值，还能促进农业产业结构的优化升级，实现农民增收和农村经济的可持续发展。

首先，通过发挥地方特色资源的优势，结合现代加工技术和市场营销策略，可以有效提升农产品的附加值，促进农民增收，推动农村经济的全面发展。根据不同地区的自然资源、文化传统和市场需求，对农产品进行深度开发和加工，形成具有地方特色的产品。这种加工方式强调产品的差异化和个性化，能够满足消费者多样化的需求，提高产品的市场竞争力。

其次，在实施特色化深加工的过程中，需要对当地的农产品资源进行全面的调查和分析，了解其特性和优势。例如，某地区盛产某种水果，那么就可以围绕这种水果开展深加工，如制作果脯、果汁、果酱等系列产品。通过这种方式，不仅可以延长产品的保质期，还能增加产品的多样性，满足不同消费者的需求。

最后，特色化深加工还需要注重技术创新和品牌建设。通过引进先进的加工技术和设备，提高产品的加工质量和效率。同时，建立自己的品牌，通过品牌效应提升产品的知名度和影响力。例如，一些地方特色食品通过地理标志保护，成了知名的品牌，吸引了大量消费者的关注和购买。特色化深加工还应与乡村旅游、文化传承等相结合，打造综合性的产业发展模式。通过举办农产品节庆活动、开展农事体验等方式，吸引游客参与，增加农产品的销售途径，同时也传播了当地的文化，提升了乡村的整体形象。

此外，在推动特色化深加工的过程中，地方政府的作用不可或缺。地方政府可以通过制定优惠政策、提供财政支持、建立服务平台等措施，为特色化深加工提供良好的外部环境。同时，地方政府还应加强对农产品质量安全的监管，确保农产品质量，维护消费者权益。

第三，依托独特的自然景观和文化资源，为社会提供现代乡村服务显得尤为重要。

首先，中华传统文化倡导天人合一，主张对自然要取之以时、取之有度，中国数千年来形成的生态智慧，对人与自然和谐共生的现代化产生深刻影响。我们要充分利用当地的自然景观资源。这些资源包括美丽的山川、湖泊、森林等。通过开发旅游业，我们可以吸引更多的游客前来观光旅游。维护乡村田园景观对于提升乡村旅游吸引力至关重要。乡村作为自然综合体，其生态环境保护尤为重要。我们不能走西方发达国家"先污染，后治理"的老路，而应该借鉴他们的经验教训，坚持绿色发展，实现经济、社会和环境的协调发展。乡村地区拥有丰富的自然资源和独特的生态环境，如青山绿水、田园风光等。为了保持这些美景的原汁原味，我们需要采取一系列措施来加以保护和管理。例如，严格控制农业面源污染，推广有机农业和生态种植技术；加强对野生动植物的保护力度，禁止乱砍滥伐、捕猎野生动物；同时，还可以开展生态修复工程，恢复受损的生态系统功能。我们还可以开展户外运动项目，如徒步、骑行、攀岩等，让游客在欣赏美景的同时，也能锻炼身体，享受健康的生活方式。我们还可以利用当地的特色农产品，发展农家乐、民宿等产业，让游客品尝到地道的乡村美食，感受乡村生活的魅力。

其次，我们要深入挖掘和传承当地的文化资源，包括历史遗迹、民俗风情、传统手工艺等。通过举办各种文化活动，如庙会、戏曲表演、民间艺术展览等，我们可以让游客更好地了解和体验当地的文化。同时，我们还可以开展非物质文化遗产的保护和传承工作，如设立非遗工坊、培训传承人等，让更多的人参与到传统文化的传承中来。此外，我们还可以与学校、研究机构等合作，开展文化交流活动，推动当地文化的创新发展。

最后，改善村容村貌是实现乡村生态化与旅游休闲化发展的基础。一个整洁美丽的村庄能够给游客留下深刻的印象，吸引更多的人前来参观游览。为此，我们可以从以下几个方面入手：一是加强环境卫生管理，定期清理垃圾、整治污水排放；二是推进绿化美化工程，种植花草树木，打造宜居宜游的环境；三是保护传统建筑风貌，修缮古民居、祠堂等文化遗产，传承乡土文化。我们要注重提升现代乡村服务的质量和水平。这包括完善基础设施、提高服务水平、加强环境保护等方面。我们也要加强对自然资源的管理，严格控制污染物排放，加大生态修复力度，提高生态系统的自我修复能力。只有这样，我们才能确保"绿水青山"常在，为子孙后代留下一个美好的家园。我们要加大对乡村道路、供水、供电等基础设施的投入，确保游客的基本需求得到满足，我们还要加强对乡村旅游从业人员的培训，提高他们的服务意识和技能水平。

此外，遵循生态发展的观念也是推动乡村生态化与旅游休闲化发展的关键所在。这意味着我们在开发利用乡村资源的过程中要充分考虑到环境保护的要求，避免过度开发导致生态失衡的问题发生。具体来说，可以通过制定科学合理的规划方案来指导实践活动；建立健全相关政策法规体系以规范市场行为；鼓励社会各界积极参与到生态保护工作中来共同维护好这片净土。

随着中国式现代化的深入推进，我们面临着资源环境承载力的巨大挑战。人类对自然的过度开发和破坏，不仅损害了生态环境，也对人类自身的牛存和发展构成了威胁。因此，我们必须遵循自然规律，保护好我们的生态环境，才能实现可持续发展。

"绿水青山就是金山银山"的理念，正是我们在推进农业农村现代化过程中所秉持的重要原则。我们要在尊重自然、顺应自然、保护自然的基础上，发展绿色产业，提高农业综合效益，增加农民收入，实现乡村振兴。

（三）中国特色农业现代化

在迈向农业现代化的进程中，强化农业基础设施建设是至关重要的第一步。为了加速这一进程，我们必须着重解决农业基础设施的薄弱环节。

首先，政策层面应更加聚焦于农业生产基础设施建设。通过增加对农业农村基础设施建设的专项资金投入，可以显著改善农村地区的水电供应、交通网络、互联网接入以及物流系统等关键领域。同时，构建高效的现代流通体系也至关重要，特别是要加强农产品产地的冷藏保鲜设施建设，并推动冷链物流服务向农村地区扩展，从而优化农产品从田间到餐桌的流通路径，提升整体效率和现代化水平。

其次，高标准农田建设需得到持续而有力的支持。这不仅需要加大财政投入力度，还要采取集中连片开发的方式推进项目实施，通过工程技术与现代农业技术相结合的方法来提高土地质量。目标是使所有永久基本农田达到高标准要求，即实现地块平整、配套设施齐全、土壤肥沃且具备良好的排水灌溉条件。这样做不仅能够增强粮食及其他重要作物的生产能力，还能为我国农业现代化奠定坚实的基础。

最后，简化设施农用地的审批流程对于促进新型农业经营主体和服务主体的成长具有重要意义。为此，应建立专门针对设施农业用地的绿色通道机制，减少不必要的行政障碍，确保农民能够方便快捷地获得所需土地，用于建设晾晒场、烘干设备安装场地、储存仓库及加工厂房等用途。此外，对于那些符合特定条件的三产融合项目［即结合了第一产业（农业）、第二产业（工业）和第三产业（服务业）特点的企业］，其用地申请过程也应进一步精简，以更好地满足它们在多元化发展过程中的实际需求。

推进中国特色农业现代化，要在农业生产、经营、市场、技术、人才、政策等方面多措并举，不断提高农业投入产出效率、成本效益、农产品质量、市场占有率等方面的比较优势。增强农业综合竞争力，提升农业质量效益是关键。

在农业生产方面，我们必须坚持以"减量、清洁、循环"和提高农业资源利用率为主线，不断深化农业改革，创新农业发展模式。具体措施如下：加大科技投入，推广先进的农业技术和设备，提高农业生产的自动化和智能化水平。通过精准农业、智能农业等现代技术手段，实现农业生产的高效、高产和高质量。同时，要加强农业基础设施建设，改善农业生产条件，提高农业抗灾减灾能力。提升农业科技创新能力。科技是第一生产力，农业的发展离不开科技的支持。一方面，通过引进先进的农业技术和设备，改良种植和养殖技术，可以提高农产品的产量和质量，降低生产成本，从而增强农业的市场竞争力。另一方面，加强农业科技人才的培养和引进，建立完善的农业科技推广体系，推动农业科技创新。实现农业资源的减量化。在农业生产过程中，应尽量减少对自然资源的消耗和对环境的破坏。推广节水灌溉技术、精准施肥技术、病虫害生物防治技术等措施，减少水资源和化肥、农药的使用量，降低农业生产对环境的负面影响。同时，通过优化种植结构，发展耐旱、耐瘠薄的作物品种，减少对土地资源的过度开发。推动农业生产的清洁化，在农业生产中应严格控制污染物的排放，保护生态环境。例如，可以采用有机肥替代化肥，减少土壤和水体的污染；采用生物农药或低毒低残留农药，减少对环境和人体健康的危害；加强农业废弃物的资源化利用，如秸秆还田、畜禽粪便发酵制肥等，减少农业废弃物对环境的污染。

在经营方面，建立健全农产品市场体系，完善农产品流通渠道，降低农产品流通成本。在建设现代农业经营体系的进程中，需聚焦于推动新型农业经营主体与服务实体的高质量发展，为中国特色的农业现代化进程奠定坚实基础。

首要任务是加强规范管理，提升合作社的规范化运作水平。包括严格规范合作社的资金互助业务，确保操作合法合规，坚持入股而非吸储、分红而非分息的原则，将资金互助活动严格限定在合作社成员内部。同时，对农民专业合作社中的"空壳社""挂牌社"进行彻底清理，对于虽参与度不高但尚能持续运营的合作社，提供指导以促进其规范化经营；对于连续两年无实际经营活动的合作社，则由市场监督管理局依法强制注销。

其次，强化新型农业经营主体与服务实体之间的联合合作至关重要。推动家庭农场、合作社、龙头企业、农业社会化服务组织等各类新型农业经营主体和服务实体的融合发展，推广如"龙头企业＋合作社＋家庭农场＋农户""农业社会化服务组织＋家庭农场"等多种合作模式，充分发挥各自的功能优势，加强主体间的合作关系。鼓励有意愿的同类农民合作社和家庭农场依法组建联合社，开展行业协作以增强市场竞争力和抵御风险的能力。

最后，进一步完善农业社会化服务体系是关键。创新服务模式，根据不同地区的实际情况发展单环节、多环节乃至全程生产托管等多样化的服务模式，以满足农户多元化的服务需求。同时，拓展服务领域，从产中环节向产前、产后等环节延伸，并涵盖金融保险等配套服务，不断提升社会化服务对农业全产业链的覆盖和支持作用。此外，提高服务能力也是不可或缺的一环，特别是在"耕种防收"等关键与核心环节积极开展社会化服务，以降低农民种粮各环节的成本，并拓宽社会化服务的辐射范围。通过电子商务、农产品直销等新型销售模式，拓宽农产品销售渠道，提高农产品的市场竞争力。加强农产品品牌建设，提高农产品的知名度和美誉度，增加农产品的附加值。品牌是产品的形象标志，是市场竞争的重要工具。通过打造知名的农产品品牌，可以提高产品的知名度和美誉度，增加消费者的购买意愿，从而提高产品的市场占有率，品牌建设还可以促进农产品的标准化生产，提高产品质量，增强农业的市场竞争力。

在市场方面，要加强农产品市场监测和预警，及时掌握农产品市场动态，为农业生产提供科学依据。通过市场信息的引导，调整农业生产结构，优化农产品供给，满足市场需求。要加强农产品市场监管，打击假冒伪劣农产品，维护农产品市场秩序。

首先，建立和完善农产品市场监测体系是基础工作。这需要政府相关部门与行业协会、科研机构等多方合作，共同构建一个覆盖全国、反应灵敏的市场信息网络。该网络应能够及时收集并分析各类农产品的产量、库存、进出口量等关键数据，为政策制定者提供准确的市场情报。同时，利用大数据技术和人工智能算法对历史数据进行深度挖掘，预测未来可能出现的价格波动或供需失衡情况，提前做好应对准备。

其次，根据市场监测结果调整农业生产结构至关重要。当发现某种农产品存在过剩风险时，可以通过引导农户减少种植面积或者转种其他更有利可图的作物；反之亦然，如果某种产品供不应求，则鼓励农户增加其生产规模。此外，还应该注重提高农产品质量安全水平，推广绿色生态种植技术，增强我国农产品在国际市场上的竞争力。

再次，强化市场监管力度也是保障良好市场秩序不可或缺的一环。针对当前存在的假冒伪劣商品问题，必须加大执法检查频率，严厉打击各类违法行为，保护消费者合法权益不受侵害。同时也要加强宣传教育工作，提高公众识别真假产品的能力，形成全社会共同参与维护食品安全的良好氛围。

最后，促进产销对接也是优化资源配置的有效途径之一。通过搭建线上线下相结合的交易平台，让生产者直接面对消费者销售新鲜优质的农产品，减少中间环节造成的成本浪费，实现双赢局面。同时还可以探索建立长期稳定的合作关系，比如签订订单农业合同等方式，进一步稳定市场价格，降低经营风险。

在技术方面，加强农业科技创新，推动农业科技进步。通过农业科技研发、成果转化等手段，提高农业生产技术水平。同时，要加强农业技术推广体系建设，将先进的农业技术普及到农村基层，提高农民的科技素质和技能水平。优化农业产业结构，提高资源的利用效率，减少环境污染，提高农业的经济效益。具体来说，可以通过调整种植结构，发展特色农业和绿色农业；通过发展农产品加工业，提高农产品的附加值；通过发展农村旅游和休闲农业，拓宽农民的收入来源，以促进农业循环经济的发展。循环经济是一种以资源的高效利用和循环利用为核心的经济发展模式。在农业领域，可以通过建立农业产业链条，实现上下游产业的联动发展，促进农业废弃物的资源化利用。例如，将农作物秸秆用于生物质能源的开发，将畜禽粪便用于生产有机肥料，将农产品加工副产品用于饲料或工业原料等，形成闭环的农业生产体系。

在人才方面，要加强农业人才的培养和引进，提高农业人才队伍的整体素质。通过农业教育、培训等方式，培养一批具有现代农业知识和技能的农业人才。加大对农业人才的政策支持力度，吸引更多优秀人才投身农业事业。我们需要通过农业教育、培训等方式，培养一批具有现代农业知识和技能的农业人才，包括在各级各类学校中开设农业相关专业，提供系统的农业知识教育；加强对农民的技术培训，使他们掌握现代农业生产技术，提高农业生产效率。我们还需要鼓励和支持农业科研机构和企业开展农业科技研发，推动农业科技创新，为农业发展提供强大的科技支撑。要加大对农业人才的政策支持力度，吸引更多优秀人才投身农业事业。这包括提供优厚的待遇和良好的工作环境，吸引和留住优秀的农业人才；也要建立健全农业人才评价机制，公正公平地评价农业人才的工作业绩，激发他们的工作积极性和创新精神。加强对农业人才的职业规划指导，帮助他们明确职业发展方向，提高他们的职业满意度和忠诚度。强化农业人才支撑，激活人才引领效应，可以依托乡村产业振兴的"头雁"项目、农村实用人才及高素质农民等农业农村人才培养平台，致力于开展种植养殖技术、经营管理以及农产品加工等领域的技术技能培训。旨在进一步壮大农业农村人才队伍，为粮食等重要农产品的稳定生产和供应提供坚实的人才保障。同时，我们鼓励各地积极开展高素质农民职称评定工作，不断提升农民的社会认可度。我们的目标是让农业成为一个充满希望和前景的产业，让农事成为一种受人尊敬且体面的工作。加强农业人才培养和引进，提高农业人才队伍的整体素质，是一项长期而艰巨的任务。我们需要从多个方面入手，综合运用各种手段，才能取得实效。建设一支高素质的农业人才队伍，推动农业现代化进程，为实现乡村振兴战略提供有力的人才保障。

在政策方面，加大对农业的支持力度，完善农业政策体系。

通过财政、税收、金融等手段，加大对农业的投入和支持。同时，深化农村改革，完善农村土地制度、农村集体产权制度等，激发农村发展活力。加强农业政策支持。政府是农业发展的引导者和推动者，通过制定和实施有利于农业发展的政策，可以为农业的发展提供有力的保障。例如，可以通过财政补贴、税收优惠等方式，鼓励农民采用先进的农业技术和设备；通过建立农产品价格保护机制，保障农民的权益；通过完善农村基础设施，改善农业生产条件。

为了加速构建与我国特色相契合的农业支持保护体系，应不断优化并强化农业扶持政策，以推动农业现代化向高质量、高效发展的方向稳步迈进。

首要任务是增强信贷支持力度，旨在提升农业生产经营者的风险防控能力。为此，将积极推广针对新型农业经营主体的首次贷款和信用贷款服务，提供量身定制的金融指导，协助这些主体优化内部财务管理流程，从而增强其获取信用贷款的能力。同时，我们将与金融机构紧密合作，拓宽可抵押物品的范围，创新金融产品和服务模式，以提高信用及担保贷款的额度。此外，我们还将合理设定农业贷款期限，利用农业保险单作为征信工具，加强新型农业经营主体信贷风险的市场分担机制。

其次，根据农业农村的实际情况，应不断完善农业保险体系。进一步强化政策性农业保险对农业生产经营活动的支持作用，鼓励新型农业经营主体积极参与农产品收入保险、价格保险以及天气指数保险等新型险种。同时，也将大力支持农村保险互助社的发展，为新型农业经营主体提供更多元化的风险管理途径，有效降低其面临的各种风险。

中国式现代化的道路，正是通过加快建设农业强国来铺就的。农业强国建设不仅是保障国家粮食安全、推动乡村振兴的关键举措，更是实现农业农村现代化、促进城乡融合的必然选择。

首先，面对庞大的人口基数，尤其是近两亿的农业从业人员和约五亿的农村常住人口，实现这部分人群的现代化转型是中国式现代化面临的重大挑战之一。通过加快农业强国的步伐，不仅可以推动现代农业的发展，还能促进和美乡村建设，确保农民也能享受到与城市居民同等质量的生活条件和服务设施，从而更快地步入现代化生活轨道。

其次，缩小城乡之间的收入差距是实现全体人民共同富裕目标的关键所在。鉴于农业本身存在高风险低回报的特点，在人多地少的基本国情下，依靠小规模家庭农场经营难以显著增加农民收入。构建农业强国意味着要发展壮大整个产业链条，并提升农产品市场竞争力，以此提高农业整体效益，为农民增收奠定坚实基础。

再次，从促进人与自然和谐共处的角度来看，除了提供食物及必需品外，农业还承担着维护生态平衡的重要职责。随着农业强国战略的实施，传统上高投入、高耗能且污染严重的农业生产模式将逐步向绿色低碳可持续发展方向转变，这不仅有利于改善农村生态环境质量，也为构建和美中国贡献力量。

最后，物质文明与精神文明协调发展同样是现代化进程中不可或缺的一环。作为中华文明之根的农耕文化，在推进农业强国的过程中得到了传承与发展，使人们在追求物质富足的同时也能够享受到丰富多彩的精神食粮，达到了两者间的完美融合。

三、农村人才匹配缺口与乡村人才振兴

乡村振兴战略的推进与农业农村现代化的实现，离不开人才这一关键动力和智慧支撑。人才的兴盛是乡村繁荣的基石，人才队伍的壮大是乡村力量的源泉。在推动乡村全面振兴的道路上，人才是最为宝贵的资源，也是最根本的驱动力。自党的十九大提出实施乡村振兴战略以来，党中央、国务院高度重视乡村人才振兴工作，并多次作出决策部署。

2018年3月8日，习近平总书记在参加十三届全国人大一次会议山东代表团审议时强调，要推动乡村人才振兴，把人力资本开发放在首要位置，强化乡村振兴人才支撑，加快培育新型农业经营主体，让愿意留在乡村、建设家乡的人留得安心，让愿意上山下乡、回报乡村的人更有信心，激励各类人才在农村广阔天地大施所能、大展才华、大显身手，打造一支强大的乡村振兴人才队伍，在乡村形成人才、土地、资金、产业汇聚的良性循环。在乡村发展的诸多关键要素中，人才、土地、资金、技术和信息等都至关重要，但人才有其独特性，土地、资金、技术和信息需要通过人才的智慧和创造力才能被有效整合与激活。只有充分激发人才的潜能，才能使这些资源在乡村得到合理配置和高效利用，形成良性互动，打通乡村发展的脉络，实现资源价值的增值与质的飞跃。

2021年2月发布的《中共中央 国务院关于全面推进乡村振兴加快农业农村现代化的意见》深入阐述了乡村人才在乡村振兴中的重要地位；乡村振兴是一项涵盖产业、人才、文化、生态和组织等多方面的宏大工程。在这一系统性工程中，产业的兴旺依赖于人才的引领，文化的繁荣依靠人才的培育，生态的美丽源于人才的呵护，组织的坚强基于人才的支撑。同时，中共中央办公厅、国务院办公厅印发的《关于加快推进乡村人才振兴的意见》进一步明确提出了坚持党的全面领导、全面培养、广招英才，高效用才等一系列乡村人才工作原则。党的二十大报告强调，"加快建设农业强国，扎实推动乡村产业、人才、文化、生态、组织振兴"。此外，《关

于加快推进乡村人才振兴的意见》还提出要加大政策支持力度，鼓励地方通过多种渠道积极吸引高校毕业生到农村就业。

人才无疑是驱动发展引擎的关键力量。舒尔茨人力资本理论揭示：教育投入是经济增长的核心要素。产教融合通过定向培养"新农人"，提升乡村人才资本质量，破解传统农业边际效益递减规律。强化乡村人才队伍的建设，不仅是推进乡村全面振兴的战略基石，更是激活乡村内在活力、促进可持续发展的核心动力。国家重要会议文件精神，为新时代推进乡村人才振兴指明了前进方向，提供了根本遵循和行动指南，是新时代推进乡村人才振兴的政策依据和定位选择。唯有不断深化乡村人才振兴策略，充分释放并发挥这一宝贵资源的潜能与支撑作用，方能真正铺就一条通往"产业繁荣、生态和谐、文化兴盛、治理高效、生活富足"的乡村振兴康庄大道，圆满实现乡村振兴的宏伟愿景与总体目标。

（一）人才匮乏的困境

人才匮乏，一直是影响和制约农业、农村发展的一大阻碍。随着城市化进程的加速推进，大量年轻劳动力涌向城市寻求更好的发展机会，导致农村地区面临着严重的人才流失问题。这种现象不仅影响了农业生产效率的提升，也制约了乡村经济的全面发展。

人才短缺直接导致了农业科技水平难以提高。乡村治理领域，急需具备专业素养的人才来引领；在乡村规划方面，同样呼唤着能够精心策划、科学布局的专业人才。社会服务层面，需要更多懂得关爱与奉献农业农村的专业人士加入，为农村地区提供贴心周到的服务。农村信息化进程中，亟须掌握先进技术、能够推动信息化进程的专业人才来助力。农产品加工环节，期待有更多精通工艺、善于创新的专家来提升产品附加值。农产品质量安全方面，需要严格把关、确保品质的专业人才来守护消费者"舌尖上的安全"。畜牧与水产行业，也正面临着专业人才短缺的挑战，急需一批懂技术、会管理的行家里手来引领行业发展。此外，家庭农场主、农民合作社以及社会化服务组织等新型农业经营主体，也迫切需要更多具有创新精神和领导能力的核心带头人来引领他们走向更加广阔的市场。而农村创业领域，更是急需一批敢于拼搏、勇于创新的创业者来带动一方经济发展，为乡村振兴注入新的活力。现代农业的发展离不开先进的科学技术支持，而掌握这些技术需要具备一定专业知识背景的人才。在很多偏远或经济欠发达地区，由于缺乏足够的教育资源以及职业培训机会，当地居民很难获得必要的技能训练，进而无法有效利用新技术来改善耕作方式、提高作物产量等。

人才不足还限制了农产品加工及销售渠道拓展的可能性。高质量的农副产品往往能够带来更高的经济效益，但如果没有专业的营销团队进行市场调研、品牌建设等工作，则很难打开销路并实现增值。对于如何通过电商平台等方式拓宽销售渠道也缺乏了解与实践，使得许多优质产品只能以较低价格出售给中间商或者在当地小范围内流通，未能充分发挥出其应有的价值。当前乡村现有人才队伍的整体素质和能力有待提高。我国尚未建立起一套健全的乡村人才培养体系，缺乏有针对性的培训项目和政策支持。这导致许多有志于投身乡村建设的人才难以获得必要的知识和技能，从而限制了他们在乡村振兴中发挥作用。同时，"懂技术、会管理、善经营"的创新创业型人才缺乏，难以满足加快农业产业化进程和推广农业科学技术的新要求。尽管组织部门、农业部门和人社部门能对乡村人才开展一些教育培训，但其他部门的参与度相对较低。而且，现有的培训大多以短期集中培训、单向业务知识传授、大课堂宣讲等形式为主，学员在实际工作中难以有效运用所学知识。此外，一些地方在培训过程中片面追求数量而忽视质量，只关注办了多少班、多少人参加了培训，而对实际效果不够重视。这些问题的存在在一定程度上制约了乡村人才培训的效果和质量，影响了乡村人才的成长和发展。

良好的社会治理体系是促进乡村振兴的重要保障之一，但这同样需要依靠各类专业人才共同努力才能构建起来。乡村工作环境和待遇吸引力不足也是导致人才流失的重要原因之一。与城市相比，农村地区的工作条件相对较差，生活设施不够完善，加上收入水平较低，使得很多人对返乡创业或就业望而却步。即使有一些人才愿意回到乡村，也很难长期留下来为当地的发展作出贡献。因此，改善乡村工作环境和提高待遇水平对于吸引和留住人才具有重要意义。在环境保护方面，需要环境科学领域的专家指导农民采用更加环保可持续的方法种植养殖；在医疗卫生服务方面，则需要更多受过良好教育且愿意扎根基层工作的医护人员为村民提供基本医疗服务，无论是从经济发展还是社会进步的角度来看，加强人才培养都是推动农业农村现代化进程中不可或缺的一环。

高校毕业生是国家人才队伍建设的重要组成部分，高校毕业生们，他们充满活力、富有创新精神，是推动社会发展的重要力量，他们选择和投身乡村基层工作，对于乡村经济社会发展具有重要意义。高校毕业生到乡村基层工作可以带来新的知识和技能，提高乡村地区的科技水平和管理能力。他们可以将学校学到的理论知识与实际工作相结合，为乡村地区的发展提供新的思路和方法。高校毕业生到乡村基层工作可以带动当地的就业和创业。他们可以通过自己的努力，为当地居民提供更多的就业机会，同时也可以通过创业带动更多的人参与到乡村建设中来。高校毕业生到乡村基层工作还可以促进城乡之间的交流与合作。他们可以将城市的先进理念和技术带到乡村，同时也可以将乡村的特色产品和文化推广到城市，促进城乡之间的资源共享和互利共赢。

解决好农村人才问题是当前我国加快实施乡村振兴战略过程中亟待攻克的关键难题之一，必须做好乡村人才大文章，为农业农村发展提供有力的人才支撑。

（二）农业农村人才振兴途径

解决农业农村发展中的问题、加快推进农业农村现代化，迫切需要推进乡村人才振兴，实现乡村产业振兴的核心在于人才，人才培育需紧密结合乡村振兴和产业发展趋势。深化产业与教育的融合，是推动应用型人才成长的关键。将农业知识、技能及专业素质巧妙地融入教育培训体系，培养出既深谙农业之道，又具备专业素养，且擅长营销策划的综合型乡村人才，打造人才聚集高地，将人才引入乡村、留在乡村，促进乡村发展，为乡村振兴提供人才支撑。

一是强化顶层设计与规划引导，推动乡村振兴人才队伍建设。坚持党的领导确保农业农村人才工作的顺利进行，是乡村振兴战略顺利实施的关键。加强基层党组织建设。拓宽选人用人渠道，选拔优秀干部担任村党支部书记，打造一支深受群众信赖、乐于奉献、勇于担当且能力突出的村级领导班子。聘请乡村振兴特派员，全面实施高校毕业生基层成长计划，统筹实施好"三支一扶"、山区人才计划、选调生等服务基层项目，加大力度落实"三支一扶"毕业生政策待遇。精准选派挂职"第一书记"，帮助整顿软弱涣散的村庄。构建一个由党委统一领导、组织人社部门指导、农业农村部门牵头、相关部门共同参与以及社会各界广泛支持的工作格局，来推动人才工作的全面展开。

树立全市范围内的统一视角，调整并充实市县两级的农业农村人才工作领导机构。农业农村干部人才作为全面推进乡村振兴的"主心骨"，肩负着贯彻落实"三农"各项方针政策的时代使命和责任，善于在基层一线锻炼、发现、培养、考察一批优秀年轻农业农村干部，建立持续发现和动态管理的长效机制，要着力打造一支适应乡村全面振兴需要的复合型高水平干部人才队伍。将优秀年轻干部安排在乡村振兴、粮食安全、产业发展等重大任务中，使其成为全面推进乡村振兴、加快农业农村现代化的中流砥柱。建议由组织、人事及编制管理部门联合行动，重点优化农业领域的人员编制结构，增加专业技术人员的数量。同时，在规划重大事项和重点项目时，应同步考虑农村人才的需求，绘制出详细的人才需求分布图，以精准对接所需人才，提高引进效率。

二是优化人力资源配置，优化引才留才生态"软环境"。对于各部门推出的涉及乡村人才发展的优惠政策，要加强信息交流共享，促进人力资源的有效利用。注重优化人才保障服务，积极探索高层次人才、专业技术人才与农村实用人才之间的"师徒制"培养模式，建立人才服务绿色通道，以"云合作"破解难题，引入技术，搭建农业人才数据库，实时向"红名单"专家定向发布技术需求，实现人才服务信息共享共通。鼓励农业专家和乡村振兴领域的优秀人才深入基层一线，解决"千金难买才"困境，促进知识、技术和项目的深度融合。实施基层紧缺人才补充计划，梳理急需紧缺人才专业，有针对性地引进、选调、考录等补充急需紧缺人才；组织招收乡镇农技推广紧缺专业定向培养生，引导高校毕业生、技术人员等向基层流动，促进乡镇形成老中青相结合的年龄结构。突出农业综合执法人才培养，培养一支专业化、职业化、现代化的农业综合行政执法人才队伍。加快组建市、县（市、区）农业综合执法机构，做好农业综合队伍人员配置，推动明确执法机构性质、执法人员身份和职责分工，组织农业综合行政执法人员参加全国农业综合执法师资、骨干培训，显著提升执法人才业务水平。进一步整合省、市有关部门设立的各类村级服务队伍，健全完善"乡聘、村用、县级主管部门和县级组织部门双备案"机制，充实农村改革服务力量。

三是推动农业产业升级转型。大力发展私营企业、小微企业以及具有地方特色的现代农业项目，如特色农产品种植加工、农村电子商务等新兴业态，实施"职业＋""产业＋""电商＋"行动，探索乡村新业态人才飞地模式，鼓励偏远村落在中心街道跨境电商园、青年创业园等设立人才飞地，形成新业态人才与技术研发前台在中心街道、农业生产与成果转化在偏远村的共建格局。严把农技人员进入关，加大对"土专家""田秀才""养殖能手"的培养使用力度，持续开展农村实用人才专业技术职称评定工作，不断完善农村实用人才选拔评价、传帮带机制。加快构建和完善农业企业、农民合作社经济组织、社会化服务体系以及新型农业经营主体等多元化发展平台。通过这些措施，不仅可以为农业农村人才提供更多就业机会和发展舞台，还能实现产业发展与人才培养之间的良性互动循环。

四是坚持素质培育，打出优化管理服务人才"组合拳"。一是突出农业公共服务人才培育。加大县级及以下农业技术示范推广、农产品质量安全监管、种质资源保护、防控动植物疫病、益农信息服务等公共服务人才队伍建设力度，突出农村改革服务人才培育。加强基层农技人员能力提升培训，支持基层农技人员通过脱产进修、在职研修、中国农技推广 App 在线学习等方式，学习专业知识，提升服务能力。二是实施农业公共服务能力提升行动，提升基层农技人员学历水平，组织他们参加成人高等教育专升本函授学习。定期举办针对农村基层干部的专业培训活动，分层分类分级开展农村改革服务人才轮训，提高农村改革服务人才专业技术水平，全面完成农村改革任务。三是鼓励农民参加全国农业行业职业技能大赛、"全国十佳农民""寻找最美农技员""农安卫士""高素质农民优秀学员"等项目。

五是建立一系列乡村创新创业平台,实施农村创新创业促进计划,落实激励政策,增强支持力度和完善服务设施,鼓励各类人才投身农村发展,加大创新创业人才的培养力度。实施农技推广服务特聘计划和科技特派员服务"三农"行动计划,将科技特派员的服务领域从单一农业生产领域向农业全产业链转变,从服务"三农"向第二、第三产业延伸拓展。聘请专家作为创新创业导师,动员组织农业农村专家人才深入农村,开展技术指导、成果转化、对口帮扶、人才培训和改善民生等服务活动,推动人才在基层一线流动。通过实施农村创新创业带头人培育行动和乡村产业振兴带头人培育"头雁"项目,重点关注返乡大学生、致富带头人、退役军人、科技人员和农村企业家等创新创业人才的培养,提升他们的创新创业能力,形成强大的示范带动效应。举办农村创新创业典型推荐评选活动,组织参与全国性的博览会和创意大赛,选拔优秀项目和创业主体,并与优质资源进行对接,举办市、县农村创新创业大赛,激发广大创客的创新创业热情。与农业院校和涉农企业合作,采用青年农场主培育模式和创新创业推动型培育模式,提高返乡创业人员的经营管理能力、适度规模经营能力和电子商务营销能力,拓宽高校毕业生到基层工作的渠道,对在乡村创业的高校毕业生给予创业补贴。探索设立乡村振兴人才专项创新创业基金,为创业者提供资金支持,培养创新型中小微企业家。

六是充分利用现代各级主流新闻传媒的优势,加大对农业农村人才政策的宣传力度,营造人才工作良好的舆论氛围。不仅要关注人才的培养和使用,还要关注人才的生活和发展环境。只有当社会对人才有足够的尊重和关爱,才能吸引更多的人才投身到农业农村事业中来。新闻媒体作为传播信息的重要渠道,对于推动社会进步和发展具有不可替代的作用。特别是在农业农村领域,通过充分利用现代各级主流新闻传媒,加大农业农村人才政策、经验做法、典型案例等宣传力度,利用电视、广播、报纸、网络等多种媒体形式,广泛宣传国家关于农业农村人才的政策方针,让更多的人了解和支持这些政策。还要大力推广农业农村人才的经验做法和典型案例，强化人才典型培树，深入挖掘、梳理总结推出一批返乡创新创业过硬人才先进典型。这些典型人物的事迹和精神，可以成为激励广大农民投身农业现代化建设的强大动力，让人们看到培育农业农村人才的实际成效，也可以为其他地区提供可借鉴的经验。例如，可以报道一些成功的返乡创业案例，展示他们在农业科技创新、农产品品牌建设等方面的成果，以此激发更多人的创业热情。通过对这些典型的宣传，也可以提高社会对农业农村人才的认同感和尊重度。同时，也要注重宣传的方式方法，采用生动活泼、贴近群众的语言，使政策宣传更加深入人心。这不仅能够提高山区人才、欠发达县区人才政策的普及率和渗透力，还能强化人才典型培树，深入挖掘、梳理总结推出一批返乡创新创业过硬人才先进典型，营造人才工作良好舆论氛围。

四、涉农院校及专业的人才培养

在乡村振兴、产教融合双重战略背景下，高等教育产教融合面临着新的形势和使命，实施乡村振兴战略，涉农高校和涉农专业重任在肩。乡村振兴，人才为先，人才是乡村焕发活力的关键因素。高校作为人才的输出地，应培养大批有深厚乡土情结的人才，让人才赋能乡村振兴，不断强化乡村振兴的人才支撑。如何提高乡村的人才储备，优化乡村人才结构成为推动乡村振兴亟待解决的问题之一。

产教融合要将区域、行业、产业集群、专业集群等汇聚的各类相关要素置于区域经济社会发展的系统环境之中，获取系统资源支持并汲取营养，进而促进产业链、教育链、人才链和创新链上各要素之间的对接、互补和集成，使产教融合的受益范围更大，合作范围更广。

（一）涉农院校发展困境

根据 2019 年《中国涉农人才培养与就业情况调查报告》的调研结果，我国农业相关院校近年来在招生人数和教育规模上展现出稳健的增长态势。然而，这一进步并未完全满足社会的发展需求，尤其在教育质量和招生结构方面仍显不足。具体而言，这些院校在培养目标的定位、教学资源的分配以及教学环节的实践上存在明显的短板[①]。

在我国高等农业教育系统中，按照由中心至边缘的向度，不同层级的高校呈现出由中心向边缘逐渐递减和依附的趋势。这种趋势在适应层面体现为不同层次的涉农院校在发展特色、定位和目标上存在严重的同质性。例如，一些位于中心地带的重点农业大学，往往拥有更多的资源和政策支持，能够吸引更多的优秀师资和学生，从而在教学、科研等方面取得显著成果。而那些位于边缘地区的农业院校，则可能面临师资力量薄弱、资金不足等问题，导致其在学科建设和人才培养方面相对滞后。

可以从宏观上将我国高等农业教育分为本科教育和职业教育两个层面。本科教育主要侧重于理论知识的传授，培养学生具备扎实的专业基础；而职业教育则更注重实践技能的培养，旨在为企业输送合格的技术人才。

近年来，随着国家对现代农业发展的重视程度不断提高，越来越多的高校开始尝试将两者结合起来，推动产教融合的发展模式。比如，一些地方性的农业院校会与当地企业合作，开展职业技术人员的培训和实习项目，让学生在校期间就能接触到实际工作环境，提高他们的就业竞争力。尽管上述举措对于促进农业教育的发展起到了积极作用，但农业教学、科研、研发等融合层面涉及的内容亟须得到关注。当前，许多高校在这方面仍存在较大差距，主要表现在以下几个方面：

一是缺乏跨学科交流平台。由于历史原因及管理体制限制，很多高校内部各院系之间沟通不畅，难以形成有效的协同创新机制。这导致了即使是在同一所学校内，从事相关领域研究的教师也很难找到合适的合作伙伴共同推进项目进展。二是资源配置不均衡。相较于理论研究而言，应用型研究往往需要投入更多的人力物力财力。然而，在实际操作过程中，部分院校可能会因为经费紧张或其他原因而减少对此类活动的支持力度，进而

---

① 董维春等．中国涉农人才培养与就业情况调查报告［M］．北京：中国农业出版社，2019：12．

影响到整体水平的提升。三是产学研脱节现象严重。虽然政府鼓励并支持高校与企业建立紧密联系，但在具体实施过程中却遇到了诸多障碍。一方面，企业对于新技术的需求变化快且多样化；另一方面，学校培养出来的人才往往需要经过一段时间才能完全适应岗位要求。这种情况下，如何构建一个既能满足市场需求又能充分发挥自身优势的合作模式成了亟待解决的问题之一。

涉农领域的高等教育机构——无论是综合性农业大学、地方特色农业学院，还是专注于科研的农业研究所——在塑造未来农业人才的目标设定上都显得过于单一，缺乏必要的多样性。这种趋同性不仅体现在培养目标上，也渗透到了教育内容与方法中，进而导致了毕业生们在知识结构、技能专长乃至职业定位上的广泛雷同。这一现象直接制约了农业人才队伍的灵活性与创新能力，难以精准对接现代社会对农业科技人才日益增长且多样化的需求。社会呼唤的是能够驾驭现代农业技术、推动农业可持续发展、解决复杂农业问题的复合型人才，而非千篇一律、仅掌握基础农业知识的从业者。因此，重塑涉农教育的蓝图，促进其向多层次、多类型方向转型，成了当务之急。

传统的农业教育模式已难以满足日益增长的多元化需求。现代社会和产业发展急需的是具备多元技能的复合型人才。然而，当前农业人才培养的目标和定位却显得模糊不清。为了适应这一变化，我们需要重新审视农业教育的目标和定位。首先，我们要明确培养具有创新精神和实践能力的复合型人才的重要性。除了专业知识外，我们还需要注重培养学生的综合素质和跨学科能力。其次，我们要关注农业与其他领域的融合与交叉。随着科技的发展，农业与信息技术、生物技术等领域的结合越来越紧密。要想真正实现我国高等农业教育的高质量发展，就必须从多角度出发，加强顶层设计，优化资源配置，建立健全激励机制，激发各方参与热情，共同推动这一领域的持续进步与发展。

因此，我们需要培养既懂农业又懂其他相关领域的复合型人才，以推动农业产业的创新发展。此外，我们还要注重培养学生的国际视野和跨文化交流能力。在全球化的背景下，农业产业的发展已经不再局限于国内，而是面向全球市场。因此，具备国际视野和跨文化交流能力的复合型人才将更有利于推动我国农业产业的国际化发展。

在高等教育领域，尤其是农业教育方面，产教融合策略也面临着资金支持不足的挑战。如何高效整合并充分利用有限资源成为系统发展的关键议题。教育资金的分配不仅在不同地区间展现出马太效应，即强者愈强、弱者愈弱的现象，而且在各高校间的拨款过程中也呈现出明显的集中趋势。目前，国家专项财政拨款和补助资金仍然是支撑我国高等农业教育机构的主要资金来源。然而，农业类高校运营成本较高，加之财政支持的局限性和资金来源的单一性，以及资金管理与使用权限的分离，这些因素共同导致了资金规划与运用的效率并不理想①。为了促进更加公平合理的教育资源配置，并提高资金使用效率，有必要探索新的机制或策略，比如加强跨区域合作共享优质教育资源、拓宽筹资渠道以减少对单一来源的过度依赖、完善内部管理制度确保每一分钱都能发挥其最大效用等措施。

根据我国众多农林类高校的本科教学质量评估报告可以看出，尽管我们已经取得了一定进展，但在教学资源的信息化和教学设施建设方面仍有待加强。同时，教学经费的投入也需要进一步增加。目前，由教育部直接管理的高校所获得的资金支持主要来自教育部，与同等规模和层次的其他类型高校相比，这些资金显得相对不足。特别是对于地方性的农业院校来说，他们所能获得的经费更是有限。此外，由于农业产业本身具有周期长、收益慢、薪资水平低以及不可预测性等特点，这使得农业院校在与理工科和综合性大学的生源竞争中处于不利地位。因此，我们可以观察到，在我国农业教育领域，包括生源、经费、师资和合作项目等方面的产教融合都面临着一定的挑战和限制②。

在社会产业经济的演进中，特别是农业领域，对教育与产业的深度融合缺乏积极的引导和推广。地方农业高校在提供社会服务方面的能力发

---

① 杨霞，张继河，杨娟."科教兴农"视角下的高等农业院校人才培养探究 [J]. 职业时空，2014（9）：101-104，107.

② 孔庆聪. 我国本科高校大类招生背景下的专业分流制度研究 [D]. 武汉：华中师范大学，2014.

挥，以及农业企业在承担社会责任方面的意识，都需要通过深化产教融合来进一步加强。

（二）涉农专业人才培养面临的挑战

传统的农业教育模式已无法满足农业农村对多元化农业人才的迫切需求。现代社会和产业界呼唤着能够跨界融合、多才多艺的复合型人才。然而，当前我国在农业人才培养方面的目标与定位显得模糊不清，难以精准对接市场需求。2019 年发布的《中国涉农人才培养与就业情况调查报告》显示[①]，尽管近年来我国涉农院校的招生规模和人才培养数量稳步增长，但在质量提升及招生结构优化上仍显不足，未能充分适应社会发展的步伐。特别是在人才培养的具体实施过程中，存在着目标定位不明确、教育资源分配紧张以及实践教学环节薄弱等显著问题。此外，涉农人才的培养体系尚未形成多层次、多类型的发展格局。无论是综合性涉农高校、地方性涉农院校还是农业科研机构，在培养目标和要求上均缺乏必要的差异化，导致最终培养出的农业科技人才规格和应用范围高度同质化，难以有效满足社会对多样化农科人才的实际需求[②]。

农业人才链与产业链之间存在脱节，具体表现在农业人才数量、质量与结构上的不匹配。高等教育与乡村治理及产业发展之间的协同融合和积极互动尚未实现。针对乡村需求的专业人才培养体系亟待优化。部分涉农高校倾向于将发展非农专业作为其核心目标和主要方向，导致"轻视农业、脱离农业"的现象普遍存在。这种教育供给与乡村实际需求之间的结构性差异，使得涉农高校毕业生的培养效果未能达到预期。培养热爱农业、掌握技术、善于经营的创新型乡村人才的目标尚未达成，难以满足乡村振兴的人才需求。

在提升涉农专业人才培育质量方面，我们面临几个关键挑战。首先，

---

① 董维春等．中国涉农人才培养与就业情况调查报告［M］．北京：中国农业出版社，2019：12.

② 朱以财，刘志民，张松．中国高等农业教育发展的历程、现状与路径［J］．高教发展与评估，2019（1）：41-53，1-2.

当前的教育模式尚未完全摆脱传统学科教学的局限，导致人才培养方案、教育资源和教学内容与乡村发展的实际需求脱节，教学改革的步伐也未能与当代乡村的快速发展同步。其次，多数地方院校位于城市，乡村实践基地的建设相对滞后。同时，由于农业产业受到土地使用、防疫措施、季节变化、天气条件和地理位置等多重因素的限制，涉农专业的产教融合面临较大难度。实训实践体系的开放性不足，组织实训活动困难重重，耗材消耗严重，部分技能培训仅停留在表面形式上，与实际生产需求存在明显差距。最后，创新创业能力的培养也显得不足。考虑到农业产业需要较大的资金投入、较长的投资周期以及较高的投资风险，目前的创新创业教育大多还停留在理论规划阶段，难以实现从理论到实践的有效转变。由于迁移及城市扩张等多重因素，众多涉农院校已失去了规模庞大的产业基地。与此同时，这些院校与农业产业化企业之间的联系也显得较为薄弱。这种局面导致一些科研项目和科技推广活动缺乏必要的支持基础，难以有效实施①。

乡村情怀教育在涉农专业人才培养中显得尤为关键。对乡村的深厚情感是长期投身乡村产业的基石。然而，当前涉农专业的教育过程中，对学生乡村情怀的培养似乎并未得到应有的重视。尽管大多数学习涉农专业的学生本身来自农村，但由于乡村产业发展相对滞后，社会配套设施不完善，所提供的工作机会在工作环境和薪资待遇上与城市尤其是长三角、珠三角等发达地区存在一定程度的差异。此外，社会对于"农民"这一职业的偏见也使得这些学生普遍抱有离开农业领域的想法。即便涉农专业毕业生的初次就业率较高，但这种就业往往难以持久，随之而来的高流失率成了一个不容忽视的问题。

农民教育培训的质量亟待提升。目前，农民的教育培训缺乏系统性，对农民的需求调研不足，培训内容针对性不强。一些高等院校开展的农民培训形式化严重，不仅没有根据农业生产实际合理安排培训时间，甚至有

---

① 金炜. 新时代高职产业学院的建设逻辑、现实困境与破解路径［J］. 教育与职业，2020（15）：28 - 34.

时候还影响了农业生产活动，损害了农民的利益。乡村社会发展需要科技、文化、卫生等方面的知识普及。虽然一些高等院校师生在"三下乡"活动中取得了一定成绩，但与广大村民的期望仍有一定差距，对于乡村社会公共必需品的供给依然不足。为了改善这一现状，我们需要采取一系列措施来提高农民教育培训的质量。首先，应加强农民教育培训体系的建设，确保培训内容的系统性和连贯性。其次，要深入了解农民的实际需求，制定有针对性的培训计划，确保培训内容与农业生产实践紧密结合。此外，高等院校在开展农民培训时，应合理安排培训时间，避免对农业生产造成干扰。同时，要加强对培训效果的评估和反馈机制，及时调整培训策略，以满足农民的实际需求。在乡村社会发展方面，我们应加大对科技、文化、卫生等领域的投入，推动知识普及。高等院校师生在参与"三下乡"等社会实践活动时，应充分发挥自身专业优势，为乡村社会提供实用的知识和技能支持。同时，政府和社会各界也应给予更多的关注和支持，共同推动乡村社会的全面发展。

在深化高校乡村产教融合的过程中，要致力于促进定向培养培训，推动所培养的人才"干在乡村"。随着城市化的快速发展，乡村正经历着一场深刻的社会变革，由传统的熟人社会逐渐向半熟人社会转变。然而，尽管这一变化正在发生，但在传统文化和宗族观念的深远影响下，"本地人"相较于"外地人"，在乡村治理、乡村产业发展等关键维度上依然占据着不可比拟的优势地位。为了充分挖掘和利用这一优势，我们必须采取切实有效的措施，通过产教深度融合的方式，为乡村定向培养一支具备高度责任感、卓越能力和持久耐力的高素质人才队伍。这支队伍的成员将深刻理解乡村的需求与挑战，愿意投身于乡村建设与发展的事业中，能够运用所学知识和技能解决实际问题，并且具备长期坚守乡村、服务乡村的决心和毅力。我们将从乡村的实际出发，紧密结合乡村的产业特点和发展需求，制定科学合理的培养方案。通过与乡村企业、合作社等建立紧密的合作关系，为学生提供丰富的实践机会和真实的工作场景，让他们在实践中学习、成长，并最终成为乡村发展的中坚力量。同时，我们还将注重培养学生的乡土情怀和责任感，引导他们树立正确的价值观和人生观。通过开展丰富多彩的文化活动、志愿服务等，让学生深入了解乡村的历史、文化和风土人情，增强他们对乡村的认同感和归属感，激发他们为乡村发展贡献自己力量的热情和动力。此外，我们还将建立健全激励机制和保障体系，为学生在乡村工作和生活提供必要的支持和帮助。通过设立奖学金、提供就业指导和创业扶持等方式，鼓励更多的优秀人才投身乡村建设，实现个人价值和社会价值的双重提升。总之，通过深化校村产教融合，我们可以为乡村定向培养一支"愿意干、能够干、长期干"的高素质人才队伍，实现乡村人才"从乡村来、到乡村去"的美好愿景。这将为乡村振兴提供强大的内生动力，推动乡村经济社会持续健康发展。

在推动涉农院校构建与乡村振兴产业紧密对接的继续教育培训体系方面，采取以下策略：首先，以产教融合城市创建为契机，根据各地乡村社会和产业发展状况，因地制宜地统一规划职业教育培训资源。深入了解当地乡村的实际情况，结合产业发展需求，制定出符合实际的职业教育培训规划。其次，建立涉农人才培养现代预算制度，统筹各相关部门，将各类涉农资源如人才、资金、科技、医疗等协调联动，提高农民培训实施绩效。这需要建立一套有效的预算制度，确保各类涉农资源的合理配置和高效利用。再次，打造"学校＋县级（产业基地）分院"的培养培训模式，高层次人才培养培训在学校举办，其余技能人才培养培训以县域为单位，依托县级培训分院就近培训，培训时间按技术需求紧迫性和培训对象生产季节性灵活安排。这种模式能够更好地满足不同层次、不同类型的人才培养需求。最后，建立农民培训常态化机制，推动乡村职业培训模式创新，推行示范基地培育、农民田间学校、移动课堂、在线教育等形式多样的农民培训新模式，打破时空界限，满足农民个性化的培训需求。这将有助于提高农民的综合素质和技能水平，为乡村振兴提供有力的人才支持。

在提升高等院校涉农教育能力，以更好地服务乡村振兴战略的过程中，我们应采取以下措施：

首先，强化教师团队的构建是关键。我们需要打造一支多元化的教师队伍，这包括农业领域的顶尖技术专家、来自企业及生产前线的高技能人才、具有丰富农业实践经验的兼职教师，以及校内杰出的教学名师和专业领头人。此外，"双师型"教师——那些既具备理论知识又有实践经验的教师——也应成为团队的核心成员。为了进一步支持这一目标，将实施专门的涉农教师培养计划，为教师提供学历提升、职称晋升、企业实践和乡村科技推广等方面的支持和资金保障。加强涉农类"双师型"队伍建设，一方面，着力建设包含农业产业技术专家、企业资深技师、校内教学名师、专业带头人、"双师型"教师等在内的职业教育师资团队，同时完善涉农职业教师培养专项计划，在学历提升、职称晋级、企业顶岗、乡村科技推广与实践等方面提供绿色通道和经费保障。另一方面，要创建丰富的专业教学资源，以生产性实习实训基地建设等项目建设为平台，推行示范基地培育、田间学校、移动课堂等形式多样的培训新模式，满足个性化的培训需求，提升涉农类专业教学服务水平。

其次，提升涉农专业的教学质量至关重要。我们将通过建设生产性实习实训基地、开发专业教学资源库、建立虚拟仿真实训平台、完善各类实验实训室、打造精品课程以及科普基地等项目，丰富教学内容和提高教学水平。

最后，还需要拓宽服务范围，不仅仅局限于人才培养和产业发展，还应涵盖政策宣传、文化传播、科学普及、健康生活指导以及乡村治理与规划等领域。涉农院校就能更全面地为推进乡村振兴服务，促进农村社会的全面发展。

在推进产教融合、创新乡村人才培养机制的进程中，涉农高等教育机构须秉持道德与技术并重、理论与实践相结合的原则，紧密贴合农业生产与生活的现实需求，量身打造个性化的人才培养方案。这一过程旨在提升乡村振兴人才的职业归属感与技能素养。

首先，我们倡导一种创新的校地合作模式——"三定向"培养策略。通过实施"乡村人才定向培养工程"，依托农业相关专业，针对乡村迫切的人才需求，开展全日制教育。政府承担费用，学生得以免除学费、教材费、住宿费，并获得生活补贴，形成从招生到培养再到就业的闭环路径。此模式面向乡村高中生、高职毕业生、高素质农民及农村退伍军人等多元群体，旨在提升其专业对口就业的可能性。

　　其次，现代学徒制的培养模式亟待创新。这要求构建"产教融合、校企合作"的长效机制，与农业企业深度携手，发挥双方在教育中的主体作用。探索灵活的学制与学分体系下的"小学期"教学安排，将"真实岗位"作为教学内容与场所，采用"多循环"的农学交替与能力递进方式，结合线上线下混合教学与理论实践交互训练。此举确保课程内容与职业标准对接、教学过程与生产流程同步、毕业证书与职业资格证书互认，实现乡村、企业、学生与学校的共赢。

　　最后，加速推进涉农领域的1+X证书制度试点工作至关重要。作为《国家职业教育改革实施方案》的关键创新之一，该制度对于提升人才培养质量具有里程碑意义。须加快试点步伐，推广以岗位能力为核心的认证标准体系，引入社会第三方参与人才培养与质量评估，力求人才培养规格与产业需求的高度契合与精准对接。

　　乡村产业的调整与升级面临诸多挑战，诸如基础设施不足、资源短缺以及人口素质普遍不高等问题。在这一背景下，职业教育，特别是针对农村地区的职业教育，必须紧密贴合乡村实际，进行专业设置、知识体系和人才培养模式的全面革新。通过发展符合农业产业转型和现代农业需求的涉农专业群，构建培养高素质农民所需的农业知识和技能体系，确保职业教育与乡村产业发展之间的供需关系达到平衡。过去，产业发展与职业教育之间的供需关系往往呈现出"自上而下"的指令性、市场导向的单一性以及利益驱动的选择性，这些模式缺乏对等性和预见性，导致了乡村与职业教育资源的大量浪费。因此，必须摒弃这种旧有的供需模式，转而采取更为灵活、多元和前瞻性的策略，以实现乡村产业与职业教育的深度融合与共同发展①。

　　为了确保职业教育能够更加精准地调整其结构，并有效避免潜在的挑战，必须采取切实有效的措施，推动职业教育与乡村产业的平等对接。这不仅仅是地位上的平等，更是供需关系的结构性匹配和系统层面的深度整

---

　　①　徐小容，朱德全. 倒逼到主动：职业教育质量治理对区域经济社会发展的适应性研究 ［J］. 职业技术教育，2018，39（10）：47-52.

合。这种深层次的对接与融合，实际上就是将职业教育的力量发挥到极致，促进产业与教育的深度融合。在这个过程中，不仅要关注教育本身的发展，更要关注产业的需求，实现双赢。通过这样的努力，可以确保职业教育在乡村产业发展中发挥更大的作用，为乡村振兴注入新的活力。同时，这也将为职业教育自身的发展开辟更广阔的空间，实现更加科学、有针对性的结构调整。

在推动城乡融合的进程中，职业教育扮演着至关重要的角色，它是乡村产业振兴的基石。由于长期存在的城乡二元经济结构以及现代化和新型城镇化对乡村传统文化的冲击，乡村地区在地理空间分布和物理连接上面临诸多挑战。多数条件优越的职业学校集中在城市中，而那些承担着农村职业教育重任的县域职教中心则主要分布在县城附近。为了打破这一局限，需要构建一个跨越城乡界限的实体性职教培训网络。这个网络将以职业教育为核心，覆盖省、县、乡、村等多个层级，以县域职教中心为龙头，有效串联乡镇社区教育中心和村民学校，形成层层递进的互助培训合作机制，使农民能够掌握一技之长。同时，还需要打造一个城乡一体化的现代职教服务体系。城乡职业学校之间将建立战略合作关系，并精准对接乡镇社区、村组织和农户等，为他们提供数据服务、技术服务、信息服务和咨询服务等全方位支持。这样，就能避免农户因盲目经营而遭受损失，从而促进乡村产业的融合发展。职业学校的专业结构必须紧跟市场动态，灵活调整以适应乡村产业的转型与升级需求。在招生和人才培养方面，职业学校应精准定位，同时提供的培训服务也需与乡村产业发展的现状同步更新。例如，随着乡镇古镇、农家乐及乡村旅游观光业的兴起，乡村吸引了城市居民的兴趣。然而，当这股热潮逐渐退去，市场需求急剧减少时，职业教育及培训便需要迅速介入，推动乡村产业的及时调整或转型升级，以有效避免损失。

职业学校可以通过线下的方式实现与乡村域、产业域等跨界合作，并建立相应的合作机制。这一过程不仅能够触发乡村内部或乡村产业内部要素的"加式融合"和"乘式融合"，还能催生出许多创新的合作模式。例如，可以探索"乡村＋旅游观光业"的模式，将乡村的自然风光和人文景观与旅游业相结合，吸引更多游客前来体验乡村生活。同时，还可以尝试"农业＋种植业＋采摘服务"的模式，让游客在享受田园风光的同时，亲自参与农作物的种植和采摘，增加他们的参与感和体验感。此外，还可以考虑"农村×食宿×观光×娱乐"的综合发展模式，通过提供多样化的服务，满足游客的不同需求，从而推动乡村新业态的产生。另外，职业学校也可以与乡村相关主体进行线上形式合作，利用互联网技术催生"互联网＋产业融合"新业态。例如，可以通过建立农村电商平台，将乡村的特色农产品推向更广阔的市场，实现生产、流通与消费的一体化。这不仅可以提高农民的产业增值收益，还能促进乡村经济的发展。同时，职业学校还可以利用自身的教育资源，为乡村培养更多的电商人才，助力乡村电商的发展。总之，职业学校与乡村的合作具有广阔的前景和巨大的潜力。通过线上线下的跨界合作，不仅可以推动乡村新业态的产生，还能促进农民的产业增值收益，为推动乡村振兴注入新的活力[1]。

农村职业教育可以直接融入农村产业集群与产业链中，并在乡村产业上游资产链与下游业务链机制中发挥作用，使农村职业教育也同样可以推进乡村经济的增值与劳动力就业。具体来说，通过将职业教育课程与实际生产需求相结合，学生可以在学习过程中直接参与到农业、养殖业、手工业等各类乡村产业的实际工作中，从而提升他们的实践技能和就业竞争力。而乡村企业或有资本的农户，也可以直接参与或以入股等方式参与职业教育办学，发挥其人才培养或职业反向培训服务等功能。例如，一个成功的果农可以通过资助当地的职业学校，开设果树栽培和管理的课程，培养更多具备现代农业知识的技术人才。这不仅有助于提高企业的生产效率，还能为学生提供宝贵的实习机会和就业机会。从而实现产业链、价值链与利益链的三链同构，使高素质农民培养培训、现代农业发展、农村富余劳动力转移合为一体，有效协同"去农"与"为农"、城镇化与农业现代化同步推进。在这一过程中，职业教育机构可以与地方政府、企业和农

---

① 陈学云，程长明. 乡村振兴战略的三产融合路径：逻辑必然与实证判定［J］. 农业经济问题，2018（11）：91-100.

户紧密合作，共同制定符合当地经济发展需求的教育计划，确保教育资源的有效配置和利用。以此实现农村职业教育与乡村经济社会间的共生共赢发展。通过这种模式，不仅可以提升农村地区的整体教育水平，还能够促进当地经济的发展和社会的稳定。随着越来越多的年轻人通过职业教育获得实用技能并成功就业，他们将为乡村振兴注入新的活力，推动农村地区走向更加繁荣和可持续的未来。

在新时代的农村经济社会发展背景下，教育产教融合的质量评价体系必须灵活适应农村职业教育的内外环境变化。这一体系应遵循农村职业教育和产教融合发展的内在规律，通过更新质量观和评价观、确立多元化的评价主体、制定科学的质量评价标准以及构建有效的诊断与纠偏机制，全面体现现代职业教育及产教融合的前沿理念和基本原则[1]。

在新时代的农村经济社会发展中，农村职业教育扮演着举足轻重的角色。其适应性是确保其功能得以充分发挥、高效服务于农村经济社会发展的关键前提。随着乡村振兴战略的推进以及农业现代化和新型城镇化建设的深入发展，农村职业教育面临的外部环境发生了显著变化，这些要求其不断调整和优化自身的办学方向、发展思路、专业设置及人才培养目标，以适应时代的需求[2]。为了评估农村职业教育与新时代农村经济社会发展需求的适应性，必须从外部需求的角度出发，审视涉农职业院校的办学定位和人才培养目标。这包括监测学校的发展规划是否与乡村振兴战略、农村经济社会发展、农业现代化、城镇化建设以及地方农业农村发展规划保持一致，确保其与新时代农村经济社会发展的步伐同步。同时，需要关注涉农职业院校的专业发展规划与地方产业的匹配程度，特别是学校的优势、特色和主导专业与地方现代农业产业布局和结构的关系。专业建设应紧跟地方农业产业的转型升级，建立动态调整机制，以确保教育内容与实际需求相符。学校的人才培养目标应与乡村振兴对各类乡村人才素质和结构的需求相吻合。各专业的人才培养目标和规格应体现出适应农村新产

---

① 志刚．职业教育质量评价体系研究 [M]．北京：经济科学出版社，2018：58-64．
② 祁占勇，王志远．乡村振兴战略背景下农村职业教育的现实困顿与实践指向 [J]．华东师范大学学报（教育科学版），2020（4）：107-117．

业、新业态和新模式发展所需的具有系统化知识结构和综合化能力结构的复合型、创新型乡村人才[①]。此外，提升农村职业教育的贡献度和满意度不仅是实施产教融合的初衷和目标，也是衡量学校教育教学质量、人才培养质量和产教融合成效的核心指标。农村职业教育应在培养乡村人才、开发农村人力资源、推广和应用农业技术、参与乡村治理以及传承与创新乡土文化等方面发挥更大的作用。

（三）涉农学科专业群构建

随着精准扶贫和乡村振兴战略的接续实施，以及工业 4.0 和信息化 2.0 的持续助力，乡村经济、社会、文化、卫生等多个领域均发生了较大的变化。农业及农产品加工业与其他产业深度融合发展出了乡村特色文旅、乡村特色餐饮、乡村康养、乡村电子商务等新业态。涉农专业门类和专业方向的调整步伐明显滞后于乡村社会和产业发展，依然是以畜牧兽医、园林技术、园艺技术三大类专业为主导，未能围绕乡村发展全产业链打造结构合理的专业体系。在乡村经济的推动下，农业及农产品加工业与其他产业的深度融合发展出了新的业态。例如，乡村特色文旅让游客可以亲身体验农耕文化，感受田园风光；乡村特色餐饮则将地道的农家菜推向市场，吸引了众多食客；乡村康养则为城市居民提供了一个远离喧嚣、亲近自然的休闲场所；乡村电子商务更是让农产品走出大山，走向全国乃至全球。涉农专业的发展却显得有些滞后。尽管畜牧兽医、园林技术、园艺技术等传统专业依然占据主导地位，但这些专业已经无法满足乡村发展全产业链的需求。因此，构建一个结构合理的专业体系显得尤为重要。特别是涉农专业群与农业产业链的对接，实现与乡村社会发展的有机融合。有利于涉农专业群与农业产业链的对接，实现与乡村经济发展的有机融合。对涉农专业结构进行优化和调整，从而以涉农专业群对接农业产业链，在精准助力乡村经济社会发展的同时促进自身的高质量发展。

---

① 恽鹏伟.公共产品视角下职业教育发展的动力源泉及挖掘策略［J］.教育理论与实践，2020（9）：23－25.

在当前的教育领域，一个不容忽视的问题是专业设置的趋同性。众多教育机构在设立新专业时，往往忽视了本地农业产业的实际需求、学校的教育资源以及专业建设的内在优势。这种缺乏深入调研和科学论证的做法，导致一些院校急于追随政策导向，匆忙增设与农业相关的学科和课程方向。然而，这些所谓的"新"专业，实际上只是在已有专业的框架内稍作调整，添加了几门略有差异的课程，甚至只是对课程名称进行了更换，与原有的专业内容高度相似，并未能实现真正的差异化发展。

农业相关专业正面临如何提升学生素质的紧迫需求。市场驱动下，高等教育机构、家长及学生群体普遍偏向于选择热门专业，这一趋势直接导致了农学类专业在招生过程中遭遇挑战，不仅招生难度加大，成本也随之攀升。整体观察，报考这些专业的学生在高考成绩及综合素养方面往往不尽如人意，且有相当比例的学生是通过专业调剂而来，他们在学习上的主动性和积极性相对欠缺。

在构建学科专业集群时，首要任务是确保其与产业链的紧密对接，以促进教育与产业的协同发展。这一过程要求对产业现状及其未来趋势有深刻的理解，同时洞察各类企业的独特需求。明确定位合作的具体领域和产业链环节，进而启动合作机制。企业将积极参与到高校的专业规划、课程设计、人才培养模式的创新以及教师队伍的建设中来。与此同时，学校将在科研创新、创业孵化及社会服务等领域与企业进行深度的资源整合，共同打造高质量的资源共享平台。

在推动高等教育机构与乡村振兴战略的深度融合中，我们应着重构建一个专业体系，该体系紧密对接乡村产业的振兴需求。为此，必须加强对农业相关专业的资金和资源支持，建立一个以政府投资为核心，社会各界共同参与的多元化资金投入机制。对于那些积极参与教育的社会力量，政府将提供政策上的倾斜和税收减免优惠，同时提高涉农高等教育专业的学生人均经费。为了适应乡村振兴一二三产业融合发展的新要求，我们将以高质量的乡村振兴学校培育计划为先导，鼓励各教育机构依据自身特色，创建一系列与农业相关的专业集群。这些专业群将覆盖从现代种植养殖到农产品加工流通，再到乡村新兴服务业、人居环境改善及基础设施建设、智慧农业发展、农业机械化、农村治理优化以及农民健康保障等乡村振兴的全链条工作。深化校村产教融合，促进专业对接产业，推动高等教育"面向乡村"。要通过产教深度融合，引导涉农院校以乡村振兴需求为指引，形成乡村振兴产业链与高职专业群的映射关系，实现涉农专业群内各专业的有机融合，确保涉农专业群真正适应乡村振兴产业转型的需要，推动地方高等教育真正"面向农村"开放办学，培养高质量的乡村振兴人才。开设园艺技术、园林设计、畜牧兽医、动物医学、农村经济管理等直接服务于农业的专业，并向旅游管理、机电一体化、机械自动化、智能科技、电子商务、市场营销、财务规划、临床医学、医学检验等专业转型，使其更加贴合农业发展的需求。通过这样的专业设置和转型，目标是打造一批具有显著农业特色的一流专业群和专业，为乡村振兴战略的实施提供坚实的人才和智力支持。

高等院校中的涉农学院与乡村合作模式不仅强化了城市与乡村之间的联系，还促进了资源的双向流动和共享。高等教育机构，作为知识、技术和文化的集散地，通过深化与周边乡村的合作，能够将这些宝贵的资源有效转移到农村地区，从而推进乡村的全面振兴。在这个过程中，高等院校不仅是知识和技术的传递者，更是乡村发展的催化剂。他们通过产教融合的方式，将教育资源与乡村的实际需求相结合，为农业科技人才提供了一个展示和实践新技术的平台。这不仅有助于提升农业生产效率，还能促进乡村经济的多元化发展。此外，院村合作还为乡村带来了文化上的繁荣。高等院校的文化资源，如图书馆、艺术团体等，可以丰富乡村居民的精神生活，提高他们的文化素养。这种文化交流不仅增进了城乡居民之间的理解和尊重，也为乡村的可持续发展注入了新的活力。院村合作是实现城乡融合发展的重要途径。通过深化这种合作，我们可以有效地将城市的资源引入乡村，推动乡村的全面发展，同时也为城市的可持续发展提供了新的机遇。

03

第三章
产教融合赋能乡村振兴的现实方略

在推动乡村振兴的进程中，产教融合扮演着至关重要的角色。它紧密贴合农村发展的实际需求，致力于提升农业科技水平、转变农业经营模式、促进农村一二三产业的深度融合以及推动农业科技产业的创新。这一过程不仅加速了农村经济的发展步伐，更激发了其内在的经济活力，为农村经济的持续增长注入了强大动力。

一、理念：农业科技服务引领现代化农业发展

（一）农业科技创新面临的困境

农业科技创新是实现农业持续稳定发展、确保农产品长期有效供给的基础支撑，更是建设农业强国的重要保障。农民们在广袤的田野间辛勤劳作，他们的脸上写满了对丰收的期盼。然而，传统的耕作方式和有限的技术手段，使得农业生产效率低下，难以满足日益增长的市场需求。

经过数十年的发展，中国农业科技创新已经取得了重大进展，农业科技整体水平已从世界第二方阵跨入第一方阵。然而，我们必须正视的是，现阶段中国农业农村领域整体科技水平与发达国家相比仍存在较大差距，科技创新支撑农业稳定增长的能力还不够强大。这主要表现在以下几个方面：首先，农业科技创新体系尚不完善，科研成果转化效率较低；其次，农业科技人才短缺，制约了农业科技创新的步伐；最后，农业科技投入不足，影响了科技创新的持续发展。

要构筑农业强国的宏伟蓝图，科技创新无疑是那股不可或缺的驱动

力，它引领并加速着我们的国家向高效、可持续的发展模式转型。然而，当我们将目光投向国际舞台，与全球领先的农业大国相比，我国在尖端农业技术的突破速度及科研成果转化为实际生产力的效率上，仍存在一段亟须跨越的距离。

中国的农业科技创新长期以来面临着基础薄弱和投入不足等多重困境。

第一，长期以来，中国农业科技创新基础薄弱且投入不足，未能为创新性研究提供足够支撑。农业科技基础性研究投入水平较低，很难带动并催生前沿技术突破发展。中国农业科技投入经费来源相对单一，社会资本参与农业科技创新不足。这种状况不仅限制了农业生产效率的提升，更使得农业科研工作的开展有一定难度。农业科技投入强度不高，与世界一流水平相比还有差距。尽管我国在近年来加大了对农业科技的扶持力度，但与国际先进水平相比，依然有差距。

第二，我国在科技支撑农业发展方面仍有很大增长空间。在现代化农业发展的过程中，机械化程度的提升是提高生产力的重要手段。农业机械化的滞后，不仅影响了农业生产的效率和质量，还对保障粮食及关键农产品的稳定供应构成了严峻挑战。首先，从农业生产效率的角度来看，机械化能够显著提高劳动生产率。传统的人工耕作方式耗时耗力，而现代农业机械如拖拉机、收割机等可以在短时间内完成大面积的土地耕作和作物收获，大大节省了人力成本。此外，精准农业技术的应用也使得农作物种植更加科学化、精细化，进一步提高了单位面积产量。因此，加快农业机械化步伐对于提升我国农业生产效率具有重要意义。其次，农业机械化对于保障粮食安全同样至关重要。随着人口的增长和消费水平的提高，我国对粮食的需求日益增加。然而，由于耕地资源有限以及自然灾害等因素的影响，粮食生产面临着巨大的压力。在这种情况下，通过推广先进的农业机械设备和技术，可以提高土地利用率和抗灾能力，从而确保国家粮食安全。例如，无人机植保、智能灌溉系统等新型农机具的应用已经在一些地区取得了显著成效，有效降低了病虫害发生率并提高了水资源利用效率。再者，农业机械化还有助于推动农村经济发展和社会进步。一方面，随着农业机械化水平的提升，越来越多的农民可以从繁重的体力劳动中解放出来，转而从事非农产业或服务业工作，这不仅增加了他们的收入来源，也为乡村振兴注入了新的活力；另一方面，农业机械化的发展还可以促进相关产业链的形成和完善，如农机制造、维修保养等行业将迎来更大的市场需求，进而带动整个区域经济的发展。

第三，在农业科技创新的舞台上，科研机构、高等院校以及企业承担着成果供给的核心角色，而将这些创新成果转化为实际生产力的，则是那些活跃在田间地头的农业企业和经营实体。科研创新的成果与需求方之间存在断层，缺乏一种有效的机制来促进产学研三方的紧密合作与协同创新。农业科技创新成果的可转化度较低，这一现象在现行科技创新评价体系下显得尤为突出。这种状况直接导致了技术创新无法精准对接农业的实际需求，从而影响了科技成果的转化效率和农业生产力的进一步提升。科研院所和高校作为科技创新资源相对丰富的主体，主要从事基础性、公益性研究，一般情况下，他们更加关注理论发现以及论文和专利等学术成果的产出。然而，这些大量的研究成果在实际转化过程中却往往缺乏应用价值，导致农业科技创新体系的整体效能令人不太满意。具体来说，许多科研人员在追求学术成就的过程中，往往忽视了研究成果的实际应用前景。他们可能花费大量时间和精力进行理论研究，但在将这些理论转化为实际生产力时却遇到了诸多困难。这可能是因为缺乏与产业界的紧密联系，或者是因为研究成果本身过于抽象，难以直接应用于农业生产实践。此外，现行的科技创新评价体系也在一定程度上加剧了这一问题。在这种体系下，科研人员的晋升和待遇往往与他们的学术成果挂钩，而与成果的实际转化价值关系不大。这导致科研人员在追求学术成就的同时，可能会忽视研究成果的实际应用价值，从而降低了农业科技创新成果的可转化度。

第四，科技推广是打通科技创新"最后一公里"、将科技成果真正转化为现实生产力的重要环节，在将农业科技的突破转化为田间地头的实际收益这一关键步骤中，存在着一个显著的断层。当前我国在农业科技推广方面的资源投入尚未达到理想状态，这无疑减缓了科技成果向现实生产力转化的步伐。将农业科技成果转化为农业生产力，是提升农业效率的黄金路径。我国已推出一系列政策，旨在通过科技力量振兴农业，这些政策取得了显著成效。据统计，2022年我国有超过6 000项农业科技成果被正式记录，但遗憾的是，其中只有不到35％的成果被真正应用于农田，这一比例远低于世界农业强国的水平。例如，美国的农业科技成果转化率高达70％～80％，而英国、德国、法国和荷兰等国的转化率更是达到了惊人的90％。与这些国家相比，我国在将农业科技成果转化为实际生产力方面仍有较大差距，这也反映出我国在农业科研投入上的回报相对较弱。目前农业科技成果的推广主要聚焦于种植业，特别是大面积作物的栽培，而在畜牧业和特色作物种植等其他领域，其贡献相对有限。这种局限性导致农业科技创新及其应用难以充分满足农民对于多元化种养模式的需求。

第五，农业科技人才的流失严重，许多地方的农业科研机构设备陈旧，实验条件有限，科研人员常常面临资金短缺、项目难以持续的窘境。许多优秀的研究人员因为待遇和发展问题而选择离开这一领域。在这样的背景下，农业科技基础性研究的投入显得尤为关键。然而，目前的研究投入水平仍然较低，难以满足实际需求。这导致了农业科技创新的步伐缓慢，难以形成具有国际竞争力的科研成果。更为严峻的是，这种低投入水平直接影响了前沿技术的突破性发展。许多具有潜力的科研项目因为缺乏资金支持而被迫暂时搁置，科研人员的创新热情也随之消磨。

为了改变这些现状，中国政府高度重视农业科技创新，不断加大投入，推动农业科技水平的提升。面对这些问题，我们需要采取切实有效的措施，加快农业科技创新步伐。一方面，要加强农业科技创新体系建设，提高科研成果转化效率；另一方面，要加大对农业科技人才的培养和引进力度，为农业科技创新提供智力支持；此外，还要增加农业科技投入，确保科技创新的持续发展。农业科技创新是实现农业持续稳定发展、确保农产品长期有效供给的基础支撑，更是建设农业强国的重要保障。我们要正视现阶段我国农业农村领域科技水平与发达国家的差距，加快农业科技创新步伐，为实现农业现代化、建设农业强国贡献力量。

近年来，我国农业科技创新成果丰硕，一系列高新技术在农业生产中得到广泛应用。比如，智能农机、精准灌溉、生物育种等技术的推广，使得农业生产更加高效、环保。此外，农业信息化的发展，也让农民们能够通过网络了解市场动态，调整种植结构，提高经济效益。

从宏观角度来看，中国农业科技进步的贡献率正逐年上升，对于提升农业的整体质量和效益起到了不可忽略的作用。虽然科技在农业中的应用已经取得了显著成效，但在粮食生产这一核心领域，其潜力还远未被完全挖掘。这主要是因为粮食生产的复杂性和对自然环境的依赖性，使得科技的应用效果不如预期。例如，尽管有了先进的种植技术和设备，但极端天气和病虫害等因素仍然对粮食产量构成威胁。农业机械化水平的不足也是制约中国农业发展的一个重要因素。在一些地区，由于经济条件和地理环境的限制，农民仍然依赖于传统的耕作方式，不仅效率低下，而且难以保证农产品的质量和数量。

提高农业机械化水平，推广智能化、自动化的农业设备，是提升农业生产力的关键。近年来中国农业科技进步的贡献率正在稳步提升。这得益于政府的大力支持和科研机构的不断创新。通过引入生物技术、信息技术等现代科技手段，农业生产正变得更加精准和高效。同时，这些技术也帮助农民更好地管理土地和作物，从而提高了农业的整体质量和效益。

科技革新在中国农业领域既面临机遇也面临挑战，需要进一步推动科技创新，特别是在粮食生产方面，以确保国家粮食安全和农业可持续发展。同时，加强农业机械化建设，提高农业生产效率，也是实现农业现代化的必经之路。

（二）数字技术赋能农业强国建设

农业强国的建设是一个系统工程，需要从多个方面入手，全面提升农业的综合竞争力和可持续发展能力。通过科技创新、产业升级、资源优化配置等措施，可以有效提高农业的生产效率和产品质量，增强农业的国际竞争力，最终实现农业现代化和乡村全面振兴。

信息化时代，数字化成为推动农业强国建设的新动能。随着农业劳动人口的减少和农业生产条件的改善，农业数字化成为农业强国建设的必由之路。2022年12月底召开的中央农村工作会议提出要依靠科技和改革双轮驱动加快建设农业强国。新质生产力还能够为整个农业生产经营活动提供高质量的人力资源保障，加快核心技术的研发步伐，提高先进数字化技术在农业领域的创新能力和实际应用效果，促使农业生产全过程向更加智能化的方向转型，从而有效促进了农业产业链供应链现代化水平的不断提升。

迈向农业强国的征程，奠基于农业农村现代化进程，但这仅是宏伟蓝图的起点。构建农业强国的梦想，其视野更为辽阔，标准更为严苛，使命更为艰巨，呼唤着我们以远见卓识规划未来。

第一，农业强国的愿景超越了单纯的生产效率与产量提升，核心在于驱动农业的永续发展，守护绿水青山，提升农产品的品质与安全，以满足民众对高品质生活的向往。关键在于将科技创新深植于田间地头，倡导并实践绿色生态的耕作模式，强化农业根基设施，构筑起农业抵御风险的坚固防线。

第二，衡量农业强国的标尺，不单是产值的多寡，更在于农业现代化的深度与广度。这意味着从生产手段到管理运营，从科技应用到人才培育，全方位拥抱现代化浪潮。为此，深化农业供给侧结构性改革，催化农业产业升级转型，加速农业科技革新步伐，培育新时代农业英才，成为不可或缺的战略举措。

第三，农业强国的使命不仅仅局限于生产能力的跃升，更在于确保国家粮食安全的磐石稳固，维系社会稳定大局，激活农村经济活力，增进农民福祉。这要求我们将农业农村置于发展优先位置，政策倾斜，力促城乡一体化进程，完善农村基础建设网络，有效提升农民的经济收益与生活质量。

农业农村现代化虽为农业强国之路铺设基石，但真正的强国梦，其目标更远大，标准更严格，任务更繁重，唯有前瞻布局，持之以恒，方能成就农业强国的辉煌篇章。

在审视我国农业资源的独特优势、科技进步的浪潮以及全球农业强国的发展路径时，我们不难发现，数字化与智能化技术的融入和应用，正成为农业生产领域不可逆转的趋势。这些前沿技术不仅将深刻影响农业的生产方式，更将成为驱动农业农村现代化进程和乡村振兴战略实施的关键力量。科技与改革已成为推动农业现代化、建设农业强国的两大核心动力。农业强国的建设离不开科技创新的驱动。通过加强基础研究和应用研究，推动原始创新和关键技术联合攻关，农业科技贡献率显著提高。要实现这一宏伟目标，关键在于推进种源核心技术攻关，提升智能农机装备研发应用水平，同时充分利用数字技术赋能乡村振兴及农业强国建设。

新质生产力范畴下的创新型科技人才、高技术含量信息化技术和智能化管理系统流入农业领域，为农业生产工具研发创新夯实了生产要素基础，提高了各类生产要素的获取、配置和利用效率。创新型科技人才是推动农业技术进步的核心力量。这些人才不仅具备深厚的专业知识，还拥有敏锐的市场洞察力和创新能力。他们能够根据农业生产的实际需求，研发出更加高效、环保的农业技术和设备。例如，通过基因编辑技术培育出抗病虫害、耐旱涝的作物品种；利用物联网技术实现农田环境的实时监测和精准管理。这些创新成果的应用，极大地提升了农业生产的效率和质量。具体体现在以下方面：

第一，智能农机装备是现代农业的重要标志，也是提高农业生产效率、降低劳动强度的关键所在。我们要加快智能农机装备的研发与应用，推动农机装备向智能化、精准化、绿色化方向发展。通过引进先进技术，加强自主创新，不断提升农机装备的性能和质量，使其更好地适应现代农业生产的需求。传感器、无人机以及北斗导航系统共同编织了一张立体化的数字网络，为农业领域的数字化转型提供了坚实的基础。借助卫星遥感技术、空中无人机巡视及地面农业传感器的协同工作，能够构建起一个覆盖天空、大地乃至地下的全方位数据采集系统。这一系统能够精确捕捉到空气中的各种成分比例、土壤中蕴含的营养成分、光照条件的变化以及环境温湿度等至关重要的信息。将这些高科技手段引入农业生产过程中，不仅极大地减轻了人力负担，而且实现了从精准监测到智能决策再到人机互动合作等一系列环节上的效率提升，从而推动了整个行业向着更加现代化的方向迈进。

第二，数字技术作为新时代的重要生产力，正深刻改变着农业生产方式和农村发展面貌。我们要充分利用数字技术赋能乡村振兴及农业强国建设，推动农业数字化转型。通过建设智慧农业平台，实现农业生产全过程的数字化管理；利用大数据、云计算等技术手段，对农业生产进行精准预测和科学决策；借助物联网、人工智能等技术，提高农业生产的自动化水平和智能化程度。高技术含量的信息化技术为农业生产经营全流程的数字化转型提供了有力支撑。通过大数据分析、云计算等先进技术手段，可以实现对农业生产全过程的数据收集、分析和优化决策。农民可以根据数据分析结果调整种植结构、施肥方案等，实现精细化管理。同时，信息化技术还可以帮助农产品实现溯源管理，提高食品安全性和消费者信任度。鼓励发展适度规模经营，提高农业经营规模效率，促进土地要素聚集，稳步提升农业技术应用及生产管理水平。在追求粮食生产的新高度上，我们必须拥抱数字革命、生物科学的奇迹以及绿色创新的力量。通过这些先进技术的融合与应用，我们旨在显著提升单位面积土地的粮食产出，同时确保粮食及关键农产品的稳定供应和自给自足。这不仅是一场对传统农业模式的革新，更是对未来食品安全与可持续发展承诺的坚定践行。数字技术，作为现代农业的智慧之翼，将引领我们进入精准农业的新纪元。利用大数据分析、物联网传感器和人工智能算法，我们能够实时监控作物生长状况，精确调控灌溉、施肥与病虫害防治，从而最大化资源利用效率，减少浪费，实现粮食产量的飞跃提升。生物技术，则是解锁作物潜能的钥匙。通过基因编辑、分子育种等前沿科技，我们可以培育出抗逆性强、产量高、营养更丰富的新型农作物品种。这些"超级作物"不仅能够在恶劣环境下茁壮成长，还能有效抵御病虫害侵袭，为全球粮食安全筑起一道坚实的防线。而绿色技术，则是守护地球家园、实现农业可持续发展的基石。推广有机耕作、循环农业、生物质能源利用等环保措施，不仅能减少化肥农药的使用，保护生态环境，还能促进农业废弃物的资源化利用，构建一个低碳、高效、和谐的农业生产体系。

第三，种源是农业的"芯片"，是确保国家粮食安全和重要农产品有效供给的基石。因此，我们必须将种源核心技术攻关摆在突出位置，加大科研投入，强化创新驱动，努力突破关键核心技术瓶颈。深入实施种业振兴行动，推进种业领域国家重大科技创新平台建设，加强种质资源收集、保护与开发利用，强化企业创新主体地位。通过培育具有自主知识产权的优良品种，提高种子的产量、品质和抗逆性，为农业可持续发展提供有力支撑。强化农业科技推广，确保科技成果能够快速转化为现实生产力，是提升农业全要素生产率的重要途径。

第四，农业综合竞争力是对农业现代化的全方位考量。农业综合竞争力包括国际竞争力和国内竞争力。从全球视角来看，一个国家的农业是否强大，可以通过其农产品在全球市场中的占有率以及品牌的国际影响力来衡量。而在国内层面，农业的强大则体现在它为农民提供就业机会的能力、促进农民收入增长的效果以及提高农业生产效率等方面。观察世界农业强国的发展路径，我们可以发现，这些国家之所以能在农业领域取得领先地位，关键在于它们能够将科技创新作为驱动力，并通过资本的力量来降低成本、提高效率。例如，通过智能生物技术的应用，可以有效提升农作物的产量和质量；同时，大量的投资也使得农业生产过程更加高效，从而整体上提高了农业的生产力。

第五，传统的耕作方式和商业模式正在被新兴的数字技术所颠覆，催生出一系列创新的农业新业态和新模式。这些变化不仅提高了农业生产的效率和质量，也为农民带来了更多的收入和机会，同时也让消费者享受到了更加便捷、个性化的服务。智能化管理系统的引入进一步提升了农业生产的自动化水平。例如，智能灌溉系统可以根据土壤湿度和气象条件自动调节灌溉量；无人机可以进行大面积的农田巡查和病虫害防治；机器人可以完成播种、收割等重复性劳动。这些智能化设备的应用不仅减轻了农民的劳动强度，还提高了生产效率和作业精度。

首先，数字技术与农业全产业链的融合为共享农业和众筹农业等智能化新业态的形成提供了可能。通过"智能支付"系统，农民可以轻松地完成交易，而不必亲自前往市场或银行。这种支付方式不仅安全便捷，还大大降低了交易成本。同时，结合直播带货的模式，农产品可以直接从田间地头走向消费者的餐桌，缩短了流通环节，保证了产品的新鲜度和品质。

此外，私人定制服务则根据消费者的具体需求提供定制化的农产品，满足了市场的多样化需求。

其次，区块链技术的应用为农业生产提供了全新的数据管理和追溯手段。通过将生产者、流通商和数商连接成一个网络节点，可以实时收集从种植到销售的每一个环节的数据。这些数据经过智能平台和设备的分析处理后，能够实现生产端与市场端的精准对接。例如，通过分析市场需求数据，农民可以调整作物种植的种类和数量，以更好地满足市场需求；而商家也可以根据库存情况及时补货，避免过剩或短缺的问题。

最后，随着物联网技术的发展，越来越多的智能设备被应用于农业生产中。比如，智能温室可以通过传感器监测温度、湿度等环境参数，并自动调节内部条件以优化植物生长环境；无人机则可以用来进行大面积的土地巡查和病虫害防治工作。这些高科技手段不仅提高了农业生产的自动化水平，也使得精细化管理成为可能。数字化转型正在深刻改变着农业行业的面貌。它不仅促进了产业链上下游之间的紧密合作，还推动了新型业态的发展。随着更多先进技术的应用，农业将会变得更加智能、高效和可持续。

依靠科技和改革双轮驱动加快建设农业强国是一项长期而艰巨的任务。我们需要持续推进种源核心技术攻关，不断提升智能农机装备研发应用水平，并充分利用数字技术赋能乡村振兴及农业强国建设。只有这样，我们才能不断夯实农业发展基础，提高农业综合生产能力和竞争力，为实现乡村全面振兴和农业农村现代化作出新的更大贡献。

二、方向：农村产业与品牌化发展

推动农业产业链供应链的现代化进程，不仅是加速中国式农业农村现代化的核心动力，也是构建数字农业强国的关键所在。提升农业产业链供应链的现代化水平，对于打造一个安全可靠、自主可控且具有强大核心竞争力的现代农业产业体系至关重要，这将为中国迈向农业强国及实现中国特色社会主义现代化提供强有力的支持。

（一）产业集聚融合发展

产业融合，这一创新模式，为深化生产要素间的紧密结合开辟了新路径，巧妙地化解了农村生产力与生产关系间长久以来的张力。理论洞察揭示，它如同一座桥梁，缩减信息鸿沟，将外部交易转化为内部协作，从而显著削减了交易成本。进一步而言，产业融合激发了跨行业间的协同效应，犹如催化剂般优化资源分配，不仅提升了农业生产的效率与品质，还为现代农业的蓬勃发展注入了强劲动力。这一系列变革，无疑加速了农业的现代化进程，确保了其走上可持续发展之路，同时增强了农产品在全球市场的竞争力，为构建农业强国奠定了坚实基础。

建设农业强国的愿景，核心在于强化产业强国的地位，这一目标的实现依赖于生产、加工、流通等多个环节以及涉农领域的全面协同与深度融合。在中国迈向农业强国的进程中，生产环节无疑是最为关键的瓶颈所在。产业融合的理念贯穿于整个产业链条，从生产到加工，再到流通，形成了一个紧密相连的闭环。在这个过程中，农业一二三产业的融合显得尤为重要，它强调的是第一产业与其他产业的深度融合与协同发展。

2016 年和 2018 年的中央 1 号文件都提出了推进一二三产融合发展，延长农业产业链，开发农业的多功能性，提升农业价值链。《国务院关于促进乡村产业振兴的指导意见》（2019）指出，乡村产业是"根植于县域，以农业农村资源为依托，以农民为主体，以农村第一、二、三产业融合发展为路径，地域特色鲜明、创新创业活跃、业态类型丰富、利益联结紧密，是提升农业、繁荣农村、富裕农民的产业"，主要包括乡村现代种植业和养殖业、乡村特色产业、农产品加工流通业、乡村休闲旅游康养业等。

自改革开放以来，我国坚定地踏上了工业化与城镇化的征程。在这一进程中，资源的配置重心逐渐倾斜于那些二、三产业蓬勃发展的城市，它们如同巨大的磁铁，吸引着农村的资源源源不断地流入。与此同时，工业与服务业领域较高的劳动报酬成了一道亮丽的风景线，相比之下，农业领域的劳动收入显得较为微薄。因此，出于对更高薪资的追求，劳动者们纷纷涌向城市，寻求更好的发展机会。在市场经济的大潮中，企业为了追求更高的利润，资本也渴望获得更丰厚的投资回报①。在要素自由流动的背景下，乡村地区的资源同样面临着流失的风险。此外，乡村产业发展所面临的优惠政策不完善、融资机制不健全以及小农经济生产方式的束缚等问题，更是加剧了这一困境。利用互联网、大数据等现代农业技术深入挖掘农业多功能性、发展林下经济、休闲农业、旅游农业、康养农业也出现发展不充分的问题。这些因素共同作用，使得我国的城乡二元结构依旧明显，乡村产业的发展步伐相对滞后，农业企业的数量也相对较少。部分地区农村产业发展一定限度上脱离了当地特色资源优势，由此导致了农村产业同质化现象。然而，构建完善的产业链是增强农业产业链韧性的关键所在。近年来，得益于国家对农业发展及农业强国建设的高度重视，在相关政策的有力支持下，我国在弥补农业产业链断链、延伸产业链方面取得了一定进展。这主要体现在以农产品加工业为核心的一二产业衔接，以及以休闲农业为代表的一三产业融合层面。然而，与世界农业强国相比，仍有待进一步提升和完善。

随着新质生产力的发展，数字技术得以更深层次地融入农产品从生产到加工、流通乃至销售的每一个环节之中，形成了一种全新的"技术—农业"互动模式，为推进农业产业链供应链现代化注入了前所未有的活力。

在这样的背景下，我们更应看到挑战与机遇并存，积极探索如何推动乡村产业的振兴与发展，以实现城乡经济的均衡与繁荣②。

提升全产业链的升级实质上是增强其纵向一体化的深度与广度。这一过程涵盖了从生产前的准备到生产过程中的管理，再到生产后的处理，形成了一条环环相扣的产业链条。这也意味着第一产业、第二产业和第三产业之间的无缝对接与融合。农产品的加工、储存、运输以及销售等环节的扩展，功能的多样化探索，现代信息技术的广泛应用，第三产业的深入融

---

① 曾升科，李勋华．乡村振兴背景下人才吸引力影响因素的实证研究：基于渝西地区的调查数据〔J〕．中国农机化学报，2019，40（8）：214-220.

② 王可苗．城镇化与乡村振兴：基于四川省的空间实证分析〔J〕．成都大学学报（社会科学版），2019（6）：27-36.

合发展，以及农业经营主体之间的紧密协作，共同构成了我国农业全产业链升级的核心内容。这些元素不仅推动了农业产业链的延伸，也促进了其功能的多元化和现代化进程。促进农村三产融合发展，培育新产业新业态是现代农业发展的重要方向。在乡村产业的融合与发展中，我们见证了两条截然不同但同样引人瞩目的路径。第一条路径是农业产业链的深度拓展，它通过实施纵向一体化战略，将农业生产、加工和销售等环节紧密地连接在一起，从而实现了产业链的延伸和价值的显著增长。第二条路径则是农业领域的横向扩展，其目标是丰富农业的内涵与外延，通过与休闲、旅游、养生等领域的深度融合，催生出乡村休闲农业、观光农业、乡村度假以及乡村养生等新兴业态，为农业注入了多元化的活力。这种产业间的深度融合不仅拓宽了乡村产业的发展边界，更为其现代化进程铺设了宽广的道路，留下了无限可能的发展空间。

在加速农业产业链的延伸与深化三产融合的进程中，要将农业产业化视为核心驱动力，不断推进农业现代化的步伐。

第一，政府智慧与市场活力的深度融合与共同驱动。政府需扮演先行者角色，灵活调度人才、土地、技术、资本等关键资源，迅速构筑起一套全面而有力的政策扶持体系，为农业转型升级铺设坚实基石。在此进程中，打破城乡间要素流动的壁垒，跨越行政部门间的界限，成为提升产业支撑力的关键。这意味着要不遗余力地增强对现代农业产业园、特色产业强镇及产业融合示范区等现代农业集群的建设支持，确保它们作为产业融合与农业强国战略实施的强大载体，能够茁壮成长。同时，坚持市场的主导作用，强化品牌在产业融合中的引领地位，是提升竞争力的另一法宝。这要求我们紧跟市场需求导向，精准对接细分市场，分门别类地推进产业融合品牌的塑造与升级，确保粮食安全及畜禽等重要农产品的有效供给，进而打造出一系列"特色鲜明＋品牌响亮"的地方标志性产业，让农业不仅是国家的根基，也成为展现地方魅力与经济实力的亮丽名片。

第二，通过优化农村产业结构，致力于增强产业的凝聚力。我们将充分发挥农业农村人才和资本等关键要素在产业发展和转型升级中的引领作用，以新"三品一标"提升行动为核心，加快区域品牌的建设。推动新型农业经营主体围绕全产业链进行紧密的分工与协作，促进产业与城镇、村庄的融合发展，打造具有特色的产业发展新格局，不断调整和优化产业结构，加速形成区域内的产业集聚效应。应当积极推动农业与其他产业的深度融合。围绕产业链的有效衔接，以及价值链中多元主体的协同发展，目标是实现多主体间的价值共享与产业协同，通过产业链条这一纽带，加速形成产学研销深度融合的价值链布局。要打通产业链延伸与补充的瓶颈，将新型农业经营主体、农资供应商、社会化服务提供者以及农业科研机构等多元主体紧密联结，并建立利益关联机制，共同构成全产业链的协同主体。这样，我们可以加快利益的联结与共享，实现产业在不同主体间的增值。深入嵌入价值链，有效贯通产业链的不同环节，推动产业体系的现代化进程，并促进价值链的增值。要引导特色产业向精深加工和特色品牌方向发展。为了聚集主导产业，开展农村特色产业促进工程，搭建体系化的物流网络，并加强生产、加工以及电商基地的建设。鼓励农业领域的领军企业勇于探索，引领农户与专业合作社共同迈向适度规模经营的新阶段。通过扩大现代化种植和养殖业的规模，在充分挖掘农村与农业所蕴含的多元化价值，致力于推动横向融合与功能融合，以实现农业产业的全面升级与发展。

第三，深入挖掘农业的多功能性，拓展农村的新产业和新业态。依托农业农村的特色资源禀赋，聚焦于"土特产"的发展，发挥三次产业融合的乘数效应，推动农村产业的全链条升级。充分利用新技术，如云计算、大数据、物联网、互联网、人工智能等现代新兴技术，拓展农业的多种功能，发展创意农业、智慧农业、休闲农业、生态农业、体验农业、康养农业、共享农业、直播带货等多种形式的农业新业态。激活数字化与互联网对农业全链条的革新力量。借助提升农产品精深加工的比重、采纳前沿的农产品冷链物流科技，以及增强那些具备市场竞争力的地域特色产品与优势农作物的专业水准等策略，深化并拓宽产业链条的广度与深度。

第四，做强农产品精深加工业，延长农业产业链，提高产品的附加值。为了构建更加完善的农业产业链利益联结机制，需深化涉农企业、专业合作社与农民等农业经济主体之间的交易内容。这不仅意味着要打破当前土地流转与租赁的传统模式，还需创新单向销售的方式，为农业生产者开辟多元化的增收途径。加强各方之间的互补性合作，共同推动农业产业的繁荣发展，深入推进农业产业的延链、补链、壮链、强链工作，加快原料生产、物流仓储、市场营销等上下游环节的有机衔接，切实提高农业产业链供应链的韧性和稳定性，引导和支持农业龙头企业到农产品产地建设原料基地，大力发展预制菜等农产品精深加工，推动农产品加工业的转型升级。

第五，加速数字要素与科技的深度融合，以提升产业融合的竞争力。通过引入物联网、大数据和人工智能技术，持续放大数字技术与科技创新之间的相辅相成效应，加快农业大数据与科技产品的转化集成与应用，不断提升农业技术进步率与农业产业的竞争力。加速绿色要素与科技的融合，以提升产业融合的持续力。持续增加以科技为驱动力的绿色技术、绿色产业和绿色场景供给，推进农业产业的智能化、绿色化、融合化水平持续提升，推动农业农村资源能源的循环利用。加速创新要素与科技的融合，以提升产业融合的创造力。聚焦中国国际农产品竞争力的短板弱项以及生物育种、绿色低碳等农业生产中的关键技术问题，协同融合各方面的创新要素，完善人才、资金等创新要素的保障体系，加快突破技术瓶颈。

（二）农产品区域公用品牌

品牌在消费者心中塑造了独特的形象和价值，形成了对产品品质、信赖度和满意度的期待。因此，在众多选择面前，消费者往往倾向于选择那些他们熟悉并信任的品牌，即使这意味着要支付比无品牌产品更高的价格。产业振兴作为乡村振兴的核心内容，重中之重，对于推动地方经济发展、增加农民收入具有重要意义。而在众多振兴路径中，打造具有竞争力的农业品牌无疑是实现这一目标的关键所在。在推动乡村振兴战略的宏伟蓝图中，中国正经历着一场从产品到品牌的华丽转身。这一转变的核心在于通过规模化生产、标准化经营以及高品质产品的打造，构建起农产品的区域品牌。这样的品牌建设不仅能显著提升农产品在市场上的竞争力，还能有效促进中国农业品牌的整体崛起与农业的高质量发展，为实现农民的富裕富足和推动乡村振兴注入强劲动力。

从宏观层面来看，一个成功的农业品牌不仅能够提升农产品的市场价值，还能有效带动相关产业链的发展。比如，"褚橙""五常大米""丽水山耕""阳澄湖大闸蟹"等知名品牌的成功案例表明，通过建立良好的品牌形象，可以极大地提高产品附加值，从而为当地带来更多的经济效益。同时，这些品牌背后往往伴随着先进的生产技术和管理模式，这对于促进整个行业的发展同样起到了积极作用。

从微观层面来看，对于普通农户而言，加入或创建自己的特色农产品品牌意味着拥有了更强的市场议价能力。传统上，由于信息不对称等原因，许多优质但缺乏知名度的产品难以获得应有的认可与回报。而一旦形成了具有一定影响力的品牌效应，则可以帮助生产者直接对接消费者，减少中间环节的成本损耗，进而显著改善其经济状况。此外，这也有利于激发更多年轻人返乡创业的热情，形成良性循环。

从国际背景看，拥有产权和独特文化内涵的品牌更易受到国际市场的青睐。例如，中国的茶叶、丝绸等产品就因其悠久的历史积淀及精湛的工艺技术而享誉世界。产业振兴是乡村振兴的基础工程，而构建强大且富有特色的农业品牌则是其中最为关键的一环。它不仅关系到广大农民群体能否过上更加富裕美好的生活，也直接影响着国家整体实力的提升。加强本土文化的挖掘与传播，并将其融入现代设计理念之中，将是未来我国农业品牌建设不可忽视的方向之一。

农产品区域品牌，又称农产品区域公用品牌。"区域品牌"这一概念，指的是以特定地理区域为名的公共品牌集合体，它广泛包含了地方特色品牌、国家形象品牌、城市标识品牌、地区性品牌以及产业集群品牌等多种形式。在农产品领域，区域品牌的构建尤为独特，它们通常围绕高品质的农产品展开，利用区域内特有的自然资源优势发展起来。这类农产品区域品牌，核心在于生产优质农产品，并在一定的地理范围内建立起较高的市场份额与品牌认知度。这些品牌由"区域"与"品牌"两大要素融合而成，其中"区域"界定了品牌的地理边界，而"品牌"则代表着拥有实体承载物的商标身份。从分类上看，区域品牌可划分为基于地域的区域品牌和聚焦产业的集群品牌两大类。当品牌的实体依托是地理位置本身，诸如国家品牌、城市品牌等，便构成了地域性的区域品牌；反之，若品牌的实体依托转向产品或产业集群，则形成了产业导向的区域品牌。

农产品区域公用品牌的建设在推进乡村振兴进程中扮演着举足轻重的角色。它不仅能够直接促进农民家庭的经济增收，还能够为农业企业的发展壮大提供有力支撑，进而推动整个乡村产业的全面振兴。

首先，农产品区域公用品牌的建设能够显著提高农产品的市场认知度和消费者信任度。农产品区域品牌的根基深植于其独特的地理区位之中，这一位置不仅赋予了品牌以鲜明的地域特色，还为其塑造了独一无二的产业形象。正是这些产业特色与形象，构成了农产品区域品牌建立的坚实基石。农产品区域品牌的依托，实则是某一特定产业的繁荣与发展。这一产业不仅是品牌的物质载体，更是其精神内核的体现，通过产业的兴旺发达，品牌得以在市场中立足并持续发展。尽管农产品区域品牌拥有一般品牌的本质属性，但它却以一种更为独特和鲜明的姿态呈现。通过精心设计的标识、符号或设计元素，这些品牌的一般性特征被赋予了新的生命和活力，使其在众多品牌中脱颖而出。通过统一的品牌形象、质量标准和营销策略，可以有效解决农产品市场上信息不对称的问题，减少消费者对农产品来源和品质的疑虑，从而增加产品的销售量和市场份额。这对于农民家庭来说，意味着更高的销售收入和更好的生活条件。

其次，区域公用品牌的推广有助于形成规模效应，降低单个农户的市场风险。区域内独特的自然资源环境和人文历史资源等能够形成区域品牌农产品与普通农产品相区分的核心竞争力，是农产品区域品牌的核心要素。在品牌效应的带动下，更多的农户愿意加入标准化生产中来，共同维护品牌形象，这不仅提高了生产效率，还降低了生产成本。同时，规模化经营也使得农户在面对市场波动时拥有更强的抵御能力，保障了农民收入的稳定性。

再次，农产品区域公用品牌的建设对于农业企业的发展同样至关重要。一个强有力的品牌可以为农业企业带来更多的合作机会和更广阔的市场空间。企业可以通过品牌效应吸引更多的投资，引进先进的技术和管理经验，提升自身的创新能力和核心竞争力。此外，品牌化还可以帮助企业更好地进行产品定位和市场细分，满足不同消费者群体的需求，从而实现可持续发展。

最后，加强农产品区域公用品牌建设是实现乡村产业振兴的有效手段。品牌化的农产品能够带动相关产业的发展，如加工、物流、销售等，形成产业链条的延伸和价值链的提升。这不仅能够为乡村创造更多的就业机会，还能够促进农村经济的多元化发展，增强乡村自身的发展动力和活力。农产品的地域特性深受其生长环境的影响，包括自然资源、地理位置的优势、产业的独特性以及区域的历史人文和农耕文化等多重因素，在塑造农产品区域品牌的过程中扮演着至关重要的角色。这些因素共同构成了农产品品质的基础。气候条件的独特性、土壤的特性、温湿度的适宜性、水资源的丰富程度以及光照条件等因素，都是决定农产品品质的关键自然要素。它们不仅影响着作物的生长周期和产量，还直接关系到农产品的口感、营养价值和市场竞争力。因此，在农产品区域品牌的建设中，充分利用和保护这些自然资源条件，是提升品牌价值和市场影响力的重要途径。

对于农产品这类"经验品"，其质量特征在购买前往往难以判断，如农药残留、产地污染和激素超标等问题通常肉眼不可见。在这种情况下，有些农户为了追求最大收益，有时会过度使用化肥和农药等化学生产要素。农产品区域公用品牌要求核心企业的产品必须获得绿色食品、有机产品或良好农业规范认证之一，并且在市场上连续交易三年以上。通过二维码等包装信息，可以实现质量安全可追溯。这种品牌的建设不仅传递了市场信息，还激励农户采取更环保的生产方法，从而提高农产品的质量安全。消费者愿意为更高质量的产品支付额外费用，这也有助于增加县域农民的经营性收入。此外，农产品区域公用品牌拥有政府认证的标志，使得消费者能够轻松区分这些产品与普通农产品。对于那些获得政府认证且可追溯的农产品，消费者表现出更强的支付意愿以及更高的认可度和信任度。在品牌强农战略的推动下，我国农业品牌建设取得了显著成效，农产品区域公用品牌已经成为农村经济发展的主要推动力。这一现象不仅体现了国家对农业现代化和乡村振兴战略的高度重视，也展示了农业品牌化在提升农产品附加值、增强市场竞争力方面的显著成效。

农产品区域公用品牌的建设，不仅提升了农产品的市场知名度和美誉度，还带动了相关产业的发展，形成了完整的产业链条。例如，一些知名的农产品品牌通过线上线下相结合的销售模式，成功打开了国内外市场，实现了产品的远销和价值的最大化。品牌效应还吸引了大量的社会投资主体投入农业领域，为农村经济的发展注入了新的活力。农业品牌建设还促进了农业产业结构的优化升级。通过品牌引领，农业生产逐渐从传统的数量型扩张向质量效益型转变，农业科技含量和附加值不断提高。这不仅提高了农民的收入水平，也为农村经济的可持续发展奠定了坚实的基础。

在探讨农产品区域公用品牌建设对农民增收的影响时，不得不考虑几个关键因素，这些因素共同作用，导致了农民收入增长的不均衡现象。首先，我们必须认识到，中国幅员辽阔，各地自然资源条件迥异，这种差异性直接影响了农产品区域品牌的培育策略和效果。例如，某些地区可能更适合发展特色水果品牌，而其他地区则可能专注于粮食作物的品牌建设。这种基于地理和自然条件的差异化策略，无疑会对农民的收入产生不同的影响。其次，农产品本身的特性也是影响品牌建设和农民增收的重要因素。以粮食为例，其经济价值相对较低，而畜牧和水产品则因其更高的风险性和潜在的高回报而受到关注。这意味着，不同类型的农产品在品牌建设过程中面临的挑战和机遇各不相同，进而影响到农民的经济收益。最后，农民自身的经济状况也不容忽视。收入水平较高的农民更有能力投资于品牌推广和市场营销，从而获得更好的经济效益。相反，经济条件较差的农民可能难以承担这些初期成本，导致他们在品牌建设中的收益较低。

农产品区域公用品牌建设对农民增收的影响是一个复杂的问题，它涉及自然资源、农产品特性以及农民自身经济条件等多个方面。深入理解这些因素如何相互作用，对于制定有效的政策和措施，促进农村经济发展和农民增收具有重要意义。在那些自然资源得天独厚的地区，农产品区域公用品牌借助政府的政策引导和支持，往往能迅速扩大其特色农业的规模。随着产业规模的不断扩大，规模经济效应逐渐显现，使得单位产品的平均成本得以降低，从而体现出内部规模经济的优势。县域农村地区的发展仍显不足，主要体现在产业活力的匮乏和产业结构的单一性上。农产品及其产业链涵盖了种植、加工、餐饮以及旅游等多个领域，而农产品区域公用品牌的建设则能有效汇聚区域内的经济资源，推动农村产业集群的形成与产业融合，进而促进当地经济的发展，并带动餐饮服务、物流配送等非农产业的繁荣。这些品牌的产地通常位于自然资源丰富且环境优美的地区，在这样的背景下，品牌运营者通过多样化的营销手段，能够吸引更多消费者的关注，从而推动服务业和旅游业等相关领域的发展。由于品牌共享效应的作用，同一区域内的农民能够享受到内部规模经济带来的知识外溢、分工深化和组织保障等多重效应，这些因素共同降低了单位生产成本，进而促进了农民收入的增加。此外，农村地区存在大量的富余劳动力，农民的就业机会有限。品牌农产品通常对品质有着严格的要求，农产品区域公用品牌的建设在促进乡村产业集聚和产业融合的过程中，能够创造大量的就业机会，为了建设农产品区域公用品牌并满足其产品质量标准，生产者需要引入先进的农业生产技术和管理模式。通过更多地使用农业机械设备，农产品的生产效率和质量得以提升，这不仅满足了品牌建设的需求，也减轻了农民的劳动负担，提高了农业产出和农民收入。农业机械化还带来了农机的替代效应，促使农村富余劳动力从第一产业向第二、第三产业转移，这一过程进一步促进了非农就业的发展。

在推动农民收入增长的进程中，构建农产品区域公用品牌被视为一剂良方，尽管学术界对此是否真能带来预期效果尚未达成共识。积极培育和发展农产品区域公用品牌，是提升农民经济福祉的有效途径。那些成功塑造了区域公用品牌的地区，其农民的平均收入水平显著高于未涉足此领域的地区。然而，也有研究指出，区域公用品牌对本地农民增收的实际贡献有限，甚至可能对周边地区的农民产生不利影响。这一现象背后，源于农产品区域公用品牌作为公共物品的本质属性——非竞争性和非排他性，这不可避免地引发了"公地悲剧"和"搭便车"的问题。具体而言，若缺乏严格的管理和监督机制，同一区域内未经授权的企业可能会擅自采用区域公用品牌的标识，以次充好，用低质低价的产品欺骗消费者。鉴于农产品属于信任商品，其信息不对称问题尤为突出，一旦消费者遭遇劣质产品，便会对该品牌失去信任。这种信任危机会降低消费者愿意支付的价格，优质产品因此被淘汰，市场逐渐被劣质商品占据，形成所谓的"柠檬市场"。滥用区域公用品牌的行为严重损害了品牌形象和信誉，导致"公地悲剧"的发生。更为严峻的是，一旦某地区的农产品声誉受损，其负面影响将长期存在，使得该地区的农产品陷入"低质量陷阱"，难以在短期内恢复，从而阻碍了农民增收致富的道路。在农产品区域品牌的共同塑造过程中，我们实际上是在构建一个以服务生态系统为核心的品牌价值共创机制。这一机制使得所有参与农产品区域品牌建设的利益相关者能够在服务生态系统中通过资源整合和服务交换来实现价值的共同创造。具体来说，将企业、政府、协会以及消费者等利益相关者所拥有的资源，以及品牌生态系统内的区域资源进行深度整合和有效的服务交换。在这一过程中，我们需要遵循一定的制度约束和协调机制，以确保系统内的所有建设主体都能够积极地为自己、为其他利益相关者，乃至为整个系统创造更大的价值。最终，我们的目标是实现农产品区域公用品牌的协同共建，让每一个参与者都能在这个过程中找到属于自己的位置，共同推动农产品区域品牌的繁荣发展。

近年来，随着消费者对食品安全和品质要求的不断提高，以及互联网技术的广泛应用，农业品牌建设迎来了前所未有的发展机遇。一方面，农产品区域公用品牌建设能够推动乡村振兴；另一方面，乡村振兴战略的实施也能够促进农产品区域公用品牌建设。

鉴于农产品区域公用品牌建设在促进产业繁荣、加速区域经济增长以及实现乡村振兴方面扮演着至关重要的角色，中央及地方政府部门，包括中共中央、国务院以及农业农村部，纷纷出台了一系列旨在加强农产品区域公用品牌建设的指导方针和政策措施。各地政府与品牌建设主体积极响应号召，将品牌建设视为推动产业发展和乡村振兴的关键途径。在此背景下，乡村振兴战略的实施不仅为农产品区域公用品牌的协同发展提供了强有力的支持，还显著提升了这一进程的协调性和效率。

在农产品区域公用品牌的萌芽阶段，政府通常扮演着引领者的角色。然而，随着品牌的成长和市场推广的需求增加，行业协会和企业的作用变得愈发关键。这一过程中，不同的建设模式应运而生，包括政府主导型、行业协会或专业合作社引领型、龙头企业驱动型以及自由放任型等。鉴于农产品区域公用品牌的公共属性及农业产业本身的脆弱性，地方政府在整个发展过程中承担着比其他参与者更加重要的责任。政府通过实施品牌强农战略，加大了对农业品牌的扶持力度，推动了农产品区域公用品牌的快速崛起。这些品牌以其独特的地域特色、优良的产品品质和深厚的文化底蕴，赢得了市场的广泛认可，成为推动农村经济发展的重要力量。提出如下建设建议：

首先，通过实施多元化策略，推动农产品区域公用品牌的繁荣发展，采取差异化的品牌强化农业战略。对于那些尚未建立农产品区域公用品牌的地区，应充分利用当地优势，引导农民及农业生产者积极参与到品牌建设中来。例如，在山区地带，可以重点发展特色水果、茶叶等高附加值产品；而在平原地区，则可以推广优质水稻和小麦种植。地方政府可以通过提供技术支持、资金补贴以及市场推广等方式，帮助这些地区的农民提升产品质量，打造具有地方特色的品牌。对于已经拥有农产品区域公用品牌的地区，则应专注于提升产品质量和增加附加值，以此实现更显著的增收效果。比如，在已有良好口碑的苹果产区，可以通过引进先进的栽培技术和管理经验，进一步提高果实的品质与产量；同时，还可以开发果干、果汁等多种深加工产品，延长产业链条，提高经济效益。此外，还可以利用电商平台拓宽销售渠道，让更多消费者了解并购买这些优质的农产品。

其次，需紧密关注粮食类和经济作物类农产品区域公用品牌的发展动态，并特别重视农业大省在这些领域的进展情况，以促进农民收入的增长。针对畜牧类、水产品类农产品以及非农业大省的区域公用品牌未能有效带动农民增收的情况，地方政府应当探索其他途径以提高农民的经济水平。例如，对于畜牧业较为发达的省份，可以通过建立现代化养殖场、推广科学饲养方法等方式降低成本、提高效率；而对于水产业而言，则需要加强水域环境保护力度，确保水产品的安全健康，从而赢得市场和消费者的信任。

再次，就提高农民收入而言，政府可以增强对非农产业和农业产业化的支持力度。非农就业、非农产业的发展以及农业产业化是农产品区域公用品牌建设促进农民增收的关键因素。然而，当前我国许多农村地区的产业结构单一，就业机会有限。因此，地方政府应加大对非农产业和农业产业化的支持，鼓励农民投身于农产品加工、乡村旅游等产业。具体措施包括设立专项基金扶持小微企业成长壮大，举办各类技能培训班提升劳动者素质，以及优化土地流转政策激发社会投资主体投入热情等。同时，制定相关政策，提供职业培训和创业扶持，激励农民参与非农经济活动，从而实现致富增收的目的。这不仅有助于解决部分劳动力富余问题，还能为当地经济发展注入新的活力。

（三）生态农业体系构建

乡村振兴战略，作为新时代推动农业农村现代化的重大举措，其核心在于构建可持续发展的现代农业体系，随着人们环保意识的增强和对健康生活的追求，生态农业逐渐成为农业发展的新趋势。生态农业是现代农业体系中至关重要的一环。它既是破解"三农"难题、促进乡村全面振兴的高效路径，更是引领农业现代化新方向的关键所在。

生态农业，这一错综复杂的系统工程，巧妙地融合了生态学与经济学的精髓，依托现代科技与管理智慧，同时汲取传统农业发展的宝贵经验，构筑起一种可持续、高品质且科学的现代农业发展新范式。它以绿色生态为航标，以卓越质量为追求，巧妙平衡并推动经济效益、生态效益及社会效益的和谐共生，共同迈向繁荣。生态农业，这一创新的农业发展模式，巧妙地将前沿科技的力量与古老农耕智慧的精髓相融合，摒弃了过往对生态环境承载力漠视的传统路径，转而追求一种经济效益、生态福祉与社会价值三者和谐共生、协同发展的新境界。乡村振兴战略的根本目的和设计思路旨在以科学高效的方式应对"三农"挑战，持续提升农业的发展质量，推动农村面貌的不断革新，并增强农民的实际获得感。生态农业作为乡村振兴的关键支撑和突破点，对于有效解决"三农"问题扮演着至关重要的角色。

第一，生态农业作为乡村振兴战略的核心引擎与关键支点，更是破解

"三农"难题、促进乡村全面振兴的高效路径，引领着农业现代化的新方向。农业、农村、农民问题，是长期以来影响我国经济社会发展的重要瓶颈。生态农业以其独特的优势，为破解这一难题提供了新的思路和方法。生态农业不仅关注农作物的产量和质量，更注重生态环境的保护和可持续发展。它以绿色生态为航标，通过采用有机种植、生物防治等环保技术，减少化肥和农药的使用，保护土壤和水源，维护生态平衡。通过推广生态种植、养殖技术，可以提高农产品质量和附加值，增加农民收入；通过发展乡村旅游、休闲农业等生态产业，可以拓宽农村经济发展渠道，促进农村一二三产业融合发展；通过加强农业面源污染治理和农村环境整治，可以改善农村人居环境，提升农民生活幸福感。

第二，生态农业的核心在于实现农业生产与生态环境的和谐共生。生态农业强调人与自然和谐共生，通过资源循环利用、生态环境保护和生物多样性维护，实现农业生产的可持续发展。在乡村振兴战略中，生态农业如同一台强大的绿色引擎，驱动着乡村经济、社会、环境的全面发展。它能够有效解决传统农业面临的资源枯竭、环境污染、生态退化等问题，为乡村带来清新的空气、肥沃的土壤和丰富的生物资源，从而提升乡村的整体生活质量和生态环境。它强调在农业生产过程中，要充分考虑生态系统的承载能力，遵循自然规律，保护生物多样性，减少对环境的破坏和污染。通过科学的种植制度、合理的轮作休耕、有机肥料的使用等措施，提高土壤肥力，增强农田生态系统的稳定性和抗逆性。

第三，生态农业注重经济效益的提升，同时也追求卓越的质量。它倡导采用先进的农业技术和管理手段，提高农业生产效率，降低生产成本，增加农民收入。通过发展特色农产品、绿色食品、有机食品等高附加值产品，满足市场多样化需求，提高农产品的市场竞争力。它通过科学的种植管理和严格的质量控制，确保农产品的安全和营养，满足人们对高品质食品的需求。这种对质量的追求，不仅提升了农产品的市场竞争力，也为农民带来了更高的经济收益。生态农业还鼓励农民参与农业产业链的延伸和拓展，发展农产品加工、乡村旅游等相关产业，拓宽农民增收渠道。生态农业巧妙地平衡了经济效益、生态效益和社会效益。它通过提高农产品的附加值，增加了农民的收入，推动了农村经济的发展。它保护了生态环境，减少了农业对环境的污染，实现了生态效益的提升。生态农业还促进了社会的和谐稳定，提高了人们的生活质量，实现了社会效益的最大化。

第四，生态农业以其独特的优势和理念，正在引领农业走向更加繁荣的未来。应该积极推广和发展生态农业，让它成为推动农业可持续发展的重要力量。为了实现生态农业的目标，需要地方政府、企业和农民共同努力。地方政府应加大对生态农业的政策支持和投入，制定相关法规和标准，引导农民转变生产方式，推动农业可持续发展。企业应积极研发和推广适合生态农业的技术和产品，为农民提供技术支持和服务。农民则应积极参与生态农业的实践，学习和掌握先进的农业生产技术，提高自身的素质和能力。

第五，随着全球气候变化和资源环境约束的加剧，传统农业向现代化农业转型迫在眉睫。生态农业作为农业现代化的重要组成部分，正逐步成为引领这一转型的关键支点。它借助现代科技手段和管理模式，实现了农业生产的精准化、智能化和高效化；同时注重生态保护和资源循环利用，确保了农业生产的可持续性。通过发展生态农业，我们可以推动农业发展方式的根本转变，实现农业强、农村美、农民富的宏伟目标。

第六，生态农业不仅是农业生产方式的变革，更是农村生活方式和价值观念的转变。它既促进了农村经济的多元化发展，还推动了农村社会、文化、生态的全面进步。在生态农业的引领下，农村不再是单一的农业生产区域，而是成了宜居、宜业、宜游的美丽家园。农民也不再仅仅是生产者，而是成了生态保护的参与者和受益者。这种转变不仅提升了农村的整体形象和吸引力，也为乡村全面振兴注入了强劲的动力。

在我国，生态农业的探索之旅开启相对较晚，但其发展势头迅猛，已展现出蓬勃的生命力，并在多个领域取得了令人瞩目的成就。生态农业是乡村振兴战略的重要抓手和重要着力点，打造一条科学合理且可持续的生态农业发展道路，不仅是必要的选择，更是迫切的需求。

第一，生态农业作为我国农业发展的新方向，需要我们通过持续不断的宣传，以系统化、全面化的方式深入解析其重要性与必要性。那些有意投身或已经从事生态农业的人员，不仅能够全面掌握生态农业的基础知识体系，更能激发他们推动生态农业科学可持续发展的内在动力。只有当他们真正愿意、敢于并能够为生态农业的发展贡献力量时，我们才能不断推动生态农业向更高层次发展。

第二，我国生态农业的蓬勃发展离不开政策的完善、导向的加强以及监督的强化，这三者构成了推动其健康前行的关键保障。作为乡村振兴战略的核心动力与焦点领域，生态农业不仅承载着弥补"三农"领域不足的重任，更是加速社会主义现代化进程的重要途径。为了确保生态农业沿着科学、可持续的轨迹发展，政府机构需从政策层面提供坚实的支撑，通过举办多样化的交流研讨活动，对从业者进行深度引导与教育，同时，对生态农业项目实施严格的督促检查机制，确保其不偏离正确的发展方向。

第三，要真正实现生态农业的可持续发展，就必须在"质""量""效"三者之间找到一个恰当的平衡点。"质"是生态农业的核心。这里的"质"，指的是农产品的质量。只有确保农产品的质量，才能满足消费者的需求，也才能在市场上获得良好的口碑。生态农业必须注重土壤改良、种子选择、病虫害防治等各个环节，确保农产品的品质。还需要加强对农产品质量的监管，严厉打击假冒伪劣产品，维护市场秩序。"量"是生态农业的基础。没有一定的产量，就无法满足市场需求，也无法保证农民的收入。但是，过度追求产量往往会牺牲环境和资源，这与生态农业的理念背道而驰。生态农业需要在保证一定产量的基础上，合理控制生产规模，避免过度开发和浪费资源。还需要通过科技创新和技术进步，提高农业生产效率，降低生产成本，从而提高农民的收入水平。"效"是生态农业的目标。这里的"效"，指的是经济效益、社会效益和环境效益的统一。生态农业只有在这三者之间取得平衡，才能真正实现生态农业的可持续发展。

第四，生态农业是一个融合多学科、宽领域的综合体系，它不仅涉及农业生产技术，还包括环境保护、资源循环利用、生物多样性保护等多个方面。政府应该发挥引导作用，加大对生态农业的支持力度，为生态农业提供资金、技术、市场等方面的支持，不仅要追求经济效益，还要关注社会效益和环境效益。政府可以设立专项资金，用于支持生态农业项目的研发和推广，鼓励农民参与生态农业建设；通过制定相关政策和措施，鼓励和支持农民参与生态农业项目的学习和培训。政府还可以通过税收优惠、补贴等方式，鼓励农民采用生态农业技术，提高农业生产效益，政府可以提供资金支持，组织专家开展技术指导和培训，帮助农民掌握生态农业的基本知识和技能。同时，政府还可以建立生态农业示范基地，让农民亲身体验和学习生态农业的实际操作和管理方法。此外，政府还应加强对生态农业的宣传和推广，提高公众对生态农业的认识和接受程度。

第五，企业也应该积极参与到生态农业的发展中来。企业是生态农业产业链的重要环节，他们应积极投身于生态农业的生产、加工、销售等环节，推动生态农业产业链的形成和完善。企业可以通过与农民合作，共同开展生态农业项目，提供技术支持和经济激励。企业需要加强技术研发和创新，提高产品质量和附加值；企业可以引进先进的生产设备和技术，帮助农民提高生产效率和产品质量。企业还可以通过市场推广和品牌建设，帮助农民拓宽销售渠道，增加收入来源，企业还可以通过开展绿色营销，提高消费者对生态农产品的认知度和购买意愿。

第六，农民自身也应该积极主动地学习和提升自己的技能水平和知识积淀。他们可以通过参加培训班、读书学习等方式，不断更新自己的知识和技能。同时，农民还可以通过与其他农民的交流和合作，共同分享经验和技术，提高整个社区的生态农业水平。

第七，社会各界也需要积极参与和支持生态农业的发展，共同推动农业绿色转型。科研机构和高校应加强生态农业技术的研究与创新。科研机构和高校是生态农业技术创新的重要力量，他们应积极开展生态农业技术的研究，为生态农业的发展提供科技支撑。科研机构和高校还应加强与企业的合作，将科研成果转化为实际生产力，推动生态农业技术的推广应用。广大消费者也应积极参与和支持生态农业的发展。消费者是生态农产品的最终使用者，他们的消费选择直接影响到生态农业的发展。因此，消费者应树立绿色消费观念，优先选择生态农产品，以实际行动支持生态农业的发展。同时，消费者还应关注生态农业的发展动态，积极参与生态农业的宣传和推广活动，提高社会对生态农业的认识和支持度。

三、人才：培养高素质农民

在我国，城乡二元经济结构长期存在，导致农村人口持续流向城市，这一单向流动显著减少了农村地区的人口数量。更为关键的是，这种人口迁移不仅仅是数量上的减少，更是一个筛选过程，其中乡村中的精英分子被逐渐抽离，从而引发了乡村人口结构的深刻变化。这种变化催生了所谓的"新三农"问题：农村空心化、农业边缘化以及农民老龄化。这些问题的出现，直接威胁到了乡村振兴的目标——即强大的农业、美丽的农村和富裕的农民。现代农业的发展亟须人才支持，而乡村振兴的后继力量却日益匮乏，这无疑对实现乡村振兴的美好愿景构成了直接挑战。

在社会不断进步的浪潮中，农民工群体主要投身于劳动密集型的农业工作，这些工作往往对技术要求不高，对从业者的教育背景和专业技能需求有限。他们对新兴文化和科学技术的理解尚浅，对于积极拥抱这些新知识以提升自我能力的重要性认识不足。随着乡村产业的快速崛起，这一群体相对较低的科学文化素养与时代发展的需求之间出现了一定限度的不匹配。尽管当代农民在文化水平和精神追求上有了显著的提升，但传统的小农意识仍旧对他们有影响，导致他们在主动提升学历和技能方面显得不够积极。特别是对于那些已经建立家庭的中青年农民工来说，家庭责任和职业压力使得他们缺乏动力去接受系统的高等教育或职业培训，对于提高自己的教育层次和技能水平的兴趣并不浓厚①。

在推动乡村振兴的宏伟蓝图中，需激发广大农民群众的热情、自主性和创新能力，同时培育一支深谙农业知识、热爱乡村生活、关怀农民福祉的专业团队。这一进程的核心策略在于促进城乡资源的双向互动与产业深度融合。简言之，乡村振兴战略聚焦于三大支柱：农业的繁荣、农村的升级以及农民作为发展主力军的全面成长，其终极目标是实现农民福祉的全

---

① 袁玉稳．当代社会转型期中国农民思想观念现代化研究［D］．青岛：中国石油大学（华东），2018.

方位提升。

高素质农民，作为我国农村先进生产力发展的引领者，正逐步成为推动农业现代化和乡村产业振兴的核心力量。培育一支具备文化素养、技术能力和经营智慧的高素质农民队伍，不仅是实现农业现代化的必由之路，更是破解新"三农"问题的关键所在。这一举措，将从根本上解决未来乡村"谁来种地"和"谁来治理"的难题，为乡村振兴注入源源不断的动力。

（一）高素质农民培育的痛点与难点

在高素质农民培育的进程中，产教融合与校企合作的挑战尤为突出。企业参与的热情不高，其利益在合作过程中未能得到充分保障，这在实训基地建设、师资队伍强化及资金投入等方面表现得比较充分。企业的"现场"角色缺失，直接影响了高素质农民培育的质量。随着农业向市场化和规模化迈进，一系列新型农业经营主体如雨后春笋般涌现，包括农民合作社、家庭农场、专业种植养殖大户、行业龙头等。这些新兴力量的领导者或管理者，对培训的需求已超越传统的农业生产技术，他们渴望掌握经营管理、市场运作乃至企业策划等多方面的知识与理念，以促进自身发展。这一需求的转变，无疑对职业学校的师资队伍提出了更高要求。无论是教授专业理论还是指导实践操作的教师，都须具备满足这一高标准培训的能力。然而，当前职业学校在专业课和实训教师方面面临诸多挑战：数量不足、学历层次偏低；教师来源单一，多数教师对企业岗位和生产流程缺乏深入了解；尽管部分学校已开始尝试多元化师资来源，如聘请高校专家、技术人员、党政干部、农企精英及乡土人才等，但仍难以完全满足高素质农民培训的新需求。因此，探索涉农企业与职业学校如何更紧密地结合，充分发挥企业在专业教学和实训过程中的"现场"作用，成了未来职业学校师资队伍建设的重要课题。

在塑造未来农业精英的过程中，实训基地的水准无疑是决定性因素。然而，当前这一进程遭遇了瓶颈——缺乏农业企业的深度介入，这无疑对培育高素质农民构成了障碍。构建一个理想的实训基地，不仅需要充足的资金作为后盾，更需拥有将理论与实践完美融合的导师团队，以及一系列配套的支持条件。破解这一难题的钥匙在于，农业企业与职业学院之间必须建立深度合作，共同成为实训基地建设的双引擎。遗憾的是，目前有些所谓的校企合作，不过是停留在表面的挂牌或签约，未能触及合作的实质。部分原因在于，一些农业企业仍固守旧观念，视人才培养为学校的独角戏，自己则仅是未来的雇主。加之农业投资回报周期长、风险高、见效慢，使得这些企业在参与职业教育时显得犹豫不决，缺乏足够的社会责任感。

此外，当农业企业在实训基地建设中缺席时，由职业学院单枪匹马打造的基地往往规模有限，难以复现现代农业的全貌，其教学效果和外溢效应自然大打折扣。不同于一般非农领域的实训基地，高素质农民的培养基地应当是真正的生产型学习场所，将实训融入实际的农业生产之中。但现实情形却是，多数涉农专业的校内基地因设备、技术、师资及管理等多重限制，难以发挥显著的生产功能，而这背后的根源正是农业企业的参与不足。

（二）培养高素质农民

有效解决高素质农民培育中存在的问题，提高高素质农民培育质量。《国家职业教育改革实施方案》中指出，一是"中等职业教育服务乡村振兴战略，为广大农村培养以高素质农民为主体的农村实用人才"，确立了中等职业教育在高素质农民培育中的重要地位和主体作用。二要"充分调动各方面深化职业教育改革创新的积极性，带动各级政府、企业和职业院校建设一批资源共享，集实践教学、社会培训、企业真实生产和社会技术服务于一体的高水平职业教育实训基地，提升重点专业建设和校企合作育人水平"。

加大农业新型经营主体培育力度，使龙头企业、农民合作社、家庭农场等成为农业生产新技术、新模式的实践者。通过产教融合和校企协同，致力于培养高素质农民。这一目标可以从三个层面来实现：

首先，在宏观层面上，我们要通过产教融合，构建具有区域特色的职业教育和培训体系，实现专业与产业的紧密对接。这意味着要根据乡村振兴战略和"四化同步"发展背景下的现代农业需求，以及乡村一二三产业的融合发展要求，打造一个适应农村职业教育和培训需求的体系。同时，我们还要结合乡村产业发展的特点和特色，进行专业设置，为高素质农民和乡村精英的培养提供有力支持。具体来说，我们可以引入先进的农业科技和管理经验，开展针对性的培训课程，帮助农民掌握现代化农业生产技术，提高他们的综合素养和市场竞争力。例如，可以组织农民参加关于智能灌溉系统的课程，学习如何利用现代技术优化水资源管理，从而提高农作物的产量和质量。

其次，在中观层面上，我们要通过产教融合，促进职业学校与涉农企业的深度融合。这将有助于实现或推动"工学结合"，共同建设高水平的实训基地和高素质的"双师型"专业教师队伍。这样的合作模式将有助于提高教学质量，培养出更多具备实际操作能力和创新精神的高素质农民。例如，可以组织学生到企业实习，直接参与实际生产，积累实践经验；同时，邀请企业的专家和技术骨干到学校授课，分享最新的行业动态和技术成果，使学生能够及时了解市场需求和技术前沿。此外，还可以举办定期的研讨会和工作坊，让学生与企业代表面对面交流，探讨农业生产中的实际问题和解决方案。

最后，在微观层面上，我们要通过产教融合，协同制定符合高素质农民和乡村精英培养要求的人才培养方案。涉农企业和行业可以参与职业学校培养培训高素质农民的全过程，对培育质量进行必要的监督与评价。这种合作方式将有助于确保培养出的人才能够满足市场需求，提高高素质农民的整体素质。为了达到这个目标，需定期召开校企合作会议，共同商讨和调整教学计划和课程设置，确保教学内容与企业需求无缝对接。此外，还可以设计制定一套完善的考核评价机制，对学生的学习效果和实践能力进行全面评估，及时发现问题并加以改进。例如，可以通过模拟农场运营的项目来评估学生的综合能力，包括决策制定、资源管理和团队合作等方面。

采纳"共建、共管、共享、共赢"的先进合作模式，成为构建高素质农民培训体系的核心动力。这一战略不仅促进了政府与教育机构、企业界以及行业协会之间的紧密协作，还标志着一种创新的合作精神，旨在通过四方的共同努力，培育出能够适应现代农业需求的高素质农民群体。具体而言，地方政府特别是县乡两级政府需发挥主导作用，携手教育及产业伙伴，共同搭建一个多元化、互动性强的培训平台。此平台不仅为农民提供实用的农业技术和管理知识，更是一个信息交流和资源共享的窗口，确保每位参与者都能从中获益，实现资源的最大化利用和效益的全面提升。此外，该合作框架强调了"共赢"原则的重要性，意味着所有参与方——无论是政府机构、学校还是企业和行业组织——都将在促进农业现代化的进程中找到自身价值的增值点。逐步构建起一个高效、协同的高素质农民培育生态系统。

在探索高素质农民培育的新模式中，教育机构与企业携手并进，共同致力于一场以人才培养为核心的教学体系革新之旅。双方基于对高素质农民特性与需求的深刻理解，勇于实践"学农结合，双轨并行"的创新培养策略。通过紧密合作，共同制定并优化中等职业教育农业相关专业的教学规范和实操技能评估准则，确保教育内容与社会实践、产业动态保持同步，同时融入最新科技成就与创新成果。此外，校企联手开发地方特色课程、学校专属课程及配套教材，旨在将高素质农民的培养与社会需求、行业变革紧密相连，实现知识与技能的无缝对接。这一过程中，双方还积极拓展社会服务领域，共建高标准、高质量的实训基地与师资团队，不仅满足专业理论与实践教学的需求，更为高素质农民的资格认证、等级评定乃至技能竞赛等提供坚实支撑，全方位助力农业人才的成长与发展。

总之，我们要以产教融合发展的理念为指导，推动高素质农民培育过程中实现产教深度融合、校企双元育人的目标。通过这样的努力，我们将最终提高高素质农民培育的质量，为乡村振兴战略的实施提供有力的人才支持。在这一过程中，我们不仅要注重理论知识的传授，更要重视实践技能的培养，使每一位高素质农民都能成为乡村发展的中坚力量，为实现农业现代化和农村繁荣贡献自己的力量。

四、核心：价值共创视角下乡村企业参与产教融合

（一）价值共创的体现

在目前的发展阶段，教育与产业的深度融合遇到了一个显著的挑战：乡村企业对于参与此类合作的热情远低于教育机构。这一"校热企冷"的现象成了阻碍产教融合进程的核心因素。究其根源，在于学校和乡村企业双方对产教结合所持有的不同价值取向，这种差异性导致了合作动力上的不平衡。对于乡村企业而言，加入产教融合项目并非一种自然倾向；如果它们认为通过这种方式难以达成自身的发展目标或收益预期，则很可能会减少甚至放弃参与的积极性。因此，如何激发乡村企业的兴趣并确保其在合作中能够获得实质性回报成了推动该领域进步的关键所在。价值共创视角在探索乡村企业参与产教融合动力机制中具有重要意义。乡村企业深度参与产教融合的根基在于对价值资本共创的需求，而推动这一行动持续发展的动力则是共创过程中所带来的利益。

乡村企业的成长离不开人才的支撑，因此，在参与产教融合的过程中，乡村企业最为关注的便是人才服务。只有当产教融合在人才培养中实现价值共创时，乡村企业才会积极投身于双方的合作之中。这种价值共创主要体现在两个方面：

一是学生实习与乡村企业收益的共赢；实习，作为高等教育中不可或缺的一环，不仅锻炼了学生的职业技能，还搭建了校企之间在培养目标上实现共鸣的桥梁。对于教育机构而言，乡村企业提供的实习机会如同一座实践的桥梁，不仅满足了学生将理论知识转化为实际操作能力的迫切需求，更在无形中磨砺了他们的职场适应力。而对于乡村企业来说，接纳实习生不仅是一次简单的人才试炼，更是与未来潜在员工建立初步联系的良机。这种早期的接触，为乡村企业后续的人才吸纳铺平了道路，使得双方在就业意向上更容易达成共识。乡村企业对于实习的期待就是学生能够选择留下来工作，这是一个重要的诉求，因为乡村企业在实习中投入了很多成本，包括人力、财力、物力。相较于教育机构，乡村企业在实习这一环

节上的投入更为显著，不仅限于提供必要的物理空间和设备支持，还包括以经验丰富的乡村企业导师为核心的人力资源投入。学生在实习的时候，多数乡村企业是非常重视的，给他们发劳务费，安排最好的师傅，希望他们能够真的学到本领，而且能够在实习过程中认可乡村企业，最后留在乡村企业工作。因此，乡村企业的这份投资期望通过实习生最终选择加入公司来获得回报，这不仅是对实习生能力的认可，也是乡村企业人才培养策略成效的体现。

二是学生就业与乡村企业效益的双赢。人力资本的价值转移，是人才就业维度中校企双方实现共创需求的核心问题。从教育机构的核心价值出发，培育人才的终极目标便是确保学生顺利就业，在教育与产业的深度融合中，院校不仅能够巧妙解决学生的实习难题，更可进一步铺平他们通往职场的道路。因此，学校热切期望与乡村企业携手，共同破解这一关键性难题。而站在乡村企业的立场上，它们对技术精英的追求不仅要求专业技能的精湛，还涵盖了个人素质的全面发展。乡村企业对高校的期待，是希望这些学术殿堂能充分发挥其在人才培养方面的独特优势与作用，精心雕琢出符合乡村企业需求的高技能人才，以满足其日益增长的发展需求。乡村企业为何热衷于融入院校的人才培养环节？这背后有着多重考量。一方面，它们在助力学校缓解就业难题，同时解决自身的招聘困扰。另一方面，乡村企业期望学校能在人才培养过程中承担更多责任。毕竟，乡村企业日常运营繁忙，且并不擅长培养人才。它们真正需要的是那些能够即刻投入工作、创造价值的人才，这一需求始终如一，对于产教融合的期待亦是如此。产教融合只有实现人力资本的价值转移，乡村企业深度参与产教融合的行动才能持续进行下去。

乡村企业与教育的深度融合不仅是一种发展趋势，更是推动创新与发展的关键动力。这种合作模式的核心在于通过科研创新实现价值的共同创造，从而促进双方的共赢发展。乡村企业与院校携手合作，其深层驱动力源自对科研创新的迫切追求，而这种追求又深深依赖于双方在科研领域的紧密协作。在产教融合的背景下，科研创新的价值共创主要体现在两个核心维度：

一是通过共建研发平台和提供技术服务，实现知识与实践的深度融合。在搭建高等院校与乡村企业间的研发桥梁时，乡村企业不仅期待学术界能成为其技术创新的助推器，同时也寄希望于高校能提供精准的技术解决方案。追求科研创新的道路上，乡村企业的标准严苛无比，它们深知，唯有不断攀登技术的高峰，方能在激烈的市场竞争中赢得更大的利润空间。在追求卓越的道路上，高等教育机构必须将科研创新置于核心位置，尤其需要通过深化产教融合来达成其宏伟愿景。作为知识传承与智慧启迪的殿堂，高校的根本使命在于培育未来社会的栋梁之材，在这一过程中不可避免地展现出对最新科技趋势的适度跟随。作为现代职业教育体系和高等教育体系中的关键一环，高职院校肩负着通过人才创新来发挥其独特作用的重任。然而，在推动人才创新的过程中，高职院校必须紧密依靠与乡村企业的合作。特别是在新兴行业领域，乡村企业凭借其获取前沿技术和创新产品的天然优势，拥有了高职院校无法比拟的力量。从乡村企业的角度来看，人才创新是推动其创新发展的核心动力。当乡村企业与高职院校携手合作时，高职院校需充分发挥其在人才培养方面的专长，以彰显其不可替代的价值。相比之下，乡村企业界则如同技术浪潮中的弄潮儿，始终站在行业革新的最前沿，与时代脉搏同频共振。鉴于此，构建高校与乡村企业间的紧密合作桥梁显得尤为重要。这样的联盟不仅为学术界开辟了接触并运用尖端科技的通道，还为乡村企业界的持续创新注入了源自高等学府的强劲动力。具体而言，乡村企业可依托高校搭建的研发平台，加速科研成果向实际应用的转化；而高校则能借此契机，将其科研潜能转化为推动社会进步的实际力量。从乡村企业的维度审视，它们对于科研创新的需求迫切且实际，亟须来自学术界的专业支撑与智力输入。高等院校，尤其是那些拥有以博士导师为核心、兼具教学与实践经验的"双师型"教师团队，成了满足这一需求的理想伙伴。这些学术精英不仅深谙理论精髓，更能在实践中引领创新，为乡村企业的技术升级与战略转型提供不可或缺的智力支持。所以，通过强化校企合作机制，不仅能够促进教育资源与产业需求的高效对接，还能激发双方在科研创新领域的无限潜能，共同绘制出一幅科技进步与社会发展相得益彰的美好图景。

二是科研项目的资金投入与最终收益之间形成良性循环，共同推动价值的创造与增长。对于高校而言，这种教育与产业的跨界合作不仅能够为其科研项目注入必要的资金支持，确保研究的顺利进行，同时也为学术成果的实际应用提供了广阔的舞台。横向课题如同一股强劲的助力，为院校解决了经费上的燃眉之急，使得科研项目得以顺利推进。面对资金短缺的现实挑战，高校积极寻求与乡村企业的合作之道，期望通过乡村企业的投资来注入新的活力。而对乡村企业来说，参与这样的科研合作意味着能够借助高校的研究力量，探索新技术、新产品，从而为乡村企业的发展注入新的活力，实现利润的增长。乡村企业投资科研项目也是有期待和诉求的，投出去的钱，是要有回报的，然而，在产教融合的背景下，虽然高校通过与乡村企业的合作获得了经费上的支持，但这并不总是意味着科研成果能够直接转化为乡村企业所期望的经济价值。乡村企业扮演着资金提供者的角色，而学校则承担着后期助力乡村企业实现盈利的重任，这一合作模式的核心在于双方能否共同促进学术成果的商业转化，若乡村企业投入资金支持学术研究，却未能从中获得实质性的经济回报，那么这种合作关系便难以持续。因此，这一现象也告诉我们，构建一个既能激发创新又能确保成果转化的有效机制，对于维持和深化校企合作至关重要。在推进产教融合的过程中，必须更加明确地界定科研项目的经费使用和预期收益，以确保双方的利益都能得到保障。因此，为了促进高等院校与乡村企业之间更加紧密且富有成效的合作，需要在项目启动之初就明确合作双方的责任与期望，特别是在经费投入和成果产出方面。只有这样，才能确保科研项目不仅能够满足学术界的探索需求，同时也能为乡村企业带来实实在在的经济效益，实现双赢。

在探索乡村企业与教育机构融合的持续动力机制中，构建一个共享的价值体系，促进彼此间更紧密、更有效的合作模式显得尤为关键。这种价值共同体能够确保双方在合作过程中加强协作，实现深层次的协同效应。具体而言，这一共同体的形成主要聚焦于两个核心领域：

一是围绕招生与就业环节建立的共同价值观。高等院校与乡村企业之间构建起一个以招生就业为核心的价值共创体系显得尤为重要。这一体系的建立，意味着双方能够在招生与就业这两个关键环节上实现相互促进，从而为产教融合的持续发展奠定坚实基础。人才就业不仅是校企合作的核心纽带，更是双方共同追求价值创造与资本累积的基石。乡村企业之所以积极投身于这一深度融合的进程，根源在于产教融合能够精准对接其对高技能专业人才的迫切需求。回溯产教融合的历史长河，不难发现，无论时代如何变迁，合作模式如何创新，人才就业始终是校企双方不变的焦点议题。人才就业实则是人力资本价值的流动与转化，它如同一座桥梁，将教育的潜力转化为产业发展的动力。因此，要激发乡村企业在产教融合中的深度参与，首要任务便是精准把握并有效满足人才就业维度上的共创需求，实现教育链、人才链与产业链的无缝对接。对于高等院校来说，招生工作是其生存与发展的核心所在，因为学生的数量和质量直接关系到学校人才培养的规模与水平。因此，高等院校必须与乡村企业携手合作，共同追求高质量的招生就业目标。从乡村企业的角度来看，如果高等院校能够持续稳定地为其提供技术人才支持，那么乡村企业自然愿意与这些院校结成紧密的合作关系。高等院校作为教育机构，在人才培养方面拥有得天独厚的优势。一方面，它们能够在较短时间内培养出大批技术人才；另一方面，高等院校在人才培养过程中注重学生的全面发展，这使得其培养出来的技术人才在职业素养方面远超社会招聘的同类人才。乡村企业和高校之间的合作，追求的是长期且稳固的伙伴关系。对于乡村企业而言，招募合适的人才并非易事。相较于社会招聘，校园招聘无疑更具成本效益。社会招聘不仅数量和时间都充满不确定性，而且为了填补一两个职位空缺，往往需要付出高昂的成本。相比之下，校园招聘的时间更为固定，且能一次性吸引到更多优秀的候选人。

二是针对专业发展领域的共同目标设定。对于高等教育机构而言，专业建设不仅是其教育质量提升的核心动力，更是其持续发展的关键所在。为了培养出符合劳动力市场需求的高技能人才，高等院校必须与乡村企业携手，共同参与到技能人才专业标准的制定过程中，确保教育输出与市场需求的精准对接。而对于乡村企业来说，参与高校的专业建设不仅是一种社会责任的体现，更是一种战略投资。通过这一过程，乡村企业不仅能够影响并塑造未来行业人才的标准，还能在整个行业的发展中占据有利地位，拥有更多的话语权和影响力。综上所述，专业建设的价值共同体为高等院校和乡村企业提供了一个互利共赢的平台，使得双方能够在人才培养和行业发展中实现资源共享、优势互补，共同推动社会进步和经济发展。行业特性成为驱动乡村企业投身于产教融合的关键动力。观察这一趋势的产业背景，不难发现，那些与高新技术紧密相连的新兴领域尤为突出，它们对技术人才的培养设立了更高的门槛与期望。正因如此，依托这些前沿行业发展的乡村企业，无一例外地被卷入了这场教育与产业深度融合的浪潮中，共同肩负起为行业培育并输送顶尖技术精英的使命。

（二）价值共同体的建立

乡村企业若未能实现其预期的价值目标，便可能在后续合作中失去动力。因此，高等院校必须秉持价值共创的理念，而非仅仅从自身发展的角度出发来深化与乡村企业的合作。在产教融合的初期阶段，校企双方的管理者应将价值共创的理念作为核心出发点。对于高等院校而言，在推进产教融合的过程中，必须高度重视乡村企业的利益诉求。具体来说，高校需要清晰地界定并细化乡村企业在合作中能够实现的具体价值目标，这包括但不限于人才培养的数量与质量标准、科研服务所带来的经济效益等方面。此外，为了确保这些共同创造的价值目标得以顺利达成，高等院校还需建立健全相关制度规范作为支撑。

在推动产教融合的征途上，高等教育机构的改革成了关键所在，旨在深化与乡村企业的合作，确保双方价值目标的有效实现。首先，面对实习就业环节中的高流失率问题，改革需双管齐下：一方面，高校应革新实习制度，强化实习过程管理，摒弃形式主义，确保实习质量；另一方面，引导学生树立正确的职业规划观念，为未来职业生涯奠定坚实基础。其次，针对人才培养的质量问题，改革的矛头直指师资管理。这要求我们将乡村企业实践经验与教学科研置于同等重要地位，并通过人事部门的奖惩机制来激励教师。同时，调整教师职称评定标准，减轻对学术成果的过分依赖，将专业技术能力纳入评价体系，激发教师提升技术技能的热情。最后，科研领域的改革聚焦于成果转化与利润创造。高校需紧密围绕乡村企业技术创新需求，利用乡村企业研发平台，将科研成果转化为实际技术服务，助力乡村企业技术迭代升级，从而实现经济效益的显著增长。在这一过程中，高校不仅要成为知识的创造者，更要成为技术创新的推动者和实践者。

在追求产教融合的卓越成效中，乡村企业与教育机构应携手构建一个价值共创的生态圈，实现持续发展的愿景。这一过程要求将外部推动力转化为内在的需求动力。高等教育机构需站在经济社会全局的高度，与乡村企业建立更为紧密的合作关系，通过共建价值共同体来驱动双方的共同成长。首先，专业发展应与行业趋势同步，高等教育机构在规划专业时，必须紧跟经济社会发展的步伐，特别关注新兴产业的动向。这意味着，高校的专业设置应与关键新兴行业的未来走向紧密结合，共同打造职业教育的命运共同体。其次，招生规模与就业质量的匹配是共同体建设中不可忽视的一环。在扩大教育规模的同时，如何为乡村企业培育出符合需求的高技能人才，成为衡量共同体成功与否的关键。因此，提升毕业生的就业质量应成为吸引乡村企业参与共同体建设的磁石。最后，科研服务应成为推动乡村企业转型升级的强大助力。高等教育机构应发挥其在科研领域的优势，为乡村企业提供转型所需的技术支持和服务。特别是那些在专利申请和横向课题研究方面表现突出的双高院校，更应与乡村企业携手共建技术创新平台，加速科研成果的转化，提高项目的经济效益。

五、模式：创新产教融合院校人才培养模式

随着科技的进步，农业生产已经从传统的手工劳动转向了机械化、自动化甚至智能化。例如，通过使用无人机进行农田监测，可以实时获取作物生长情况的数据；利用大数据分析技术，可以预测病虫害的发生并及时采取措施；而智能灌溉系统则可以根据土壤湿度自动调节水量，既节约了水资源又提高了农作物的产量。这些技术的应用极大地提高了农业生产效率和产品质量，同时也减少了人力成本。然而，要实现这些高科技手段的

有效运用，就需要有一批具备相应知识和技能的人才。这就要求高等教育机构与产业界紧密合作，共同开发适合现代农业需求的课程体系。比如，在大学里增设更多关于物联网、云计算等前沿信息技术的专业课程，同时加强实践教学环节，让学生有机会参与到真实的项目中去，从而更好地理解和掌握所学知识。此外，还应该鼓励企业参与到学校的科研项目中来，为学生提供更多实习实训的机会，帮助他们更快地成长为能够适应未来市场需求的专业人才。除了学校教育之外，政府也应该出台相关政策支持农业科技创新及人才培养工作。例如，提供财政补贴或税收优惠给那些致力于研发新型农业装备和技术的企业；建立专门针对农村青年创业的支持计划，吸引更多年轻人投身于现代农业建设之中；以及加大对偏远地区教育资源投入力度，缩小城乡之间在教育水平上的差距等措施都是非常重要的。

（一）职业教育与乡村产业融合

乡村产业的蓬勃发展，深深依赖于职业教育的坚实支撑。作为与经济和社会发展紧密相连的教育形式，职业教育以其独特的服务功能，直接或间接地推动着乡村产业的振兴。这种教育服务不仅具有公共性的特点，更蕴含了公益和公利的精神内涵[①]。

职业教育在乡村产业振兴中扮演着关键角色，其核心在于促进公共利益的最大化。这一过程涉及多方利益相关者，包括政府、农民、村级组织、企业和农村职业学校等。通过有效协调这些主体的利益，职业教育能够实现资源的优化整合与高效利用，进而推动乡村产业的繁荣发展。具体而言，职业教育通过培养具备实用技能和创新思维的人才，为乡村产业提供了源源不断的人力资源支持。同时，职业教育还积极与政府、企业等合作，共同推动乡村产业的发展。例如，通过与企业合作开展实习实训项目，学生可以在实际工作中锻炼自己的能力，同时也为企业输送了优秀的

---

① 徐小容，朱德全．职业教育质量治理：公共之"道"与理性之"路"［J］．西南大学学报（社会科学版），2019，45（1）：90-98，195.

人才。此外，职业教育还注重培养学生的社会责任感和公民意识，引导他们积极参与乡村建设和发展。总之，职业教育在乡村产业振兴中发挥着不可替代的作用。通过有效协调各方利益、实现资源优化整合与高效利用，职业教育不仅推动了乡村产业的繁荣发展，也为构建和谐社会作出了重要贡献。

职业教育服务，以其深厚的公益性质，广泛影响着社会福祉。它基于公众的需求和期望，提供了一系列旨在造福大众的公益活动和公共产品。在推动乡村产业振兴的过程中，这种公益性尤为显著。职业学校及其合作伙伴，包括各类公益机构和组织，为农村失地农民、返乡务农人员以及留守的老弱群体提供了非营利性的教育服务和培训项目。这些教育和培训旨在帮助他们掌握产业升级与创新融合所需的技术和技能，有效促进了乡村产业链、价值链和利益链的同步发展。通过这种方式，我们不仅推动了具有中国特色的现代化产业体系的建设，还最大化地展现了乡村社会的效益。

在乡村产业的振兴进程中，职业教育发挥着至关重要的作用。它通过灵活地调整教育结构和体系，以适应乡村产业结构的演变和需求，为乡村经济的持续发展提供了坚实的人才支持和智力保障[①]。这一过程不仅推动了乡村产业的升级转型，还为乡村经济的持续发展提供了坚实的人才支持和智力保障。具体来说，职业教育通过以下几个方面来实现对乡村产业振兴的推动作用：一是培养符合乡村产业发展需求的人才：职业教育根据乡村产业的发展趋势和需求，设置相应的专业和课程，培养具备实用技能和创新能力的人才，为乡村产业的发展提供有力的人才支撑。二是促进乡村产业结构的优化升级：职业教育通过引入先进的技术和管理理念，帮助乡村企业改进生产工艺、提高产品质量、降低成本，从而推动乡村产业结构的优化升级。三是增强乡村产业的竞争力：职业教育注重培养学生的实践能力和创新精神，使他们能够在乡村产业发展中发挥积极作用，提高乡村

---

① 刘晓巍，朱克岚．西部民族地区特色职业教育体系构建路径探析［J］．民族教育研究，2017，28（4）：141-144.

产业的竞争力。四是带动乡村经济的发展：职业教育的发展可以吸引更多的投资和资源进入乡村地区，促进乡村经济的发展。同时，职业教育还可以为乡村居民提供更多的就业和创业机会，提高他们的收入水平。

（二）构建涉农类专业产教融合标准体系

积极构建标准体系，保障涉农产教融合规范发展。

在新时代背景下，产教融合体系的适应性展现出两大核心维度：一是"从外部需求出发"，契合乡村振兴战略的动态调整能力；二是"自内部创新驱动"，引领高等教育转型的影响力。这种对乡村振兴的适应性，具体体现在精准对接社会对于农业相关领域人才的数量要求、素质标准及配置结构上，致力于全面满足乡村振兴战略背景下对专业人才的迫切需求。

为了更好地培养符合社会需求的农业人才，高校必须加强与企业的深度合作，推动产教融合的高质量发展。通过校企合作，高校能够更好地了解企业需求，进而及时调整教学内容和方法，有效提升学生的实践能力和创新能力，为农业农村现代化发展输送高素质、复合型人才。

在推动地方农业与教育融合的进程中，政府应发挥关键引领作用，精心策划并实施一系列策略，深入挖掘并利用当地独有的自然资源、产业结构及地理优势，以此为基础，构建一套量身定制的标准化体系，旨在指导和加速农业与教育的深度融合。为此，政府应召集一支由多领域专家组成的团队，对当地农业资源进行详尽的调研分析，全面掌握其独特的自然环境、气候条件及土壤特性，同时梳理现有的农业产业布局。基于这些深入的了解，制定出一套既科学又实用的标准体系，为涉农产教融合项目提供明确的实施指南和路径规划。

对于不同类型的涉农产教融合项目，政府需采取差异化的评价策略，从项目的运行效率、质量水平到社会效益等多维度进行全面评估，确保每个项目都能实现可持续发展。此外，依托建立的标准体系，对参与涉农产教融合的企业、平台及项目进行严格的科学认证，筛选出真正具有高质量和示范意义的项目，这一过程必须保证公正性和客观性。为了促进先进经验和成功模式的广泛传播，政府应积极组织各类交流活动，邀请行业内的成功企业代表分享他们的经验和故事，从而激发更多的信息共享和经验交流。同时，通过媒体宣传、政策激励等多种手段，鼓励更多企业和机构投身于涉农产教融合的浪潮中。

当前，传统的农业生产方式正在向现代化、规模化、集约化方向发展。这种转变不仅要求农业人才具备传统的农业知识，还需要他们掌握现代农业技术和管理方法。家庭农场、农民合作社、农业企业等新型农业经营主体的兴起，为农业人才提供了更多的就业机会和发展空间。同时，这些新型经营主体也需要高素质的人才来支撑其可持续发展。随着高等教育从广泛普及走向全面覆盖，其发展重点已不再仅仅是数量上的扩张。相反，高等教育应与社会经济结构的演变同步，更加重视质量与内涵的提升。在这一阶段，高等教育应当呈现出多元化的体系和结构，以满足不同群体的多样化需求。此外，办学模式也需不断创新，通过协调各利益相关方的需求及资源分配来优化配置。为了实现这一目标，除了政府的大力支持外，还应该鼓励更多社会力量参与到高等教育事业中来，共同推动其健康、可持续发展。通过这一系列精心设计的措施，不仅能够推动区域涉农产教融合向规范化、高质量发展迈进，还能培养出一批具备高素质、高技能的农业人才，为提升农业产业的竞争力和农村经济的活力注入源源不断的动力。

高等农业教育作为高等教育的重要组成部分，新时代背景下，高等农业教育需要突破传统模式的限制，实现内涵式高质量发展，改变传统农业教育因单一知识培养体系带来的不足，以应对现代农业发展的新挑战和新需求。在新时代农业科技教育的浪潮中，在人工智能和数字化纵横的当下，农业发展的规模化和智能化是大势所趋。这一趋势不仅彻底改变了传统农业的生产方式，也对农业科学研究和人才培养提出了新的要求。产业与教育的深度融合不仅是教育领域的革新，更是对经济发展脉搏的精准把握。这种融合的核心目标，一方面在于推动教育体系的创新升级，打破学科壁垒，另一方面，在于促进社会经济结构的优化转型，其本质是强化教育与社会实践之间的紧密联系，实现知识与产业的无缝对接。具体举措包括：

一是在塑造农业领域的多面手人才方面，教育方法需超越传统教室的四壁与教科书的束缚，转而拥抱一种更为生动的学习模式。这种模式强调"实践出真知"，鼓励学子们在真实的农业生产环境中边做边学，将理论知识转化为解决实际问题的能力。这正是产教融合模式下人才培养的核心所在，旨在填补理论与实践之间的鸿沟，让学习过程更加贴近行业需求，进而全面提升未来农业从业者的综合素质与实战能力。

二是随着第四次工业革命浪潮的汹涌而来，传统农业领域正面临着前所未有的变革，人工智能、大数据、移动互联网以及物联网等前沿技术不仅重塑了产业格局，也深刻影响着教育体系中的专业设置与发展路径。为了适应这一趋势，我们必须促进专业建设与产业转型升级之间的无缝对接，通过构建跨学科的知识体系来应对新时代的挑战。在此过程中，加强产教融合显得尤为重要——它能够架起连接高等教育机构与现代企业之间沟通合作的桥梁，确保学生所学知识技能紧跟市场需求变化，从而为社会培养出更多具备创新能力和实践精神的高素质人才。

三是高等农业教育，作为我国培育农业精英的最高殿堂，其每一步发展都紧密关联着农业产业的脉动与农业教育的革新。《关于加快推进乡村人才振兴的意见》明确指出，要打造一支深谙农业之道、热爱农村生活、心系农民福祉的"三农"工作队伍，为乡村振兴战略的全面实施和农业农村现代化进程的加速推进，提供坚实的人才基石。在这一宏伟蓝图中，涉农高校的产教融合扮演着至关重要的角色，是"三农"及乡村振兴人才队伍建设的坚实后盾，不断输送新鲜血液，为这一伟大事业注入源源不断的活力。

（三）新农科建设和改革

新农科建设与新工科、新文科以及新医科建设共同构成了"四新建设"的核心内容。这一战略举措旨在应对教育领域内存在的滞后性问题，同时精准把握未来发展趋势，体现了一种既回顾过去又展望未来的独特视角。特别是在新农科领域内，产业界与学术界之间的深度融合成了一个关键议题，它不仅要求我们要紧跟时代步伐，更需要我们勇于探索那些能够更好地服务于社会需求、充分发挥各自优势的合作模式。

在新农科背景下，产教融合整合功能体现在需要协调好高校、企业和政府三者之间的关系与资源分配上，将其整合协调为一个共同发挥作用的系统。

产教融合对促进高等教育发展具有重要意义，强调产教融合人才培养也是新农科建设的重点内容。新农科改革的核心，在于对农业相关人才及专业的供给侧进行深度革新，旨在应对当前农业领域人才短缺以及人才培养与社会需求之间存在的不匹配问题。这一改革致力于探索并实施有效的策略，以填补农业人才的巨大缺口，并确保所培养的人才能够满足现代农业发展的多样化和专业化需求。

在新时代农业科学的浪潮中，高等教育与产业的深度融合，成了推动社会服务功能发挥的关键平台。这一进程不仅响应了乡村振兴的号召，也与农业农村现代化的步伐紧密相连。为了适应这一发展趋势，高等农业教育必须进行深刻的自我革新。它需要构建一个更加灵活、开放的教育体系，以促进知识与实践的无缝对接。这意味着，教学内容将不再局限于传统的理论框架，而是要融入最新的科技成果和实践经验，确保学生能够掌握引领未来的核心竞争力。

同时，高等农业教育还应积极拓展其社会服务的边界。通过与地方政府、企业、农民合作社等多方合作，共同开展科研项目、技术推广、人才培养等活动，形成一种互利共赢的合作模式。这种模式不仅能够加速农业科技成果的转化应用，还能为学生提供丰富的实习实训机会，增强他们的社会责任感和使命感。高等农业教育还应注重培养学生的创新精神和创业能力。在快速变化的农业领域，只有具备创新思维和创业精神的人才，才能在激烈的市场竞争中脱颖而出。教育机构应鼓励学生参与各类创新创业活动，为他们提供必要的支持和指导，帮助他们将创意转化为现实。

新农科背景下的产教融合不仅是高等农业教育发展的必然选择，更是其发挥社会服务功能的关键途径。通过持续优化教育体系、拓展社会服务边界以及大力培养学生的创新能力和创业精神，高等农业教育将为乡村振兴和农业农村现代化贡献更多的智慧和力量。高等农业教育，作为高等教育体系中的重要支柱，正面临着一场深刻的变革。新农科建设的改革实践正如火如荼地展开，其核心目标在于追求内涵式的高质量发展，而非仅仅停留在表面的扩张或数量的增加。这场改革的核心在于发展理念的革新、专业结构的优化、人才培养模式的创新、协同育人机制的深化以及质量文化的塑造五大核心领域。

为了实现这一目标，我们必须对传统的农业教育模式进行深刻的反思和改革。传统的农业教育往往过于注重知识的传授，而忽视了对学生综合素质的培养。这种单一的知识培养体系已经无法满足现代社会对农业人才的需求。因此，我们需要构建一个更加全面、多元的教育体系，以培养学生的创新思维和实践能力。

完善政策体制：强化产教融合政府顶层规划设计，政策引领乡村振兴协同发展新格局。政府应出台相关政策，明确产教融合的权责分配，确保各方主体的权利和责任清晰。同时，建立完备的产教融合法律体系，为产教融合提供法律保障。各级政府应当积极将产教融合的理念融入乡村振兴的蓝图中，作为推动农村全面发展的重要策略。这需要根据当地的人口结构、产业发展状况、经济水平、教育资源以及地域文化特色等多方面因素，精心设计一套高等教育与产业深度融合的总体方案。同时，要确保这一方案与乡村发展的各项规划同步推进，包括制定相应的政策保障机制、提供必要的资源支持，并着手实施一系列关键项目，以促进高等教育与乡村振兴战略之间的良性互动和协同发展。此外，政府还应加大对高等教育的支持力度，提高高等教育在社会中的地位和影响力。

创新培养模式：在推动高等教育与产业深度融合的浪潮中，我们致力于构建一种全新的合作模式，旨在通过校企携手、资源共享，实现教育的规模化、集团化及连锁化发展。高校应积极探索与产业深度融合的培养模式，建立一主多元共治机制，坚持政府在多元共治框架中发挥主导作用，发挥乡村振兴参与各方尤其是企业的重要主体作用，促进多元合作共治，培育具备多元技能的农业人才。鉴于农业教育应用的特殊性，我们认识到仅依赖传统课堂讲授和书本知识已无法满足现代农业发展的需求。因此，必须倡导"学中做，做中学"的教育理念，让学生在生产实践中学习并运用知识，这正是产教融合在人才培养上需要着重强化和完善的方向。例如，我们可以组织学生参与农田管理、农作物种植等实践活动，让他们亲身体验农业生产的过程，从而更好地掌握农业知识和技能。如订单式培养、现代学徒制等。建立质量达标和淘汰机制，促进专业结构的完善和学校声誉的提升。这些模式可以更好地满足企业的人才需求，同时也能提高学生的实践能力和增强就业竞争力。创新现代学徒制，深化与涉农企业合作培养，实现招生与招工一体化、校企"双主体"培养一体化，充分发挥校企"双主体"育人作用；此外，学校还应加强与企业的合作，共同开发课程、共建实训基地等，使教育内容更贴近实际工作需求。

激发企业动力：创新产教协同、校企合作精准育人。企业是产教融合的重要主体之一，其参与度直接影响到产教融合的效果。因此，需要采取措施激发企业的参与动力。加强校企合作、校村合作，积极与乡村企业确立人才共育机制、量身编制人才培养方案、携手共建涉农特色专业及实习实践的涉农平台，培养专业结构、职业水平与实践能力兼优的乡村技能型人才。例如，可以通过税收优惠、财政补贴等方式鼓励企业参与职业教育；充分利用"金融、财政、土地、信用"这四大支柱性激励政策的独特组合，鼓励引导金融机构开发适合产教融合项目特点的多元化融资品种。同时，也可以建立企业参与职业教育的评价机制，对积极参与的企业给予表彰和奖励。突出产教融合企业重要主体作用，充分激发乡村振兴高速发展新动力。

推动协同发展：政府、学校和企业三方应加强沟通与协作，形成合力推动乡村振兴的良好局面。在推进产业与教育深度融合的进程中，致力于打造一个高效、协同发展的平台。政府可以发挥引导作用，完善财政生均拨款制度，探索建立职业教育生均财政经费相对稳定增长机制和分类支持机制，搭建校企合作平台；学校根据当地经济发展和生源变化情况及教育发展的实际，调整学校和专业布局结构，优化资源配置，提高办学质量和整体效益。学校可以发挥专业优势，为企业提供人才支持；企业则可以为学校提供实践基地和就业机会。通过三方共同努力，实现资源共享、优势互补、共同发展。

注重人才培养质量：促进专业建设与产业转型升级的深度融合。随着工业革命 4.0 的深入推进，传统农业专业正面临着人工智能、大数据、移动互联网、物联网等信息技术和产业升级带来的深刻变革。产教融合应发挥其桥梁作用，紧密连接大学专业与社会产业，推动学科专业的交叉融合与创新发展。例如，我们可以与企业合作开展科研项目，将最新的科技成果应用于农业生产中，提高农业生产效率和质量。无论是政府、学校还是企业，都应注重人才培养的质量。政府可以通过制定相关标准和规范来保障人才培养质量；学校可以通过加强师资队伍建设、优化课程设置等方式提高教学质量；学校要以专业群为纽带，提升人才培养的针对性和专业性，增强人才服务乡村振兴的理论基础和实践水平，加快推进校企"双元"办学改革，确保人才精准供给。学校依据区域空间布局规划和产业发展规划，制定实施教育空间布局规划，推动院校向产业集中区聚集，推进学校与行业、产业、企业的合作，加强职业教育产教融合实训基地建设，企业则可以通过提供实习岗位、参与教学过程等方式参与到人才培养中来。只有各方共同努力才能培养出符合市场需求的高素质人才。

强化社会服务功能：高等教育不仅要培养人才还要为社会提供服务。作为社会系统重要组成部分，新农科背景下产教融合面临的达成目标既体现在教育层面，也体现在经济层面，即强调产教融合与社会的联系。因此高校应充分发挥自身优势积极参与到乡村振兴中去，为乡村经济发展和社会进步作出贡献。例如高校可以利用自身的科研实力帮助乡村解决技术难题；也可以通过开展培训活动提高农民的文化素质和技能水平；还可以通过推广新技术新品种等方式促进农业现代化进程。加快涉农 1＋X 证书试点和推广，完善"岗课赛证"综合育人机制，提高人才培养质量，拓展就业创业本领，缓解结构性就业矛盾。

加强国际交流合作：随着全球化的深入发展，国际合作与交流越来越重要。因此高等教育在推动产教融合的过程中也应注重与国际接轨学习借鉴国外先进的经验和做法不断提高自身的国际化水平。这不仅可以提升我国高等教育的整体实力和影响力还可以为乡村振兴提供更多的国际资源和支持。

注重可持续发展：在推动高等教育产教融合的过程中还应注重可持续发展的理念。这意味着要在满足当前需求的同时考虑到未来的发展趋势和挑战，确保产教融合能够持续健康地发展下去，服务于"三农"发展和乡村振兴战略。作为我国农业人才培养的最高层次教育机构，高等农业教育的发展直接关系到我国农业产业和农业教育的兴衰。《关于加快推进乡村人才振兴的意见》明确指出，要培养一支热爱农业、心系农村、情牵农民的"三农"工作队伍，为全面推进乡村振兴、加快农业农村现代化提供坚实的人才支撑。涉农高校的产教融合应积极响应这一号召，为"三农"和乡村振兴人才队伍的建设储备充足的人力资源。例如，我们可以开设相关课程，培养学生对农业、农村和农民的感情，激发他们投身于乡村振兴事业的热情。例如，在人才培养方面要注重培养学生的创新精神和实践能力以适应未来社会的发展需求；在校企合作方面要注重建立长期稳定的合作关系以实现互利共赢的局面；在政策制定方面要注重政策的连续性和稳定性以避免频繁变动带来的不确定性影响。

加强监管与评估：为了确保高等教育产教融合的质量和效果，需要建立健全监管与评估机制。政府可以设立专门的监管机构负责监督和管理产教融合的全过程，包括政策执行、资金使用、项目进展等方面的情况；同时也可以定期组织专家进行评估和审查以确保各项措施得到有效落实并取得预期效果。此外还可以建立反馈机制及时收集各方面的意见和建议以便不断完善和改进工作方法和政策措施。

营造良好氛围：最后要营造良好的社会氛围支持高等教育产教融合的发展。这包括提高公众对职业教育的认知度和接受度改变传统观念中对职业教育的偏见和歧视；同时也要加强媒体宣传和舆论引导让更多的人了解和支持高等教育产教融合的工作，从而形成全社会共同关注和支持的良好局面。

通过推进新农科教育与乡村人才振兴的协同开展，可以有效地解决农业产业链与人才链脱节的问题，为农业现代化和乡村振兴提供有力的人才支撑。智能化、自动化、精准化等技术的应用，使得农业生产效率得到了显著提高。然而，这些新技术的应用也对农业人才提出了更高的要求，需要他们具备更强的科技素养和创新能力。新农科建设的改革实践将为我国农业产业的发展注入新的活力，为乡村振兴战略的实施提供有力的人才支持。在这个过程中，产教融合将发挥关键作用，帮助培养出更多具备多元技能、创新精神和实践能力的农业人才，为我国的农业现代化建设贡献力量。

六、激励：激发企业内生动力

加强科技成果转化，构建校企深度融合的创新生态，不仅能够激发企业的内生动力，推动产业转型升级，还能促进高等教育的改革与发展，实现教育链、人才链与产业链、创新链的深度融合，共同为国家的科技进步和经济社会发展贡献力量。

高校可以通过技术研究和科技成果转化，为企业提供技术突破和产业发展的支撑，并为企业培养发展所需的人才；企业则通过对技术和科技成果的实践活动，探索出符合社会生产需求、促进技术升级和科技发展的行业标准和技术规范，从而获得新的发展动力和前进支撑。

（一）政府扶持涉农企业发展

在推动涉农产教融合快速发展的过程中，政府通过资金、技术、人才和土地等多种要素的倾斜来扶持涉农企业的发展。这一政策不仅为涉农企业提供了财政补助支持，还逐步扩大到"财政＋金融＋土地＋信息"的多要素综合扶持。

在扶持内容上，政府通过资金、技术、人才、土地等多种要素的倾斜来扶持涉农企业发展。这些措施包括提供财政补助、技术支持、人才培养和土地使用等方面的优惠政策。这些政策的实施有助于降低涉农企业的运营成本，提高其竞争力，从而促进涉农产业的发展。

在扶持对象上，政府从扶持涉农龙头企业、特色产业的单点扶持扩大到农业产业化集群和乡村产业融合示范基地的梯次扶持。这意味着政府将不再仅仅关注个别企业的发展，而是将目光投向整个产业链，以实现更广泛的经济效益和社会效应。这种梯次扶持的方式有助于形成良好的产业生态，推动涉农产业的可持续发展。

在扶持力度上，政府从对农产品加工业到农业产业化经营，从促进农村三产融合到乡村振兴战略的实施，力度不断增强。这表明政府对于涉农产业的重视程度在不断提高，同时也意味着涉农产业将迎来更多的发展机遇。

此外，政府还鼓励涉农企业与高校、科研机构等开展合作，共同推进涉农产教融合发展。例如，浙江农林大学"校企结缘 仙草下凡"项目，以铁皮石斛技术创新为纽带开展产教融合，校企共同申报国家重点项目、共建科研教学平台、共编教材、共享团队，联合攻克了铁皮石斛繁殖难、种植难、质量不稳定等产业发展瓶颈问题，把一棵草发展成一个产业。通过产学研结合，可以培养出更多具备实践经验和创新能力的农业人才，为涉农产业的发展提供有力的人才支撑。用好用活支持政策，推动涉农产教融合快速发展是一项具有重要意义的工作。政府通过多种要素的综合扶持，以及不断扩大扶持范围和力度，为涉农产业的发展创造了良好的环境。同时，涉农企业也应抓住机遇，积极与各方合作，共同推动涉农产业的繁荣发展。

（二）校企深度融合的创新生态

科技创新已成为推动社会进步的核心力量。高校作为知识创新的重要源泉，其科研实力与成果的转化效率直接关系到国家整体的科技竞争力。因此，深化校企合作，促进科研成果从实验室走向市场，不仅是提升企业核心竞争力的关键举措，也是实现经济高质量发展的必然要求。

高校应聚焦前沿科技领域，如人工智能、生物科技、新能源等，开展深入研究，同时建立高效的科技成果转化机制，确保研究成果能够迅速转化为实际生产力。此外，高校还应注重人才培养与市场需求的对接，通过开设专业课程、实习实训等方式，为企业输送既懂技术又懂管理的复合型人才，助力企业创新发展。

与此同时，企业作为技术创新的主体，应主动拥抱变化，积极引进和消化吸收高校的先进技术成果，将其应用于产品升级、工艺改进等方面。在此过程中，企业不仅能解决自身发展中遇到的技术难题，还能在实践中积累经验，形成具有自主知识产权的核心技术，进而推动整个行业的技术进步和标准制定。

涉农企业的积极参与能够显著优化职业学校教师队伍的结构，并提升教学质量。具体而言，这些企业需要为学校培养高素质农民提供必要的专业师资支持，包括理论课程和实践训练的指导教师。同时，企业应确保职业学校的教师能够顺利进入企业进行实践锻炼，通过校企协作共同培养教师，促进其专业成长。在制订人才培养计划、组织教学活动以及课程与教材的开发等方面，企业的深度参与也是不可或缺的一个环节。

在利用科技成果的过程中，企业不仅要注重自身的技术应用与创新，还需注重与高校的双向互动与反馈。一方面，企业可以根据自身需求，向高校提出定制化的研究课题，从而引导科研方向更加贴近市场，确保科研成果能够更好地转化为实际生产力。另一方面，企业在实践中遇到的问题和挑战，也能为高校的科研工作提供宝贵的现实依据，这种来自一线的反馈能够帮助高校科研人员更深入地了解行业痛点，从而增强科研活动的针对性和实效性，推动科研成果真正落地生根，实现产学研的良性循环。

（三）创新成果的有效落地

科技成果从实验室走向市场，实现产业化应用的过程中，往往面临着诸多挑战。如何打通科技成果转化的"最后一公里"，不仅关乎创新成果的有效落地，更是激发企业内生动力，促进产业升级和经济高质量发展的关键所在。

当前，我国在科技创新领域取得了显著成就，但科技成果转化效率不高的问题依然突出。一方面，科研机构与市场需求之间存在信息不对称，导致许多具有潜力的科技成果难以被及时发现和利用；另一方面，企业在采纳新技术时面临资金、人才、市场等多方面的制约，使得科技成果转化为实际生产力的过程受阻。此外，知识产权保护不足、激励机制不完善等问题也影响了科技成果转化的积极性。打通科技成果转化"最后一公里"

的策略建议如下：

加强产学研合作。建立更加紧密的产学研合作机制，是解决科技成果转化难题的重要途径。通过政府引导，搭建平台，促进高校、科研院所与企业之间的深度交流与合作，可以加速科技成果向市场的转移。例如，设立联合研发中心，共同开展技术攻关，既能够缩短研发周期，又能够提高科技成果的实用性和市场适应性。

优化政策环境。政府应进一步完善科技成果转化的政策体系，提供税收优惠、资金支持、知识产权保护等全方位服务。同时，建立健全科技成果转化的激励机制，如对成功转化科技成果的个人或团队给予奖励，激发科研人员和企业的创新热情。

强化企业主体地位。企业是科技成果转化的主体，提升企业的创新能力至关重要。鼓励企业加大研发投入，建立自己的研发团队，同时，通过引进外部先进技术和管理经验，提升企业的消化吸收再创新能力。此外，加强企业内部管理，优化资源配置，为科技成果转化创造良好的内部环境。

构建多元化融资渠道。针对科技成果转化过程中的资金瓶颈问题，应积极探索多元化的融资方式。除了传统的银行贷款外，还可以引入风险投资、天使投资、众筹等新型融资模式，为科技成果转化提供充足的资金保障。同时，政府可以设立专项基金，对具有重大发展潜力的科技项目给予重点支持。

（四）激发企业创新潜能与创新活力

推动产业振兴，企业带动至关重要。强化各类企业在推动乡村产业升级中的核心引领作用，激发其潜能与创新力，成为驱动乡村全面振兴的关键引擎。

激活企业在乡村振兴中的"领头雁"效应，不仅是对传统发展路径的革新，更是构建现代农业产业体系、促进城乡融合发展的重要一环[①]。具

---

① 刘晓莉.农业龙头企业带动周边经营主体效率评价研究：基于 BCC 模型和 Malmquist 指数 [J]. 农村经济与科技，2021，32（17）：131-137.

体体现在以下四个方面。

第一，企业通过推动乡村产业链的纵深发展，不仅促进了产业向上游和下游的拓展，而且极大地拓宽了乡村产业的发展领域与市场渠道。企业可以通过产业链将乡村产业和城市产业有机地结合起来，形成优势互补的格局。农业龙头企业因能够发挥"链主"的带动作用而享有专门的政策红利，而"自生能力"是决定农业龙头企业发挥作用的核心因素①。无论是作为"链主"的龙头企业还是"链身"的小微企业，都能够依靠自身业务基础，让乡村产业搭上已有的产业链便车，从而降低搜寻与协调成本。这一过程中，乡村的农产品经过精心加工与巧妙营销，能够沿着产业链的脉络，优雅地踏入城市市场的大门，从而实现价值的华丽转身与产业的深刻蜕变。同时，城市中的先进技术、充裕资金以及广阔市场等宝贵资源，也能通过产业链这一桥梁，源源不断地流向农村，为乡村产业的发展注入强劲动力，资源共享与互补机制得以强化，显著提升了资源使用的效率及经济效益，进而增强了整个产业链的稳定性和长期可持续性。因此，鼓励并引导企业深耕乡村市场，探索可持续发展模式，将为我国乡村经济的转型升级注入强劲动力。

第二，在推动乡村产业振兴的进程中，企业扮演着至关重要的角色。它们不仅为乡村注入了产业发展所急需的原始资本，还引入了科学的经营管理模式、成熟的生产工艺以及完善的产品与服务标准体系②。此外，企业还开辟了获取并有效利用信息资源的新路径，这些都极大地促进了资源的高效配置和交易成本的显著降低。通过这种基于经验的合约安排方式，企业在无须等待市场机制完全成熟的情况下就能实现目标，从而逐步优化和完善乡村市场中的价格形成机制与质量控制机制。这一过程不仅增强了这些机制在指导乡村经济活动中的权威性，也为乡村市场的持续壮大提供了强有力的支持。

① 池泽新，彭柳林，王长松，赵隽劼. 农业龙头企业的自生能力：重要性、评判思路及政策建议 [J]. 农业经济问题，2022（3）：136 - 143.
② 李卓，郑永君. 有为政府与有效市场：产业振兴中政府与市场的角色定位：基于 A 县产业扶贫实践的考察 [J]. 云南社会科学，2022（1）：162 - 168.

第三，随着农业技术的不断革新，农业生产方式也在不断变革，从而极大地促进了乡村物质财富的增长。在推动乡村产业振兴的过程中，企业能敏锐捕捉市场脉搏，深度挖掘并巧妙融合乡村的自然宝藏与人力资源，激活这些沉睡的生产要素，催化乡村资源的价值跃升，实现从资源到价值的华丽转身。企业通过投资或租赁土地，将资本与技术注入农业领域，专注于发展种植、畜牧和渔业等乡村产业。这不仅增强了土地的生产力和经济价值，还为当地居民创造了众多就业机会。通过吸引劳动力参与，企业促进了乡村人才的培养，从而提高了人力资源的整体利用效率。

第四，企业助力乡村产业完成产业链的融入，通过整合乡村资源和产业，加强不同环节协同作用，提高产业附加值和效率。乡村地带往往蕴藏着丰富的自然宝藏，包括清澈的水源和茂密的森林等。企业可以通过投资建设水利工程、开展林业项目等方式，充分利用这些自然资源，从而增强乡村产业的竞争力并提高其生态效益。此外，企业还可以通过投入科技资源，加强技术研发和市场开发，提升乡村产业的技术含量和市场竞争力，推动乡村产业向高技术含量、高附加值方向发展。

在企业驱动乡村产业振兴的过程中，它们面临着一系列复杂而棘手的挑战。首先，尽管基础设施建设正逐步向偏远村落和农户家中延伸，但这一进程仍未达到理想状态，存在明显的短板与不足。其次，资本、人力资源以及公共服务等关键要素从繁华都市流向广袤乡村的道路并不顺畅，遭遇了重重障碍与限制。再次，乡村产业链条亟待进一步拉长与优化升级，以适应现代农业发展的需求。最后，农民作为乡村振兴的主体力量，其地位与作用尚未得到充分展现与发挥，这无疑成了制约企业带动乡村产业全面振兴的又一重要因素。这些相互交织的问题共同构成了企业在推动乡村产业振兴过程中难以逾越的瓶颈，阻碍了其潜力的充分释放与发挥。

在审视我国改革开放四十多年间职业教育的演进历程时，发现学校与企业间的合作存在障碍，产业与教育的融合遭遇困难。这一挑战的核心在于许多企业，特别是中小型企业，未能深刻理解到他们与学校共同承担着培养人才的责任。这种认识上的缺失反映在实训基地建设、教师队伍培养以及资金投入等多个方面，导致了企业在校企合作中的积极性不高。进一步分析，企业在合作中缺乏动力的另一个关键因素是其利益未能得到充分保障。因此，要确保企业能够从合作中获得应有的回报，从而激发它们参与教育过程的热情和动力。

在推进农业相关院校与产业教育的深度融合时，还要必须清晰界定各自的发展目标和特色。不仅涉农高校需要明确这一点，参与其中的企业同样要设定明确的合作目标。只有当产教融合的目标被准确定义后，才能防止企业在与高校的合作中仅仅停留在表面的合作模式上。涉农企业应当与地方政府携手，将社会服务和经济发展的宏伟目标细化并融入产教融合的具体实践中，与农业院校一道，共同致力于解决就业市场的人才供需不匹配问题、推动产业结构的优化升级、服务"三农"领域以及促进乡村振兴等更为广泛的社会发展目标。

借鉴以往涉农企业与高校合作实践模式的成功经验，可从以下四个方面进一步激发企业内生动力，推动企业在乡村产业振兴中发挥积极作用：

第一，激活乡村市场活力，填补基础设施空白。我们要以前瞻性的视角审视现有的基础设施状况，识别出那些阻碍市场繁荣的关键瓶颈。这可能包括交通不便、信息闭塞、能源供应不足或是公共服务设施的匮乏，比如，面对乡村地区农产品仓储保鲜及冷链物流设施匮乏的现状，推动企业加强技术创新，开发高效、可靠、智能化的冷链物流和储存设施，提供优质的冷链基础设施服务，满足消费者对于高品质农产品的需求，促进乡村产业的发展。通过在乡村地区投资兴建先进的冷链物流和储存设施，不仅能够显著提升农产品的品质与附加值，还能有效提高农产品在市场上的流通效率，进而推动农业产业的升级与转型。我们要采取切实可行的措施，对这些短板进行有针对性的补齐。比如，积极倡导各类企业积极探索农业领域的新兴业态。对于平台型企业，我们鼓励其深度参与智慧农业的构建与发展，通过实施全程监控与数据收集，助力实现"生产—供应—销售"全链条的数字化转型升级，再如，通过修建和升级道路网络，打通乡村与外界的连接通道，比如，针对乡村数字化基础设施覆盖不足和数字技术应用水平较低的问题，鼓励企业运用5G、物联网、大数据、云计算等技术实现数字化改造与升级；利用现代信息技术，建立高效的信息传播平台，让乡村市场的声音能够被更广泛地听见；同时，加强能源基础设施建设，确保乡村地区的电力供应稳定可靠；此外，还要完善教育、医疗等公共服务设施，提升乡村居民的生活质量，从而吸引更多的人才和资本流入。在这个过程中，政府、企业和社会各界都应该发挥各自的作用，形成合力。政府可以通过制定优惠政策、提供财政支持等方式，引导和鼓励社会资本投入乡村基础设施建设；企业则可以发挥自身的技术和资源优势，参与到乡村市场的建设和运营中来；而社会各界也应该积极参与到乡村建设中来，共同推动乡村市场的繁荣发展。

第二，人才是创新的第一资源。企业应重视人才的培养和引进，在致力于人才培育与承担社会责任的道路上，企业能够通过打造卓越的职业成长环境以及提供丰富的培训机遇，来吸引并留住顶尖人才，进而提升自身的竞争优势。通过内部培训、外部招聘等方式，构建一支高素质的研发团队。同时，建立公平公正的评价体系，让真正有能力的人才脱颖而出，为企业的持续发展注入活力。企业还可以培育一种鼓励创新、容忍失败的文化氛围，对于激发员工的创新潜能至关重要。企业领导层应以身作则，倡导开放思维，鼓励员工提出新想法、尝试新方法，即使失败也能从中学习成长。

第三，在挖掘内部潜力方面，企业可以通过技术创新和管理创新进行持续地技术迭代。企业应密切关注行业动态和技术发展趋势，及时调整产品结构和技术研发方向，确保产品和服务始终处于行业前沿，提高资源利用效率和经济效益，在快速变化的市场环境中保持竞争优势。企业文化和企业形象是企业发展的灵魂，企业通过资助教育项目、建设公共设施以及参与扶贫活动，不仅能够为乡村地区带来积极变化，还能显著提高自身的社会形象与品牌价值。无论是通过设立奖学金鼓励当地学生追求更高水平的教育，还是直接参与到乡村基础设施建设中去，抑或是通过各种形式的援助帮助减少低收入现象，这些行动都能够有效地促进社区的发展，并同时增强企业的正面影响力。

第四，在积极探索外部资源的广阔天地中，企业能够与政府机构、金融界以及各类社会组织携手并进，共同致力于乡村产业的繁荣复兴。企业还可以与社会组织合作，共同开发乡村旅游资源、推广乡村文化等，吸引更多消费者和游客。比如，借助地方政府的有力支持，企业可以搭建起农村电子商务平台和农产品销售网络，为乡村产业的发展注入强劲动力；企业与政府携手，在乡村地带共同打造农业产业园区，通过资源共享和联合投资，推动农业生产、加工及销售各环节的紧密协作，实现乡村产业链的纵深发展与横向拓展，不仅延长了产业链条，还显著提升了产业的附加值。同时，通过与金融机构建立紧密的合作关系，企业能够获得必要的资金支撑，从而加速自身的成长步伐。随着全球化的深入发展，企业不仅要关注国内市场，更要积极开拓国际市场。通过参与国际竞争，不仅可以检验自身实力，还能学习借鉴国际先进经验，进一步提升企业的创新能力和市场竞争力。

值得特别注意的是，企业在合作中应当充分考虑农民的利益和需求，必须将农民的福祉与诉求置于核心地位，精心构筑一种以农民为主导的合作框架。激发并强化农民作为合作主体的自觉性和积极性，成为推动合作深化的关键。企业应该为农民提供技术、管理、市场等方面的支持，实现工农业结合的规模化经营，与农民构建一种基于互信与共赢的长期伙伴关系。从田间地头的辛勤耕作者到加工厂的精细操作员，再到仓储物流的高效协调者以及最终面向消费者的零售商，每一个环节都紧密相连，共同承担着市场波动带来的风险，同时也分享着产业链增值的喜悦。这意味着上游农户不再仅仅是原材料的供应者，而是成为整个价值链中不可或缺的一环；他们通过与企业签订长期合作协议，不仅能够获得更加稳定的收入来源，还能享受到技术进步带来的生产效率提升等红利。企业可以通过构建信息共享的桥梁和组织合作交流的盛会，深化与农民之间的沟通纽带，提升信息的透明度与双方的信任度，从而增强合作的成效与长久性。与此同时，加工企业也需承担起更多社会责任，比如提供技术支持、培训指导等服务，帮助农户提高产品质量和产量，从而实现双赢甚至多赢的局面。只有当所有参与者都能够认识到彼此之间存在着相互依存的关系，并且愿意为了共同的目标而努力时，才能真正建立起一个既具有竞争力又能持续发展的良好生态体系。

04 第四章

产教融合赋能乡村振兴的"四链融合"

　　当前乡村发展面临着产业低端化、人才空心化、创新动能不足等诸多瓶颈问题。在此背景下，产教融合通过"四链协同"机制，即教育链培育人才链、人才链驱动创新链、创新链赋能产业链，形成闭环式发展动能，推动学科专业与产业需求精准对接。教育部等部门印发的《国家产教融合建设试点实施方案》明确指出，深化产教融合，促进教育链、人才链与产业链、创新链有机衔接，是推动教育优先发展、人才引领发展、产业创新发展、经济高质量发展相互贯通、相互协同、相互促进的战略性举措。

　　推动"教育链""人才链"与"产业链""创新链"的"四链融合"是我国为应对日益复杂的国际形势和技术创新挑战的新选择，其关键在于确保"四链"的良性循环。"四链"的良性循环需要对链条内各环节进行统一推进、协同运作，具体而言，需要在合作平台建设、人才培养专业布局、外部协同保障机制构建等方面协同发力。

　　新质生产力的蓬勃发展对技术革新、生产要素的创新性配置以及产业的深度转型提出了更高的要求。为了应对这些挑战，产教融合共同体必须充分利用其作为新型经济发展综合体的组织优势，全力构建以"创新驱动"为核心的发展模式。这一模式的核心在于通过科学技术的创新、人才培养模式的革新以及内外部的协同创新，共同推动产教融合共同体的建设。这种全方位的创新将确保我们能够精准助力新质生产力的全要素跃升式发展，为我国经济的持续繁荣注入强大的动力。

　　农业作为我国国民经济的重要基础，具有举足轻重的地位。我国作为农业大国，农业生产历史悠久，但当前农业产业仍面临着"大而不强"的现状，与农业强国的发展之间存在较大差距。随着科学技术的快速发展、农业生产方式的重大转变、农业产业结构的换代升级以及新型农业经营主体的不断涌现，社会对高层次农业人才的需求愈发迫切。因而，加强高校产教融合的变革和推进，实现新农科教育与乡村人才振兴的协同开展，是解决农业产业链与人才链脱节的关键途径。

一、产业链视域下"四链融合"

产业链是指产业内部不同主体之间相互关联、互相依存的关系，涵盖上游的原材料供应商、中游的生产和加工企业以及下游的产品销售商等。加快建设农业强国，产业融合发展是其中的关键环节。产业融合贯穿"生产、加工和流通"等环节，可以充分发挥产业部门的协同作用，优化要素配置，提升经济效率，增强农业的市场竞争力，从而有力推进农业强国建设。

自乡村振兴战略实施以来，我国始终坚持农业农村优先发展的原则，加快推进农业农村现代化进程，推动现代化技术与传统农业深度融合，推动农业向智能化、现代化方向发展。乡村振兴战略的推进，正引领农业产业链向深度发展迈进，成为推动地区经济转型与升级的核心动力。

乡村振兴战略为涉农高校深化综合改革提供了前所未有的机遇。人才振兴作为乡村振兴的核心，涉农高校应紧扣立德树人的根本任务，紧密结合乡村振兴战略的重大需求。产业融合已成为推动经济发展的关键趋势。对于农业而言，产业融合发展不仅是提升农业竞争力的重要抓手，也是建设农业强国战略的重要途径。这种融合不仅涉及农业内部的产业升级和结构调整，更涵盖农业与其他产业部门之间的深度融合，共同构建一个更具活力、更具竞争力的现代农业产业体系。

首先，农业内部的产业融合是基础。这涵盖了农业生产的各个环节，从种植、养殖到加工、销售，每一个环节都需要通过技术创新和管理优化来实现高效衔接。例如，通过生物技术提高作物的抗性和产量，借助信息技术实现精准农业，以及依托现代物流体系缩短农产品从田间到餐桌的距离。这些内部的融合提升了农业生产的整体效益和产品质量，更为农业的可持续发展奠定了坚实的基础。

其次，农业与其他产业部门的融合是关键。随着科技的进步和市场需求的持续变化，农业已不再局限于传统的生产模式，而是与第二产业、第三产业乃至第四产业（信息产业）深度融合。例如，农业与旅游业的结合催生了乡村旅游，农业与互联网的结合催生了农产品电商平台，农业与新能源的探索则推动了生物质能源的开发利用。这些跨界融合不仅为农业带来了新的增长点，也为其他产业的发展拓展了新的空间。

此外，产业融合还促进了农业产业链的延伸和价值链的提升。通过与金融、保险、教育、科研等服务业的融合，农业能够获得更多的支持和服务，从而增强自身的创新能力和市场适应能力。同时，农业的多功能性也得到了充分发挥，其价值不仅仅体现在食物和原料的生产上，还包括生态保护、文化传承、休闲旅游等多方面的价值。

为了推动产业融合的发展，政府、企业和社会各界需要共同努力。政府应当制定相应的政策和措施，鼓励创新和创业，保护知识产权，优化营商环境。企业则需要加强技术研发和市场开拓，积极探索多元化经营模式。社会各界则应提高对农业重要性的认识，支持农业教育和人才培养，形成全社会关注和支持农业发展的良好氛围。

（一）上海农林职业技术学院：智慧农业产业学院助推乡村振兴人才培养

随着《国务院办公厅关于深化产教融合的若干意见》的发布，产业学院作为职业教育中校企合作的新模式，正逐步提升着职业院校的产教融合水平。产业学院不仅是实现产教融合、协同育人发展的关键载体和必要途径，还为职业院校培养适应行业产业技术发展的高素质技术技能人才提供了制度保障，强化了职业院校的教育特色，标志着职业教育发展迈入了新的阶段。

实施乡村振兴战略是决胜全面建成小康社会、全面建设社会主义现代化国家的重大历史任务，也是新时代背景下做好"三农"工作的总抓手。

涉农高校作为农业人才输送的主要场所，肩负着人才培养、科学研究、服务社会和文化传承与创新的重要使命。上海农林职业技术学院通过建立高质量的高校产业学院，搭建校企沟通交流平台，可以为优化学校人才培养方案提供有力依据，同时为企业输送合格且高质量的人才提供坚实保障。

目前，我国已经启动了 28 个专注农业领域的产业学院建设项目，这些项目覆盖全国 12 个省份，尤其集中在那些以农业为主导产业的省份。现阶段，这些产业学院主要采用"学院＋企业"的合作模式，重点服务于地方上最重要的农业产业。其中，超过三分之二的产业学院将重点放在第一产业的发展上。但在促进产业融合方面，现有的模式显得相对单一，尤其是在农业功能的拓展和农产品销售运营等领域，涉及的内容还非常有限。

通过延伸产业链来推动农业与其他行业的深度融合，不仅可以开辟更多增加农民收入的途径，也是构建现代化农业体系的关键。这种模式有助于加速传统农业向高附加值农业的转型升级、探索符合中国国情的现代农业发展道路；未来应进一步加强农业产业学院的建设、优化合作模式，拓展农业产业链和功能，推动农业与加工、服务业等领域的深度融合。

上海农林职业技术学院，在上海这片繁华之地独树一帜，以"农"之名深植农业特色教育，承载着培育现代农业人才的使命。学院以社会需求为导向，紧密围绕其办学理念与上海农业发展的鲜明特征，强化市场意识，优化继续教育招生专业设置，合理布局函授站点，并积极调动函授站办学的积极性，匠心打造了智慧农业产业学院这一创新平台，以促进继续教育办学的持续健康快速发展。学院巧妙融合政府导向、学术资源与企业力量，形成一股强大的协同效应，不仅彰显了学校深耕农业教育的核心价值，更精准对接了职业教育领域对于高技能人才的培养目标，为上海都市现代农业发展提供了有力的人才支持和技术保障。

上海农林职业技术学院智慧农业产业学院在具体运作层面，采用了一种创新的管理架构，在产业管理指导委员会的引领下，实行院长负责制。该委员会由学校、企业、行业乃至政府等多方代表共同组成，形成了一个多元化、协同合作的领导团队。

通过构建一系列实践教学革新举措，学院携手各方共建实训课程并开放共享先进的实训基地，为涉农专业的职业院校和产业学院树立标杆，极大地丰富了实践教学的内涵与外延，学院以培养高素质技能型人才的专业群为核心，紧密对接上海地区农业领域的支柱产业、新兴产业以及特色产业链的发展需求。

在办学过程中学院始终将学生置于核心位置，秉持"教学相长"的理念，不断探索并实践教学方法的创新与变革。借助新时代的先进技术、前沿思想以及行业最新标准，学院精准对接企业对人才的需求，同时引导学生明确自身的职业发展路径。通过与地方行业企业的深度合作，共同打造了"1＋X"模式的现代产业学院，实现了教育与产业的无缝对接，在此过程中，政府和企业不仅为办学提供了坚实的支持，还积极参与到办学的每一个环节中。同时，企业还承担起了检验办学成效的重要责任，确保教育质量与产业需求的高度契合。

这种校企深度融合、协同育人的模式构建了一个多方联动、互利共赢的机制，为智慧农业产业的发展注入了新的活力。这一系列努力，旨在增强学生的实操能力与技术素养，确保他们能够无缝对接行业需求，成为推动区域经济发展不可或缺的生力军。

智慧农业产业学院的创立与实践，完善管理体制机制，确保各项改革措施的有效实施与持续优化，在探索新型职业教育模式上迈出了坚实的一步。学院探索并实践创新协同育人的新模式，培养具备跨领域合作能力的高素质人才，并精心构建与产业链紧密对接的专业群，确保教育内容与市场需求高度契合。同时，学院致力于建设一支既懂教学又懂产业的"双师型""双能型"师资队伍，提升教学质量与产业适应性，通过设计并实施校企合作的课程体系与教学模式，学院强化了理论与实践的深度融合，它不仅革新了传统的教学模式，更为提升全国职业院校的实践教学质量开辟了新路径。此外，学院还致力于打造校内外实验实习实训基地，为学生提供丰富的实践机会和真实的职业体验，通过大量生产实训训练、让学生亲身实践，从实践中掌握未来岗位中所需的技术与能力。在此过程中，学院通过深化学生对所学专业的理解，旨在点燃他们的学习热情，让每一位学子都能在未来的职业道路上发光发热。

同时，学院积极搭建服务地方产学研合作的平台，促进知识转化与技术创新，助力区域经济发展。通过创新合作，学院致力于攻克农业企业和周边乡村面临的技术挑战，加速科技成果的应用转化，对于促进教育链、人才链与产业链、创新链的深度融合具有深远的意义。

智慧农业产业学院致力于将校内的教育与教学资源、人才培养体系与企业的行业需求及岗位配置紧密对接，着重实现基础理论与实际操作技能的融合。为保障智慧农业产业学院的顺畅运作，学校组建了一个由校领导、教务处、科研处、实训基地负责人以及企业代表构成的领导小组。该团队致力于整合各类资源，全力推动产业学院的建设与发展。

此外，学校还制定了涵盖产业教师招聘、优质课程开发、实践基地管理以及教学评估与考核等方面的政策框架。通过建立校企共同参与的实训基地，学校依托校内已有的基础建设，充分发挥实训基地的作用，并借助产教结合的优势，激励教师团队与行业企业携手进行科技深度融合，推动双方互利共赢发展。这些措施，不仅提升了教育质量而且促进学生全面发展。

为了支持上述计划的实施，学校、合作企业和政府机构共同投入资金，既保障了智慧农业产业学院日常运营所需，又为师生前往企业参与教学活动提供了必要的支持。

（二）浙江农林大学："校企结缘 仙草下凡"推进涉农产教融合发展

在浙江的绿水青山间，浙江农林大学与浙江森宇有限公司携手，孕育了一株仙草——铁皮石斛。历经 15 年的不懈努力，双方通过联合攻关，成功攻克了铁皮石斛在繁殖、种植和质量稳定性方面的关键难题，使其从珍稀濒危植物转变为大宗药材，价值得到极大释放。这一成果不仅催生了一家跻身全国 500 强的民营企业，还形成了一个百亿级的绿色产业帝国，成为脱贫攻坚的重要力量，并被科技部列为 2017 年度 20 个重点扶贫案例之一，荣获国家林业局梁希林业科学技术奖一等奖和浙江省科学技术奖一等奖。

双方秉持"研究引领教学，创新驱动发展，协同培养精英"的核心理念，以铁皮石斛技术创新为切入点，构建了全面的产教融合体系和长效合作机制。为此，成立了校企合作领导小组，制定了详尽的运作方案和完善的规章制度，推动企业及大健康产业的发展，同时为相关领域培养高素质人才。

在合作过程中，双方联合申报并承担了多项国家级、省部级重大研发项目，如"铁皮石斛大健康产品研发（2017YFC1702200）"等。共建了铁皮石斛产业国家创新联盟、国家林草铁皮石斛工程技术中心、中国铁皮石斛博物馆以及校企农科教合作人才培养基地等高端平台。这些平台不仅为农村产业融合发展提供了有力支撑，也为浙江院士之家的建设添砖加瓦。同时，双方还共同编写了 3 部新形态教材，实现了研发团队与师资队伍的共享，推动了合作企业成为铁皮石斛产业的标杆，助力学校成为浙江省重点高校，实现了双方的共同进步与提升。

为解决人才培养与产业需求之间的结构性差异，双方基于产业实际需求，建立了研究与教学平台，共享了一支兼具理论与实践能力的"双师型"人才队伍。通过这种方式，形成了一个将创新创业与人才培养紧密结合的全面协同体系，为产业发展注入了新的活力，也为人才培养提供了新的思路与模式。

在探索农村产业融合发展的新路径上，双方以"一草一业一园"为理念，成功打造了一个以铁皮石斛为核心，集农业、工业、康养、文化旅游、教育等多产业融合的国家农村产业融合发展示范园。这一示范园不仅推动了乡村振兴战略的实施，促进了"两山"理念的转化，还培养了一批具备三产融合能力的复合型人才。

此外，双方还建立了共享基地，实现了院士、教师、研究生、本科生乃至中小学生的实践研学与农村产业技术融合培训的联动。这种模式能让师生近距离感受院士的人格魅力和科学精神，激发教师的创新灵感，也让学生 100％参与实践项目。每年接待大学生 1 800 人次，中小学生 10 万人次，培养出了一批愿意投身新农科领域的优秀学子。其中，2011 届研究生史小娟荣获全国五一劳动奖章，2011 年考研率也达到了 45%，充分体现了这种合作模式在人才培养方面的显著成效。

这一系列成就得到了国家和社会的高度认可。2017 年，该项目被科技部列为全国 20 个科技扶贫重点案例之一，并在北京民族文化宫展出。2018 年，该项目科技助力精准扶贫工作表现突出，获得中国科协、农业农村部和国务院扶贫办的联合表彰。2019 年，项目团队的科技特派员工作受到科技部通报表扬（国科发农〔2019〕353 号），并荣获中国全面小康十大杰出贡献人物（团队）殊荣。CCTV1、新华社、浙江新闻联播、《光明日报》《浙江日报》和《绿色时报》等众多权威媒体对该项目进行了广泛报道，引发了社会各界的高度关注，同时该项目也得到了社会的广泛赞誉。

（三）广西涉农职业院校："智慧农业＋电子商务"复合专业对接教育链与产业链

在构建农业强国的战略视野下，产业融合正成为延伸农业产业链、提升价值链的关键动能。广西作为我国重要的农业大省，近年来面临农产品加工转化率低、三产融合深度不足的发展瓶颈。2022 年数据显示，全区农产品加工转化率仅为 58%，低于全国平均水平 7 个百分点，暴露出传统涉农教育体系与现代农业产业链需求间的结构性矛盾。在此背景下，广西涉农职业院校创新性开设"智慧农业＋电子商务"复合专业，通过教育链与产业链的精准对接，探索出一条以产教融合驱动乡村三产融合的新路径。这一实践不仅重构了乡村教育体系，更成为破解农业现代化进程中技术断层、市场脱节、人才匮乏等难题的关键突破口。

广西乡村三产融合的困境本质上是教育供给与产业需求的错位。传统涉农专业长期聚焦于种植养殖技术传授，课程体系中数字技术、供应链管理等现代要素占比不足 20%，导致人才培养与产业升级需求严重脱节。在六堡茶、芒果、螺蛳粉等特色农业产业集群中，87% 的新型经营主体缺乏智慧农业设备操作能力，73% 的农产品企业存在电商运营人才缺口。这种供需矛盾在螺蛳粉产业中尤为典型：虽然预包装螺蛳粉年产值突破百亿元，但企业普遍面临智能化生产线运维人才短缺、电商直播团队专业化程度低等制约因素。

"智慧农业＋电子商务"复合专业的创设，正是针对这些痛点进行的教育供给侧结构性改革。该专业突破传统学科边界，将农业工程、信息科技、商业管理三大知识模块深度融合，形成"农工融合、农商贯通"的新型课程体系。例如在智慧农业方向，学生不仅要掌握传感器技术、农业机器人操作等硬核技能，还需学习农业大数据分析、智能装备维护等交叉学科知识；电子商务方向则系统培养农产品直播策划、地理标志品牌运营、供应链金融等复合能力。这种课程设计直接对接农业生产智能化、加工数字化、营销网络化的全链条需求，实现了教育内容与产业变革的同步迭代。

在具体实施层面，广西涉农院校构建了"双循环"对接机制。内循环层面，有的院校通过模块化课程重组打破学科壁垒，形成"基础共享＋方向分立＋项目综合"的三级课程结构。基础共享课涵盖农业大数据、乡村振兴政策等通识内容；方向选修则针对智慧农业与电子商务设置差异化培养路径，如精准灌溉系统设计、农产品区块链溯源技术等前沿课程；项目综合课更以县域特色产业全链条仿真运营为场景，让学生在虚拟仿真实验室设计智慧果园方案，在电商产业园实操"壮乡优品"区域品牌推广，在中央厨房生产线参与螺蛳粉数字化品控改进。加工环节的产教融合则彰显教育科研的催化作用。广西职业技术学院联合江南大学设立"螺蛳粉产业研究院"，将高校的食品工程研究成果转化为 28 项加工技术标准。其中，生物酶解技术使酸笋发酵周期从 15 天缩短至 72 小时，配合冷链物流技术突破，推动预包装螺蛳粉保质期延长至 180 天。更值得关注的是，由职业院校教师、企业工程师、农户代表组成的"三方技改小组"，在六堡茶加工环节引入 AI 视觉监测系统，使茶叶分级精度达 98.6%，直接带动产品溢价率提高 25%。

外循环层面，专业群与产业群形成动态对接。有的院校联合农业农村部相关部门绘制产业需求图谱，针对六堡茶产业集群开发"茶园物联网运维—茶旅融合设计—电商直播营销"课程链，在芒果主产区设置"智能分拣设备操作—冷链物流管理—跨境电商运营"实训模块。这种对接不仅体现在课程设置上,更深入到教学场景变革中:春季荔枝采收季,学生驻点加工企业开展品控实训;夏季芒果旺季,学生在田间直播间进行带货 pk 赛;冬季农闲期,学生则为合作社升级智能管理系统。这种"季节性教学安排"使教育过程深度嵌入农业生产周期,有效解决了传统职业教育"在黑板上种田"的痼疾。

专业的核心创新在于构建了"教育反哺产业、产业驱动教育"的共生机制。在南宁职业技术学院的实践中,校企共建的智慧农业虚拟仿真实验室,不仅用于教学,更成为技术研发平台。针对广西金穗农业集团提出的香蕉无损检测需求,师生团队开发出基于近红外光谱的智能分拣装置,使分拣效率提升了 5 倍,此项成果已转化应用于全区 23 个香蕉种植基地。更值得关注的是,教学过程直接产出行业标准——师生共同制定的《广西农产品电商物流包装规范》,解决了螺蛳粉等特产在运输中的漏汤难题,使电商退货率下降 18%。

师资队伍建设同样体现跨界融合特征。有的院校实施"双师三能"标准,要求教师既持有教师资格证,又具备农业数字化管理师等职业资格,既能操作植保无人机,又能指导直播带货。为实现这一目标,广西农垦集团技术骨干每学期驻校授课超 64 课时,专业教师则需每年在龙头企业实践 2 个月以上。这种双向流动机制,使得螺蛳粉中央厨房的 HACCP 认证经验、芒果主产区的"采摘—预冷—分级"一体化技术等产业前沿知识及时转化为教学资源。

经过三年实践,这一改革显现出显著成效。专业对口就业率从 51% 跃升至 89%,毕业生中涌现出大批"新农人",有的创办智慧农场,将甘蔗亩均种植成本降低 40%;有的组建电商团队,帮助农户将百香果收购价提升了 2.3 元/千克。更深远的影响在于教育创新对产业升级的推动——校企联合开发的"芒果 AI 分级系统"在田东县应用后,优质果出品率提高了 35%;"六堡茶区块链溯源系统"覆盖 42 家企业,市场溢价空间增加 20%。

为确保可持续发展,有的学校与企业共同组建专业建设委员会,企业不仅捐赠价值 2 300 万元的智能设备，更深度参与 62％的实训标准制定。技术转让收益实行 5∶3∶2 分配机制，激发师生研发积极性。数字化平台"桂乡产教云"的搭建，实现了产业链数据的实时对接：平台接入全区 87 个农业产业园信息，能动态监测人才需求变化；根据学生实习轨迹智能推送学习内容，如在螺蛳粉企业实习自动触发食品安全生产规程等课程；累计解决农户技术难题 3 700 余个，形成"教育服务产业、产业滋养教育"的良性循环。

广西涉农职业院校的实践证明，以"智慧农业＋电子商务"为代表的专业群建设，正在重塑乡村教育生态。这种以产业需求为导向、以技术创新为纽带、以人才培养为核心的教育改革，不仅为三产融合提供人才与技术支撑，更开创了职业教育服务乡村振兴的"广西范式"。当学生在智慧果园调试传感器、在直播间推广特色农产品、在实验室攻克产业技术难题时，他们已然成为链接教育与产业的活力纽带，为乡村全面振兴注入持久动能。

二、创新链视域下"四链融合"

随着大学知识资本化和服务社会功能的日益凸显，高等教育机构与产业界、社会之间的互动正通过创新链、人才链和产业链的紧密融合而变得更加有机。这种趋势不仅促进了产学研用的深度融合，更为探索教育与产业结合的新路径提供了肥沃的土壤。

在持续优化产教融合模式的过程中，至关重要的是培育出既具备创新精神又充满创业热情的学校与企业环境。众多高等教育机构正积极投身于创新创业教育的浪潮中，这不仅标志着它们在实践领域向创业型大学模式的靠拢，同时也为产教融合的持续发展注入了不竭的动力源泉。这要求我们不仅要加强创新创业教育的实施力度，还要积极探索成立专门的产教融合创业办公室等新举措，以促进理论与实践、学习与工作的无缝对接。通过这样的方式，可以更好地激发学生的创造力和培养学生的企业家精神，同时也为企业注入新鲜血液，共同推动社会经济的发展与进步。

为了营造融洽互动的内外部氛围，学校可以与企业、行业协会等建立紧密的合作关系。通过定期举办行业讲座、企业参观、实习实训等活动，让学生深入了解农业行业的发展趋势和市场需求，增强他们的职业认同感和归属感。同时，学校还可以邀请行业专家担任客座教授或顾问，为学生提供更加贴近实际的专业指导和建议。在学生培养上，可以采用学历证书对接职业资格证书的方式，使得高等农业教育专业的开设与产业经济准入进行无缝对接。这种模式不仅能够提升学生的实际操作能力和就业竞争力，还能为农业行业输送更多高素质的专业人才。

学校还可以鼓励涉农人才毕业后学以致用，将所学知识应用于实际工作中。例如，可以设立创新创业基金，支持有创业意愿的学生开展与农业相关的创新创业项目；或者与企业合作，为毕业生提供就业岗位和职业发展机会，提高学生的就业率和满意度。通过这些举措，学校将为农业的可持续发展提供坚实的人才支持，同时，也为学生的未来发展开辟了广阔的道路。

（一）浙江云和县：打造带动农民增收致富的云和雪梨全产业链数字农业

云和雪梨，作为浙江省三大名梨之一，拥有超过五个世纪的悠久历史。它不仅两次荣获"中华名果"的称号，还被正式认定为全国农产品地理标志产品。在这片土地上，共有162个村庄受益于云和雪梨这一特色农产品的保护与发展。目前，该县内雪梨种植面积已达1.25万亩，年产量接近6 000吨，创造了超过亿元的经济价值，成为促进当地农民收入增长、实现共同富裕的重要支柱产业。通过将先进的数字技术与现代农业相结合，云和雪梨产业得到了前所未有的发展动力，极大地提升了其在市场中的竞争力，并进一步促进了农民生活水平的提高。

云和县通过建立云和雪梨全产业链科创中心，构建了一个智能化的监管平台，实现了对雪梨从种植到销售的全过程质量监控。该平台将165家农民合作社纳入智慧监管信息库，确保了果园生产、精深加工、电商交易以及物流配送等环节的全面监督。此外，云和县还开发了"种质、生产、服务、文旅"四大数字化应用场景，以实现产业监管、农事服务及线上销售的无缝对接，覆盖了 1.1 万亩雪梨生产基地，保障了产品的标准化、可追溯性和高品质。

为了促进雪梨的销售，云和县利用云和青年直播科创联盟的力量，选拔出 40 多名年轻党员干部组成助播团队，并举办了一场直播达人训练营，旨在培养一批能够引领特色农产品直播潮流的人才。这些掌握直播技巧的助播人员不仅指导和支持超过 60 户村民参与在线销售活动，还极大地推动了雪梨在全国范围内的市场拓展。据统计，2022 年，通过电商平台售出的云和雪梨总价值达到了 3 000 多万元人民币，同时其品牌附加值也提升了 30%。

在浙江省，一项创新举措——"浙农码"的推出，标志着农产品质量安全追溯体系的新篇章。这一系统通过二维码技术，结合数字孪生理念，为农业参与者、产品、资源乃至乡村本身赋予了独一无二的数字身份。自 2020 年 11 月启动以来，"浙农码"已成功赋码超过 1 764 万次，并融入了 88 个农业应用场景之中，展现了其广泛的应用潜力。云和县作为先行者，将"浙农码"全面应用于雪梨的生产、流通、消费及品牌建设等各个环节，构建了一个覆盖全链条的质量安全追溯体系，实现了 100% 的产品可追溯性。

为了进一步推动雪梨产业的规模化和融合发展，云和县于 2022 年制定并实施了一系列政策措施，包括《云和雪梨产业创新集成发展三年行动计划（2022—2024 年)》以及《云和雪梨产业振兴新十条》。同时，对原有的《产业兴旺政策 26 条》进行了修订，调整了雪梨种植补助标准，例如对于新种植面积达到 50 亩以上的农户，提供每亩 4 000 元的补贴，以此激励农户扩大雪梨种植规模，促进产业的整体发展。

从云和雪梨产业数字化转型的成功案例中可以看出，利用数字化手段进行产品质量监测与监管，不仅能够促进整个农业产业链的升级转型，还能显著提升农业产业的竞争力。当数字技术与传统农业技术相结合时，将产生更加强大的竞争优势，这对于建设农业强国而言至关重要。因此，在中国迈向数字化时代的过程中，必须持续深化农业产业的数字化进程，探索更多数字技术的应用可能，充分挖掘其在全产业链监控、品质保障、品牌塑造等方面的巨大潜力，从而借助数字化的力量推动现代农业向更高水平迈进。

（二）华东理工大学：打造优质"双创"示范课

创新创业教育，作为新时代高等教育改革的重要方向，正日益成为提升高等学校人才培养水平和教育质量的关键实践环节。产教融合是构建高校创新创业人才培养体系的核心要素。

华东理工大学积极响应国家号召，以前瞻性的教育理念和创新性的实践举措，全面推行全校范围的创新创业教育、学校致力于构建覆盖所有环节的创新创业课程体系、加速科技成果从实验室到市场的转化过程，以及引导学生将职业规划转向创业精神的培养，通过这些举措，显著提升了学校的人才培养质量和教育水平。

学校将"学生要创"的单核驱动模式升级为"师生共创"的双核驱动模式，全面实施全校性的创新创业教育，为此，学校建设了 66 门创新创业示范课，制作了 8 个虚拟现实教学工程案例库和 100 多个虚拟现实全景视频，培育了"工程＋虚拟现实技术"的双创团队。通过这些举措，学校形成了基于成果导向教育理念的课程教学体系，培养出更多具备创新精神和创业能力的高素质人才。

华东理工大学首先从提升教师动力入手，通过建立激励机制、提供专业培训、鼓励教师参与科研项目等方式，激发教师在创新创业教育中的积极性和创造性。在课程设置方面，学校将"专业创新"知识图谱升级为"创业创造"能力图谱，打造全环节创新创业课程体系。学校精心构建了一个涵盖创新创业核心素养、专业知识以及专业能力与技能三大维度，共15 项具体指标的"双创"课程评估框架，开发具有鲜明专业特色的课程体系，同时，学校融合创新创业基础教育和专业教学，打造一系列结合理论与实践的案例分析及实验课程，全面提升学生的创新创业能力，这一体系不仅涵盖了创新创业的基本理论和方法，还注重培养学生的创新思维、团队协作、市场分析等实践能力。通过课堂教学、案例分析、模拟演练等多种教学方式，使学生在实践中不断锤炼自己的创新创业能力。

学校还注重强化技术实力，通过引进先进技术、建设创新平台、加强产学研合作等途径，为师生提供更加丰富的创新资源和技术支持。在成果转化方面，积极推动合格满意的作品思维向精益求精的产品思维转变，助力全链条科技成果转化。学校鼓励学生将自己的创新成果进行市场化运作，通过专利申请、技术转让、创办企业等方式，将科技成果转化为实际生产力。此外，学校还建立了完善的科技成果转化服务体系，为学生提供政策咨询、资金支持、市场推广等全方位服务。

学校还积极汇聚校外合力，与政府、企业、社会等多方力量建立合作关系，共同推动创新创业教育的发展。在职业导向方面，华东理工大学将学生投身职场的职业导向定位为干事创业的未来发展方向。学校通过开设创业指导课程、举办创业大赛、提供创业孵化平台等方式，引导学生树立正确的创业观念，培养他们的创业精神和创业能力。同时，学校积极与企业合作，为学生提供更多的实习和就业机会，帮助他们更好地融入职场和社会。在深化产教融合中，学校精准对接市场对人才的迫切需求，注重与企业界建立更紧密的对话桥梁，共同探索定制化的合作蓝图，精心策划一系列既彰显学科特色又激发创新思维的课程体系，为学生打造一个全面发展的平台。

2020年，华东理工大学与哈曼（中国）投资有限公司的产学研深度合作，双方携手开启了一段共赢之旅。这种校企合作模式，不仅是高等教育回馈社会、助力区域经济发展的重要体现，更是高校提升教学质量与科研实力的有效策略。通过整合校企双方的独特资源与优势，双方在奖学金设立、人才培养、科技创新等多个维度展开深入合作，全方位推进教育与产业的深度融合。

为了更精准地评估并促进学生的创新创业能力，高校应依据学生所处的学习阶段，量身打造一套多元化的专业课程评价机制，全面考量学生的创新意识、创业精神及实践技能，确保每位学子都能在个性化的成长路径上获得充分的发展与提升。2021年，华东理工大学携手微软公司，共同推进了"认证课程与环境体系"项目的二期工程。同时，学校与北京华通安信科技有限公司联手打造的"苹果创新实验室"在徐汇校区图书馆内正式启用,后者慷慨捐赠了十余台最新设备,旨在激发并支持校内师生的创新活力与创业梦想。此外,华东理工大学还联合中国妇女发展基金会及戴尔(中国)有限公司,推出了专为全校工科学生量身定制的"女性工程师成长计划",旨在通过提供专业的就业与创业技能培训,助力她们在未来的职业道路上更加自信地前行。

2022年,华东理工大学携手华为技术有限公司,双方通过线上平台成功举办了"智能基座"项目的年度交流盛会,这一举措不仅促进了双方资源的高效整合,还为解决企业面临的技术挑战提供了强有力的支持。共同打造一流的本科教育体系,这种合作模式不仅激发了企业文化的创新活力,也显著提升了高等教育机构培养人才的能力与水平。

(三)潍坊科技学院:山东寿光蔬菜产业协同创新体系中的高等教育力量

在山东寿光蔬菜产业的转型升级的浪潮中,潍坊科技学院作为地方应用型高校的典型代表,深度嵌入"四链融合"的创新体系,开创了"把实验室建在产业链上,把论文写在大棚里"的产教融合新模式。这所扎根县域的高校,通过重构学科体系、创新育人模式、打通技术转化通道,成为连接基础研究与应用创新的关键枢纽,生动诠释了高等院校在农业现代化进程中的引擎作用。

潍坊科技学院与中国农业科学院、寿光蔬菜产业集团共建的"设施农业协同创新中心",是高校融入创新链的核心载体。该中心打破传统学科壁垒,将蔬菜学、信息工程、机械自动化等7个学科交叉重组,形成"智慧育种—智能装备—数字服务"三大研究方向。在育种环节,学院生物工程团队联合中国农科院开展分子标记辅助育种,利用CRISPR基因编辑技术成功培育出抗黄萎病的"寿研7号"番茄,将品种抗病性提升了83%,每亩减少农药使用量4.2千克,这项成果直接颠覆了跨国种业公司的技术垄断。

在智能装备领域,机械工程系师生历时三年攻关,研发出国内首台

"吊蔓—采摘"一体化机器人，通过 3D 视觉识别系统精准定位果实成熟度，采摘效率达到人工的 6 倍，该项技术已被应用于寿光 12 万亩智能温室，使劳动成本下降 45％。更为重要的是，学院构建了"研—教—产"螺旋上升的创新生态。在第七代智能温室技术研发中，设施农业专业的教师带领学生组成"棚博士"团队，与企业工程师共同攻克日光温室光热效率难题。他们创新性地将航天相变材料引入保温墙体设计，配合基于物联网的环境调控系统，使冬季温室温度波动从 ±5℃ 缩小至 ±1.5℃，茄子、辣椒等越冬蔬菜产量提升了 32％。这项技术不仅获得国家专利金奖，更被写入全国设施农业专业教材，形成"技术突破—教学转化—产业应用"的完整闭环。在此过程中，学生全程参与技术迭代，2020 级学生王立伟在参与水肥一体化控制系统优化时，提出基于边缘计算的分布式决策模型，使系统响应速度提升 40％，该成果直接被企业采纳并量产，创造了在校生技术成果产业化的典范。

在人才培养维度，学院开创了"产业链—专业链—人才链"精准对接模式。针对寿光蔬菜产业数字化升级需求，设置全国首个"设施农业与人工智能"交叉专业，课程体系直接对标智能温室运营场景：大一，学生在虚拟仿真实验室学习温室三维建模，大二，进入校企共建的"植物工厂"调试环境传感器，大三，参与企业真实项目开发智能管控系统。这种"沉浸式"培养模式成效显著，毕业生张浩带领团队开发的温室病害预警系统，通过多光谱成像技术提前 72 小时识别霜霉病侵染，在寿光 3 200 个大棚推广应用，减少经济损失超亿元。学院更创新"双导师＋双课堂"机制，企业技术总监每周两天驻校授课，将最新技术难题转化为毕业设计课题，近三年有 47 项学生创新成果被企业采纳，形成"人才供给—技术革新—产业升级"的良性循环。

高等院校的深度参与，使寿光模式突破传统产学研合作的表层联动，建立起知识创造与价值转化的深层纽带。潍坊科技学院不仅成为技术创新的策源地，更构建起辐射全国的农业技术服务体系。其开发的"棚管家"App 整合了 23 所高校的农业专家资源，农户拍摄病虫害照片即可获得 AI 诊断和农技专家视频指导，累计服务全国 850 万农户，形成"问题收集—

高校攻关—技术扩散"的创新循环。这种以高校为支点的四链融合实践，为农业产业转型升级提供了可复制的范式：当教育链精准对接产业需求，人才链驱动技术突破，创新链自然转化为价值链，最终在齐鲁大地书写出"一个大棚就是一个科创平台，一个专业带动一个产业集群"的现代农业发展佳话。

三、人才链视域下"四链融合"

高等教育的变革力在高等农业教育领域体现得尤为突出，其核心在于培养复合型、通专结合的涉农人才。

劳动者是生产力构成的最基本要素，也是能够发挥主观能动性和活力的因素，其重要性不言而喻。在新质生产力体系中，科技创新占据主导地位，而"人才"是科技创新的首要资源，人才振兴更是乡村振兴的基础。在我国农业人才的培养体系中，高等农业教育肩负着不可替代的使命。但在培养具有深厚科学素养和高素质的农业管理与科研精英方面，其独特优势尚未得到充分彰显。

为应对这一挑战，实施"乡村人才定向培养工程"显得尤为重要。该工程围绕农村的产业人才需求，推行定向招生、定向培养、定向上岗的"三定向"培养模式，精准定位培养目标，从而显著提升人才的招生率、就业率和需求匹配精准度。人才培养始终是产教融合共同体的核心功能，所有活动都应围绕这一目标展开。乡村振兴的顺应性，关键在于对社会环境所需涉农人才数量、质量、结构等方面的精准适应，即有效应对乡村振兴战略对涉农人才的需求。

高等农业教育所培养的专业人才与经济社会发展的需求之间存在显著差异。具体而言，农业人才在数量、质量和结构上均未能满足现实需求，导致人才链与产业链之间出现脱节现象。为解决这一问题，新农科改革应运而生，旨在对涉农人才和专业进行供给侧结构性改革，以填补农业人才缺口，并解决涉农人才与社会需求不匹配的问题。

在我国农业人才储备中，高等农业教育发挥着至关重要的作用。然而，目前在培养具备高水平素质和科学素养的农业管理和科研人才方面，特色尚显不足。无论是聚焦农业领域的综合性大学、深耕地方特色的农业学院，还是致力于科研创新的农业研究机构，这些高等学府在塑造未来农业精英的目标定位与能力要求上，往往过于单一，缺乏多样性。这直接导致培养出的涉农人才在规格与应用领域上趋同，难以精准对接社会对农业科技人才日益增长且多样化的需求。

为了破解这一难题，必须从根本上革新涉农教育的理念与实践，倡导并实施更加灵活、开放且富有前瞻性的人才培养策略。这意味着要鼓励各类教育机构根据自身特色与优势，明确差异化的发展路径，为学生提供更加丰富多元的学习体验与成长空间。我们应进一步优化高等农业教育体系，加强农业人才的培养和选拔机制，确保培养出更多符合经济社会发展需求的优秀人才，为乡村振兴和农业现代化提供坚实的人才支持。

（一）赋能乡村振兴的"才聚龙岩"行动计划

在福建省龙岩市，当地政府积极贯彻落实关于"三农"工作和人才发展的重要论述与文件精神，全面执行中央及省、市级人才工作会议的指导方针。面对农业农村人才总量不足、结构失衡、引才育才设施平台有限以及稳才留才政策不够灵活等挑战，龙岩市聚焦于推动乡村全面振兴这一核心目标，大力推进"才聚龙岩"行动计划，提出了一系列创新举措。这些措施涵盖坚持党的全面领导、提升人才素质、拓宽成长路径和强化政策服务保障等方面，旨在精心策划农业农村人才的全面发展蓝图，打出一套管理与服务并重的人才组合拳，打造一个吸引返乡人才的强大磁场，优化引才留才的软环境，构建一支既懂农业又热爱农村和农民的专业队伍。通过进一步加强农业农村人才队伍建设，龙岩市为全面推进乡村振兴战略、确保粮食安全及加速农业农村现代化进程提供坚实的人才支持和智力保障。

在2021年的农村基层组织换届中，全市共有1 786个村庄实现了村党组织书记与村委会主任的"一肩挑"模式。新一届村党组织书记的平均年龄较上一届下降了3.66岁，同时，拥有大专及以上学历者的比例显著增加了31.18个百分点。值得注意的是，在这一批新任村党组织书记中，有 1 537 位是来自本地的致富能手或是大学毕业生。全市范围内活跃着 4 126 位农民合作社的领导者以及 18 900 名家庭农场主,他们共同构成了推动乡村振兴的重要力量。

农业产业化的领军企业达到了 332 家的规模,其中国家级的佼佼者 6 家以及省级的杰出代表 97 家。根据初步统计,这些龙头企业汇聚了 1 491 位研发精英;建立了 48 个达到省级或更高标准的研发中心。在科技创新方面,这些企业共获得了 104 项省级及以上级别的奖项与荣誉,并且拥有 283 项目前仍然有效的发明专利。成功培养出 1 977 名农村创新创业领域的先锋人物。

加强乡村基础设施建设,稳固人才根基。

一是精心选派并充分发挥"第一书记"的关键作用。完善绩效评估、监督机制及工作支持体系,确保全面深入调研、广泛建立交流群组、全员参与培训以及全方位服务管理等措施得到有效实施。通过组织全市驻村帮扶工作推进会议和针对驻村第一书记的专业培训班,充分激发其积极性。

二是举办项目竞赛等活动。例如"我为村庄添光彩"项目竞赛,开设专栏分享"驻村书记谈振兴"的故事,促进他们在农村前线发挥更大作用并成长为行业佼佼者。

三是从机关企事业单位退休干部(科级及以上)、农民专业合作社领导者、创业团队成员、返乡大学生以及职业经理人中挑选出 98 位乡村振兴特派员,派遣至省级乡村振兴试点村、表现优异的示范村以及"双百"党建示范点等地。明确了五大核心职责,并设立了八项激励政策,鼓励特派员在乡村一线勇于担当、积极贡献,共同推动乡村振兴事业向前发展。

锻造职业能力,点燃人才引擎。

一是培养一批引领乡村产业振兴的先锋人物。通过实施"头雁"项目,计划在未来五年内打造一支由 500 名精英组成的乡村振兴领军团队,以此激发全市新型农业经营主体形成强大的"雁阵效应",为乡村振兴奠定坚实的人才基石。精心挑选一批在农业生产、经营和服务领域表现卓越的优秀人才。依据《龙岩市乡村振兴农业生产经营优秀人才遴选暂行办法》,连续三年在全市范围内选拔 15 位直接投身生产一线、对农业农村经济社会发展作出显著贡献的杰出人才，并为他们提供相应的资金支持。

二是培育一支高素质的农民队伍。针对全市七大特色优势产业，通过问卷调查和实地调研等方式深入了解培训需求，采用"理论＋实践、线上＋线下"的融合模式，运用课堂教学、现场教学、经验分享、案例分析等农民喜爱的方式，强化综合素养、专业技能和经营管理能力的培训，不断提升培训效果，使"有文化、懂技术、善经营、会管理"的高素质农民队伍日益壮大。

三是率先在福建省开展农村实用技能人才中级职称评审工作，打破学历、资历、身份、年龄、论文等传统束缚，首次将农民纳入人才职称评定体系，构建起一套具有龙岩特色的农村实用人才评价机制。

四是深化农业技术职称改革，持续优化职称评聘流程，提高农业技术人员的评审质量和专业水平。通过实施"定向培养"和"绿色通道"策略，以及采用本土化就业措施，致力于开展针对基层农业技术推广领域紧缺专业的定向培养生招募计划。这一举措旨在为基层输送一批能够扎根、稳定并有效发挥作用的年轻农技推广人才，同时加强核心人才培养，提升管理与服务团队的整体素质。

（二）打造培育高素质农民的"溧阳模式"

溧阳市，这座位于沪、宁、杭金三角核心地带的璀璨明珠，不仅地理位置优越，更是苏、浙、皖三省交界处的重要枢纽。作为长三角区域核心地带的重要组成部分，溧阳市自古以来便以其丰富的自然资源和深厚的文化底蕴而闻名遐迩。这里不仅是我国历史上久负盛名的"鱼米之乡"，更是"茶乡"与"丝绸之乡"的代名词，其独特的地理环境和气候条件孕育了丰富多样的农产品，为当地农业的发展奠定了坚实的基础。

然而，随着时代的变迁和社会的进步，溧阳市现代农业发展面临着新的挑战和机遇。为了适应这一变化，溧阳市迫切需要一大批具备智能化、生物化、产业化、生态化和可持续性等特征的高素质现代农业从业者。这些高素质农民将成为推动溧阳市现代农业发展的重要力量，他们需要掌握先进的农业技术和管理经验，以应对日益复杂的农业生产环境。

　　为此，2014 年，溧阳市政府积极响应国家号召，将高素质农民培育工作提升到了前所未有的高度。在"政府主导、部门主管、机构实施、社会参与"的理念指导下，溧阳市坚持"立足产业、政府主导、多方参与、注重实效"的原则，通过政府引导，成功推动了农业行政管理部门以江苏省溧阳中等专业学校为培育主体、多家社会资本参与的高素质农民教育培育体系的建立。这一举措标志着溧阳市高素质农民培育工作进入了一个全新的发展阶段。在实践中，溧阳市积极研究培育模式，创新完善管理制度，稳步推进扶持政策，着力提高培育质量。通过不断探索和实践，溧阳市逐步形成了"四方协同，校企融合"的高素质农民产教融合培育模式。这一模式不仅有效整合了各方资源，还促进了校企合作的深入发展，为高素质农民的成长提供了更加广阔的舞台。

　　如今，溧阳市的高素质农民培育工作已经取得了显著成效。越来越多的农民通过培训掌握了先进的农业技术和管理知识，成了推动溧阳市现代农业发展的中坚力量。他们用自己的智慧和汗水书写着溧阳市农业发展的新篇章，为实现乡村振兴战略贡献着自己的力量。

　　在溧阳市农林局主导和组织下，学校与溧阳曹山慢城、溧阳优鲜到家、溧阳市天目湖晨晓茶树种植家庭农场和溧阳市天目湖毛尖花红生态农业有限公司等单位共建混合所有制现代农业实训基地。共建基地不仅为涉农专业的学生提供了理论与实践相结合的学习环境，还满足了社会对专业技能培训的需求。此外，该基地还承担着农林牧渔等行业中高级技能鉴定的任务，以及其他行业性培训认证的要求。在这里，学生和培训学员不仅可以获得学历证书，还有机会取得多种职业技能等级证书，从而拓宽了他们的就业和创业道路。

　　在这片充满希望的土地上，共建基地如同一座桥梁，连接着学术殿堂与广袤田野，它不仅是涉农学子梦想启航的地方，更是他们知识与汗水交织的舞台。每一寸土地都承载着理论与实践深度融合的愿景，学生们在老师的指导下，亲手播种、施肥、除虫，直至收获，每一个环节都是对他们专业知识的直接考验与深化。同时，基地紧密贴合市场需求，定期举办各类专业技能培训班，邀请行业专家现场授课，确保教学内容与行业发展同步，为社会输送了一批又一批具备实战能力的农业精英。

更为重要的是，共建基地还肩负着推动行业标准化、专业化发展的重任。作为官方认可的技能鉴定中心，基地每年都会组织多场农林牧渔等领域的中高级技能考试，严格遵循国家职业标准，通过理论考核与实操演练相结合的方式，公正客观地评价每位考生的技能水平，为他们颁发权威的职业资格证书。这一过程不仅提升了个人的职业竞争力，也为整个行业的人才选拔树立了标杆。

此外，基地还积极拓展服务范围，与其他行业合作开展定制化培训项目，如现代农业管理、智慧农业技术应用等新兴领域，旨在培养跨学科、复合型的人才，满足日益多元化的社会需求。这些举措不仅丰富了学生的学习体验，也为他们未来的职业生涯铺设了多条可行路径，无论是投身传统农业的转型升级，还是探索农业科技的最前沿，抑或是自主创业开辟新天地，共建基地都以其全面而深入的教育体系，成了他们最坚实的后盾。

在溧阳市，政府正引领着一场创新的变革，旨在通过深化行业企业与高素质农民培育的结合，重塑农业教育的面貌。面对教育资源的局限，特别是专业师资的短缺和实践技能的不足，学校采取了主动出击的策略，积极招募并重金礼聘行业内的专家和技术精英，让他们成为实训基地的灵魂导师。这一举措不仅极大地丰富了教学团队的构成，也直接推动了教学质量的飞跃。

同时，学校还巧妙地利用现代农业专业的混合所有制实训基地，作为产教融合的试验田，让专业教师在参与校企合作的实战中磨砺自我，提升实践操作能力与专业素养。这样的经历使他们站在了行业的前沿，掌握了先进的教育理念，逐渐在各自的领域内树立起权威形象，有的成了备受瞩目的教学明星，有的则化身为技艺超群的技能大师，还有的管理才能出众，成为业界的佼佼者。

这一系列改革措施的实施，不仅解决了当下的教育难题，更为农业教育的长远发展铺设了一条光明大道，培养出一批又一批既有深厚理论功底又具备实战经验的新时代农业人才，为溧阳乃至更广泛地区的农业现代化进程注入了强劲的动力。

在江苏省现代学徒制试点工作的引领下，学校积极与企业携手，共同探索并实施了校企联合招生的新模式。这一模式的核心在于双方紧密合作，共同设计人才培养方案，精心挑选教学内容，并确定最佳的合作方式。同时，还对教学质量的评价标准和学生的考核方法进行了大胆的改革，将学生的工作表现和师傅的评价作为学业评价的重要依据。

以与溧阳中等专业学校涉农专业紧密合作的溧阳曹山慢城企业为例，学生们有机会亲身参与到公司的主营业务生产过程中。企业为他们提供了专门的工位，并由来自生产一线、经验丰富的技术人员担任教学师傅。在这样的环境中，工作过程与教学过程实现了无缝对接，工作内容与教学内容也达到了高度一致，致力于打造真实的生产工作场景，让教师与师傅、学生与学徒的身份在这里完美融合。

通过这样的实践，不仅提升了学生的职业技能，更培养了他们的职业素养。这种校企深度合作的模式，为学生的成长和发展提供了更为广阔的舞台，也为企业的人才培养注入了新的活力。

（三）破解边疆民族地区农业现代化人才困境

在云南广袤的咖啡种植园中，一场以人才链为核心驱动的农业变革正在悄然兴起。云南农业大学通过构建"教育链筑基—人才链赋能—创新链破局—产业链升级"的四链融合体系，将人才培养深度嵌入咖啡产业全生命周期，形成了"人才培育在田间、技术攻关为农户、成果转化富乡村"的良性循环。这一实践不仅破解了边疆民族地区农业现代化的人才困境，更探索出一条教育链与产业链"共生共荣"的特色路径。

云南农业大学聚焦咖啡产业链薄弱环节，创新性地提出了"基础能力—专业实践—产业创新"三阶递进培养模式。在基础能力阶段，重构课程体系：将传统的农学课程与食品科学、数字技术深度融合，开设《咖啡大数据分析》《智慧种植装备操作》等18门新课。以产业链需求倒逼教育链改革，构建"企业出题—高校解题—人才答题—产业验题"的闭环。课程设置动态调整，每年淘汰20%滞后课程，新增智能装备运维、跨境电商运营等前沿内容。学生们在校内的"数字咖啡园"实训基地，通过物联网设备实时监测模拟种植园的温湿度、土壤 pH，学习如何利用 AI 模型预测咖啡锈病暴发概率。在专业实践阶段，学校推行"双导师＋真项目"机制。每个学生由 1 名高校教师和 1 名企业技师联合指导，直接参与企业真实课题。例如，2022 级学生团队与本土企业"艾哲咖啡"合作，针对蜜处理工艺不稳定问题，设计出基于 PLC 控制的发酵温湿度自动调控系统，使咖啡豆风味一致性提升了 60%，该成果已应用于企业生产线。学生们全程参与从需求分析、方案设计到设备调试的全流程，毕业论文直接转化为技术解决方案。在产业创新阶段，学校设立了"咖啡创新创业实验班"。选拔优秀学生组成跨学科团队，入驻普洱市咖啡产业园开展"实战化"创新。2023 年，实验班学生张林带领团队开发的"咖啡鲜果即时糖度检测仪"，采用近红外光谱技术，可在 30 秒内完成鲜果糖度检测，精度达 95%，帮助咖农精准判断采摘时机。该设备成本仅为进口设备的 1/5，已在孟连县推广 300 余台，带动咖农亩均增收 1 200 元。这种"做中学、学中创"的模式，使毕业生创业率高达 29%，远超全国农林院校平均水平。学校还建立了科研成果"三三制"分配模式（30% 归属研发团队、30% 反哺教学、40% 用于产业推广），激发各方参与动力。云南农业大学与龙头企业共建的"咖啡产业研究院"，已孵化科技型企业 23 家，形成了"人才培育—技术转化—收益反哺"的可持续循环。

为破解"人才不下乡、技术难落地"的痼疾，云南农业大学构建了三级服务网络。

一是"咖农大学"普惠培训：联合农业农村部创设全国首个咖啡产业专项教育平台，开发"移动教学车＋夜间课堂"模式。在澜沧拉祜族自治县竹塘乡，农大教师每周两次驾驶搭载 VR 设备的教学车进村，咖农戴上头显即可沉浸式学习病虫害防治技术。学校创新"学分银行"制度，咖农参与培训可积累学分，满 120 分可兑换大专学历证书。58 岁的拉祜族咖农扎迫通过三年学习，不仅取得文凭，更带领村民引进云南农业大学研发的"咖啡—辣木"复合种植技术，使每亩综合收益突破万元。通过"咖农大学""乡土专家库"等载体，将在地农民转化为"永久牌"技术力量。普洱市已认证"咖啡乡土专家"427 人，他们既是技术传播者，又是产业组织者,真正实现"培养一批人才、带动一方产业、富裕一方百姓"。

二是"产业特派员"驻村服务:遴选教师和优秀毕业生担任驻村科技特派员,实行"三三制"工作机制(每周 3 天在村、3 天返校转化成果)。特派员李教授在孟连县芒信镇驻点期间,针对咖啡初加工废水污染问题,指导村民建成"沼气发酵—生态滤池—灌溉回用"系统,使水体化学需氧量排放下降了 82%,每年节约水处理成本 45 万元。该案例入选联合国粮农组织生态农业示范项目。

三是"技术经纪人"市场链接:培养既懂技术又通市场的复合型人才,搭建产学研对接平台。毕业生王婷创办"咖路通"技术服务机构,自主研发咖啡品质区块链溯源系统,帮助 32 家合作社对接星巴克、瑞幸等采购商,产品溢价率提高 40%。这类"技术经纪人"已孵化出 17 家社会化服务组织,形成覆盖全省的科技服务网络。

人才链的深度培育催生创新链与产业链的"链式反应"。在品种改良领域,云南农业大学陈教授团队联合咖农选育出"云咖 1 号"新品种,抗病性比传统品种提升 70%,亩产增加 45%,打破了云南咖啡长期依赖进口种苗的局面。在精深加工环节,师生攻关团队研发出低温分子蒸馏技术,从咖啡果皮中提取高纯度绿原酸,产品附加值提升了 20 倍,带动企业新建 3 条精深加工线。在品牌建设维度,艺术设计学院师生为普洱咖啡设计"民族纹样+现代美学"系列包装,在国际设计大赛中斩获金奖,助力"普洱咖啡"地理标志产品溢价突破 30%。

这种融合效应转化为实实在在的产业价值,云南咖啡精深加工率从 21% 跃升至 58%,出口均价从 2.3 美元/千克增至 7.4 美元/千克;咖农年均收入从 1.2 万元提升至 4.8 万元;农大咖啡学科团队累计获专利 163 项,制定国家标准 5 项,技术成果辐射老挝、缅甸等东盟国家。更深远的意义在于,人才链重塑了乡村人力资本结构——全省咖啡产业从业者中,35 岁以下青年占比从 14% 提升至 39%,大专以上学历者从 7% 增至 43%,彻底扭转了"空心化"困局。

当高校的人才培养深度扎根产业土壤,当科技特派员的身影活跃在田间地头,当咖农的实践经验反哺教学科研,教育链、人才链、创新链、产业链便不再是孤立的概念，而是交织成一张充满活力的价值网络。云南咖啡产业的崛起证明，人才链的深度激活，正是破解农业现代化命题的关键密钥。

四、教育链视域下"四链融合"

实现新农科教育与乡村人才振兴的协同推进，是解决农业产业链与人才链脱节难题的关键途径。高等教育的转型力量在农业领域专业人才的培养上表现得尤为突出，凸显了对兼备广泛知识和专业技能的农业人才的迫切需求。随着教育从大众化向普及化转变，高等教育的发展不应仅仅聚焦于数量的增加，而应更加注重质量的提升和内涵的深化。在普及化阶段，高等教育应构建更加多元化的体系和结构，以适应社会经济结构的调整与转型。为了达成这一目标，高等教育的办学模式需要协调各方利益相关者的诉求，并实现资源的合理配置。这要求我们鼓励除政府之外的更多主体参与到高等教育中来，共同推动高等教育的多元化发展。通过这样的努力，我们可以培养出更多具备复合型知识结构和专业技能的涉农人才，为农业领域的发展注入新的活力与动力。

在乡村振兴的背景下，高等教育产教融合发展亟须从政府、学校、企业"三位一体"入手，完善政策体制、创新培养模式、激发企业动力。通过这些举措，推动乡村振兴实现协同、全面、高速发展，牢牢把握历史契机，实现高等教育产教融合的高质量、高标准发展。在新农科背景下，产教融合作为高等农业教育发挥社会服务功能的重要载体，必须适应乡村振兴和农业农村现代化发展的要求，为农业农村现代化进程提供坚实的人才支持和智力保障。

（一）丽水学院：新农科人才培养赋能乡村振兴

在推进乡村振兴人才队伍建设的进程中，丽水学院生态学院凭借"十四五"浙江省一流学科"农业资源与环境"（B类），农业专业硕士点以及园林、园艺两个涉农本科专业，以新农科建设为引领方向，在专业建设中全过程、全方位融入知识目标、德育目标，将专业教育作为课程思政建设的核心载体，扎实开展新农科教育，为乡村振兴注入强大动力。

学院以前瞻性的视角确立了五大专业发展航标。首先，致力于观念革新与招生策略的升级，通过多渠道传播涉农专业的深远意义与广阔前景，激发社会对农业教育的热情。采用创新的宣传手段和灵活多样的招生模式，吸引更多有志青年投身农业领域，满足地方对高素质农业人才的迫切需求。其次，聚焦教学团队建设，通过引进顶尖人才、强化在职教师的专业培训以及鼓励科研参与，全面提升教师队伍的专业素养与教学创新能力。

聚焦学科建设，加强人才培养。学院围绕新农科建设，学院立足学校应用型人才培养的办学定位，以产教融合为抓手，以立德树人为根本，为乡村振兴、浙江省"大花园建设"和绿色发展培养"三宽四得"（宽厚基础、宽博知识、宽精技能，下得去、留得住、干得好、用得上）的复合型、应用型山区高素质专业人才[①]。为此，学院建立科学的激励机制，点燃教师的教学激情与创新火花，打造一支高水平的涉农专业教育团队。不断完善现代农业职业教育体系，实现教育链与产业链的无缝对接。构建从基础教育到高等教育的完整涉农专业培养链条，强调实践教学与技能训练的重要性，确保毕业生能够迅速适应现代农业工作的需求。深化与企业的合作，采用定制化培养方案和工学结合的教育模式，显著提升学生的就业竞争力。

积极推动专业与产业的深度融合，加强校企合作，为学生搭建丰富的实习平台。通过建立稳定的实习基地和紧密的合作关系，让学生亲身体验农业生产的实际操作，深入了解市场需求，从而增强其实践能力和就业适应性。在保持传统农业专业优势的同时，积极开拓新兴农业领域和交叉学科的研究与应用，创新复合型人才培养模式，推动涉农专业的多元化发展。注重培养学生的创新精神和创业能力，鼓励他们积极参与科研项目和创新创业活动，为农业现代化贡献青春力量。在课堂教学领域，学院确立

---

① 资料来源：《中国教育报》2024 年 09 月 19 日第 10 版《丽水学院生态学院—加强新农科人才培养 赋能乡村振兴》。

了以社会发展需求为导向，扎根丽水，追求特色发展的人才培养定位，并逐步构建了"三提升、二清单、一融合"的人才培养体系。"三提升"旨在通过增强师资队伍建设能力、提升学生职业素养以及提高师生服务地方的能力，逐步提升人才培养的质量；"二清单"则是指结合校企合作的教学模式，由企业提供人才需求清单，学校据此制定培养清单，实现学校与企业供需清单的紧密对接，为学生和企业搭建起沟通的桥梁；"一融合"则是围绕人才培养的各个环节，提高供给与需求的匹配度，实现深度融合，形成全方位、立体式的培养模式。这一模式荣获了校级教学成果奖一等奖。

农业专业硕士的培养紧密结合地方农业发展的实际需求，采用"课堂教学＋案例教学＋研讨教学"三位一体的教学方式，引导学生走进田间地头，深入农业一线进行科学研究。学院始终致力于深耕地方服务领域，特别是在"山居"与"山景"的精心雕琢过程中，师生携手并肩，共同完成了众多项目，赢得了广泛赞誉。学院积极倡导并鼓励青年教师投身于高校、科研院所及企业基地的教学科研与专业实践活动中，旨在通过这一过程，不断完善他们的知识能力体系，增强专业综合素养，并切实提升实际操作技能。

为构建一流专业课程体系，学院对标国家、浙江省一流专业标准，在充分分析和调研的基础上，认真梳理新农科背景下农学类专业的未来发展趋势，从人才供需维度（高校和用人单位）、人才目标维度（专业适应社会发展）和人才发展维度三个维度构建涉农专业课程体系。该项目获批浙江省级"十四五"教学改革项目。同时，学院以提升课程教学质量为己任，建有浙江省一流课程 14 门、精品课程 1 门，建立省级以上实验实践基地 3 个，有 1 000 余人次参与校内外"师导生创"团队活动，出版教材 11 部，教师指导学生获得国家级别奖项 6 项、省级奖项百余项，发表各类论文 96 篇。在课程体系建设、课程思政教学案例库开发、科研成果转化等方面取得了优异成绩。

以新农科建设的蓝图为航标，致力于提升学生的实操技能。以实践教学课程体系的构建为核心策略，秉承"目标导向、产业融合、标准对接、特色彰显"的原则，精心打造了一个覆盖"全产业链"的实践教学框架。通过供需双方的紧密对接和教学管理的共治共享，构筑了一个协同高效的教学联盟。紧跟市场脉搏，注重技能培养，为人才培养注入了新的活力。深植地方特色，创新教学模式，实施多层次的实践教学策略。采取产出导向的教学理念，内外资源协同，推行多元化的实践教学方法。建立一套多维度的评价体系和实时反馈机制，确保教学过程的持续优化和改进。

为更好地服务于产学研合作育人模式，学院坚持教育教学与社会实践相结合，在完善现有校内实践教学基地的基础上，与 34 家企业建立实践教学协作关系。实践基地主要承接学生的认知实习、生产实习、毕业实习等实践活动，教师与企业开展产学研合作，合作形式多样且逐渐深入。学生深入行业一线，并结合生产实际参加各类竞赛，获得各类奖项 100 多项。其中，学生作品《以科绘景，共富"薯光"——丽水仙渡乡番薯联合国概念规划》获得 2022 年"建行裕农通杯"第五届浙江省大学生乡村振兴创意大赛金奖，《意蕴丽水·链接青山》获得"丽水山居图"城市设计国际竞赛"创意提案奖"等。

学院的师生们积极跨越国界，与世界顶尖学府展开深入交流与合作。他们不仅参与访学项目，还踊跃出席国际学术会议，投身于跨国界的科研协作之中，通过这些丰富的经历来增强教学技巧、深化研究能力，并拓宽全球视野。这些宝贵的经验被巧妙地融入日常的教学活动中，极大地提升了学习效果和教学质量。

通过与海外知名高校的紧密合作，教师和学生得以接触到最前沿的学术动态和创新成果，深入了解不同文化背景下的教育模式与策略。这种跨文化的学术交流不仅开阔了我们的视野，也为推动教育教学方法的改革提供了新思路。在某次国际合作项目中，教师亲身体验了合作伙伴院校的独特授课方式，发现了自身教学中的不足，并据此进行了针对性的优化。

积极参与国际会议成了提升科研实力和促进知识共享的关键渠道。学院鼓励所有成员抓住每一个机会，在国际舞台上展示自己的研究成果，同时也从其他同行那里汲取灵感。这样的互动不仅有助于构建起强大的专业网络，还能激发新的思考火花。一位年轻讲师因其在农业人工智能领域的突破性工作而受到广泛认可，这无疑为其未来的职业生涯奠定了良好开端。

开展联合研究项目是另一种有效提高教育质量和学生实践技能的方法。主动寻找与其他机构及企业的合作契机，共同探索未知领域。跨界合作促进了多学科知识的融合与发展，同时也锻炼了学生们解决实际问题的能力。与一家领先的新能源公司联手推进了一项材料科学方面的课题研究，其间学生们不仅掌握了相关理论和技术，更学会了如何将书本上的知识转化为现实中的应用方案。

将所有这些从外部获取的知识转化为课堂教学内容的一部分，则是确保教育质量持续提升的核心环节。每位老师都按要求把自己在外访问、参会等过程中学到的新理念融入课程设计当中去。比如，有位曾在美国进修过的教授回国后便开始尝试引入一些新颖的教学手段，使得原本单调的课程变得生动有趣；另一位经常出席国际论坛的青年教师则利用自己积累起来的信息资源为学生们创造了更多元的学习环境。

通过不断向外拓展联系并邀请外界专家来访的方式，不仅能够让师生们增长见识、开阔眼界，更重要的是能够促使他们在教书育人以及科学研究等方面取得更加显著的进步和发展。

丽水学院生态学院以前瞻视角规划未来，致力于从多个维度深化新农科人才的培养。学院坚守观念引领与招生革新的双轮驱动，不断优化教学团队结构，完善职业教育体系，推动农业与工业的深度融合。同时，积极构建合作社平台，强化生态保护意识，深化校企合作关系，并致力于专业的多元化发展与创新人才培养模式的探索①。此外，学院还积极开展地方服务工作，师生共同参与完成多个项目并取得良好的口碑。通过这些举措，丽水学院生态学院加强了新农科人才建设，推动涉农专业的持续健康发展，为农业现代化提供有力的人才支撑和智力保障。

（二）广东清远：职教精准服务乡村振兴人才培养

产教融合是产业与教育深度交织的旅程，其核心在于校企之间的紧密

---

① 谭智心．"人才强农"是乡村振兴的重要引擎 [EB/OL]．（2018-03-19）[2021-04-13].

协作，无缝对接教育内容与产业需求，从而提升学生的实际操作能力和职场竞争力。清远，这片以绿色发展为引领的土地，其人才培养蓝图应顺应这一绿色浪潮，着重培育拥有创新思维和实践技能的学子，确保人才发展与地区产业步伐一致。通过创新实践作为关键驱动力，构筑一个促进产业与教育相辅相成的教学体系。

特色一：进行深入的需求分析，搭建起产业需求与教育资源之间的桥梁。清远所渴求的，不仅是基础劳动力，更是那些具备创新能力、团队协作精神以及服务意识的复合型人才。教育活动应紧扣产业结构的转型与升级，结合生态农业、绿色物流等前沿产业的发展动态，精心设计课程内容，引入企业实训环节，让学生在真实的工作环境中领悟并掌握知识，真正做到学有所用。清远打造校企合作通过深入洞察产业界的迫切需求与教育机构的学科精髓，构筑一个稳固的产学研联盟。采纳创新策略如"订单式培育""定制化班级"，依据企业的具体人才诉求，精心设计专业方向及课程体系，精准对接学生的培养路径与企业的人才战略，确保教育输出与市场需求无缝衔接。

特色二：针对清远乡村振兴的特定需求，精心构建一套量身定制的课程体系，并采取创新的教学策略。课程设计彰显地方特色，聚焦于农业现代化进程、新兴农村产业及业态的发展等关键领域，同时强调跨学科知识的整合与实践能力的培育。课程设计打破常规，融入跨学科元素，例如将现代信息技术应用于农业领域。鼓励农业与物联网、大数据、人工智能等前沿技术的结合，重点培养学生的全产业链思维和创新能力。通过校企合作模式，邀请当地有影响力的农业龙头企业参与课程开发，确保教学内容与行业标准对接，更贴近广东省农村经济发展的实际需求。教学方法创新，引入翻转课堂、项目导向学习以及情景模拟等现代教学手段，使学习过程更加互动并提升学生的能力。例如，在设置"作物生长与环境"课程时，组织实地考察农作物种植基地，结合实验操作和理论学习，让学生亲身参与农作物的选种、种植、管理和收获等环节，深入理解生态农业的科学原理和经营管理之道。教学方法上，清远地区以项目导向和案例研究等方式，将学生置于问题解决的核心位置，通过深入探究实际问题的过程，锻炼他们的问题分析与解决能力。利用现代信息技术手段，比如虚拟仿真实验室、在线云课堂等，为学生提供丰富多样的学习资源和灵活便捷的学习环境，突破时间和空间的限制，增强学习的灵活性和效果。

特色三：清远充分利用其农业科技创新中心和现代农业示范区等宝贵资源，构建一个多层次、多类型的实践教学网络。通过深化工学结合的模式，鼓励学生参与科研项目和技术服务项目，以此促进理论知识与生产实践的深度融合。针对不同领域乡村振兴的具体需求，设计多样化的实践教学内容，并根据学生的兴趣爱好及专业方向提供个性化指导，确保实践活动既丰富又具有针对性。加强与企业的合作，利用真实的企业环境来提升学生的实际操作能力和对未来职场环境的适应能力。

特色四：创新思维和技术革新为农业产业链带来了全面的变革，不仅涵盖了种植、生产、加工和销售等传统环节，也包括从农产品标准的制定到品牌策划、供应链管理等一系列专业岗位的变革，变革是推动农业产业链升级的重要力量。这就要求农业产业链的岗位设置不仅要基于传统农业技术，更要注重技术研发、物联网管理、智能化操作以及市场分析等专业领域——需要引进和培养既精通农业科技成果应用技术，又熟悉相关信息系统操作的复合型人才。清远重视农业高等院校和职业院校相关专业的培训质量和方向，同时创新地方性培训体系。定期开展田间课堂和技能培训活动，切实提升农业从业人员的综合素养，使他们能够适应现代农业发展的新要求，成为推动农业产业链深度发展的中坚力量。

特色五：清远积极应对农村电商的发展需求，通过推动教育与实训相结合，培养既懂得电商技术又能适应农村实际工作场景的专业人才。设置专业课程以覆盖电子商务的基本理论、运营实务、网络营销、储运配送以及农产品电商管理等内容，培养学生的专业技能，依托地方特色农产品的生产和销售案例，引导学生实现理论学习与实践操作的有机融合。实施"双师型"教师培养计划，由电子商务行业的专家和资深电商运营人员担任实践指导老师，定期组织学生参加电商行业的专业资格认证考核，通过认证鼓励学生的自主学习和专业成长。政府和教育机构应合作搭建农村电商实训平台，设立电子商务学院，建立校内模拟实训室和校外实践基地，为学生提供全面的实操训练。开展多层次的乡村电商人才培训和创业指导，提高农村电子商务的整体服务水平。通过对农村电子商务教育体系的优化，不仅能够培养出满足农村电商发展需要的高素质专业人才，同时也能满足广大农村地区农业产业升级与结构调整的迫切需求，推动清远及周边县市的电子商务经济健康可持续发展。

特色六：清远加强乡村治理和社会工作专业的支持政策及激励措施，开设一系列推动乡村治理的专业化和特色化社会服务发展的专业课程，如乡村社会学、乡村政策学、公共行政管理以及社区发展理论与实践等，通过角色模拟、案例研讨等互动式教学方法，使学生深入理解乡村治理面临的挑战与困境。实践性教学是培养高素质社会工作专业人才的关键所在。设立社会工作实习基地，安排学生参与社区服务、基层治理、脱贫攻坚等实际项目，以实践检验学习成果。科学指导学生进行乡村社会服务实践，与乡村基层组织、社会组织等建立合作关系，邀请经验丰富的乡村治理者和社会工作者参与教学活动，分享他们的实践经验。通过这些举措，引导学生走上乡村振兴的前线，锤炼他们的专业知识和实践技能，让他们在真实的环境中锻炼自己的组织协调和问题解决能力，为乡村振兴战略的实施提供坚实的人力资源和智力支撑。

（三）浙江安吉：白茶产业学院的"政校企村"四方协同机制

浙江安吉"白茶产业学院"是"政校企村"四方协同机制的典型案例，通过教育链与产业链的深度绑定，实现了三螺旋模型在乡村场域的本土化创新。这一模式不仅破解了传统产教融合中"校热企冷""供需错位"的困境，更构建了乡村产业升级的内生动力系统，其运行逻辑与实践经验具有重要启示。

浙江安吉"白茶产业学院"是全国首个县域茶产业学院，获批教育部产教融合示范项目，学院建立了"院士工作站（基础研究）—产业创新中心（中试转化）—合作社示范基地（应用推广）"三级体系，带动安吉白茶产值从 2018 年的 31.2 亿元增至 2023 年 72 亿元，形成了"品种研发—标准制定—品牌运营—文化传承"全产业链体系。政府作为政策引导与资源整合者，设立白茶产业专项基金，搭建协同平台，破除制度壁垒，出台《安吉白茶产教融合十条》；浙江农林大学作为技术研发与人才培养主体，茶学院入驻，输出智力资源，驱动产业创新，开设"茶园管理＋品牌营销"双导师制课程、为产业发展提供了强大的技术支持；企业作为需求提出与成果转化载体，提供应用场景，反哺教育链优化，龙王山茶业等龙头企业共建实训基地，设立技术攻关"揭榜制"，推动了教育与产业的深度融合；乡村是价值承载与生态维护者，村集体持股产业学院，村民参与非遗制茶技艺课程开发，保护文化根脉，实现可持续发展。

在教育链与产业链深度绑定的实现路径上，安吉"白茶产业学院"重构课程体系，每年组织"政企校村四方联席会议"，根据白茶产业智能化、品牌化转型需求，增设"数字茶园运维""茶旅融合设计"等课程模块。实行场景化教学，将课堂延伸至 2 000 亩核心茶园，开发"春茶采摘—夏枝修剪—秋肥管理—冬园维护"的季节性实训项目，让学生在真实的环境中学习。在技术研发闭环建立需求导向型科研，建立"企业出题—高校解题—政府评题—乡村用题"机制，如针对白茶保鲜难题，校企联合研发出低温等离子体保鲜技术，延长产品货架期 3 倍。制定《安吉白茶数字化种植规程》《电商直播服务规范》等 12 项团体标准，带动全县 85％茶企完成技术改造。在价值共创网络上建立利益共享机制，构建"技术入股＋品牌分红"模式，高校科研成果转化收益的 15％反哺村集体经济发展基金。组建"大学生创客＋非遗传承人"团队，开发茶道研学、古法制茶体验等文旅项目，带动周边农户年均增收 2.3 万元。

安吉白茶产业学院在创新链上形成三大突破。一是组织形态创新。打破传统学院边界，成立由县长任理事长、茶企 CEO 任院长的混合治理架构，实现"产业发展规划即专业建设规划"。创建"县乡村三级人才驿站"，打通高校教师驻村服务、茶农入校进修的双向通道。二是知识生产模式转型。构建"基础研究（高校实验室）—中试转化（产业创新中心）—规模应用（合作社示范基地）"三级创新体系，使新品种研发周期从 8 年缩短至 3 年。开发"白茶产业大脑"数字平台，集成种植监测、技能培训、电商销售等功能，实现全产业链数据贯通。三是社会网络重构。

形成"1个产业学院＋N个合作社＋全域农户"的辐射网络，通过"技术包推广""管理托管"等方式，带动3.2万茶农接入标准化生产体系。建立"校友经济"生态圈，毕业生创办的87家小微茶企与学院形成技术联营体，推动县域白茶产值5年增长217%。

安吉白茶产业学院的实践表明，"政校企村"协同机制成功的关键在于构建"价值共生体"。政府不再是单纯的资源分配者，而是转变为生态营造者；高校突破"学术孤岛"，成为产业创新的核心节点；企业从技术接受方升级为知识共同生产者；乡村则从被动受益者转变为主动参与者。这种深度协同不仅重塑了乡村产业生态，也开创了产教融合服务乡村振兴的"中国式解决方案"，为同类地区提供了可复制、可推广的实践范式。政校企村协同通过构建价值共生网络、重塑知识生产模式、创新组织治理形态三大路径，能够有效解决产教融合中的供需错配问题，形成"教育供给优化、技术创新迭代、产业升级反哺"的良性循环。

结　　语

　　"生产"与"教育"携带各自独特的基因：前者以市场脉搏为律动，追求效益最大化；后者则以培养人才、传承智慧为己任，遵循着知识传递的内在逻辑。当这两股力量试图汇聚，共同塑造一个创新的产教融合生态时，它们固有的差异性便如同河床中的礁石，既挑战着融合的深度，也预示着变革的方向需要精心导航，以避免航道的偏离。

　　产业界的游戏规则根植于市场需求的土壤，其管理哲学与运作模式无不围绕着利润这一核心旋转，犹如磁场中的铁屑，自然而然地排列成最高效的盈利阵形。反观教育领域，它更像是一座灯塔，照亮人类心智的航道，其行动的罗盘指向的是人格的塑造与知识的火炬传递，而非直接的经济收益。这种本质上的分歧，使得两者在携手共进的征途中，不可避免地遭遇理念与实践的双重磨合。这不仅是对传统界限的跨越，更是对未来社会形态的一次大胆预演，其中每一步调整与尝试，都是向着更加和谐、高效的社会发展模式迈进的重要步伐。产教融合的深层价值，在于构建"教育培养人才—人才驱动创新—创新升级产业—产业反哺教育"的永动循环。

　　在推动高等农业教育与农业产业深度融合的征途中，既不能仅仅依靠高校作为单一主体开展运行，也不能完全消融在社会行业之间。产教融合的探索之路，实则是一场深刻而微妙的平衡艺术。它要求我们在尊重各自体系特性的基础上，创造性地搭建一座坚固而灵动的桥梁，不仅连接着学术殿堂与田间地头，更架起了知识创新与社会实践之间的彩虹通道，让市场的活力与教育的深邃相互渗透，共同孕育出一个既能激发创新潜能，又能培育时代新人的新型融合体。

参 考 文 献

阿什比，1983. 科技发达时代的大学教育［M］. 滕大春，滕大生，译. 北京：人民教育出版社.

白逸仙，2019. 高水平行业特色高校"产教融合"组织发展困境：基于多重制度逻辑的分析［J］. 中国高教研究（4）：86-91.

蔡蔚，方志权，陈云，等，2021. 上海国有企业和社会资本参与乡村振兴的调研报告［J］. 上海农村经济（1）：76-84.

苍英美，2019. 乡村振兴下黑龙江省发展农村电商的路径选择［J］. 电子商务（9）：31-33，89.

陈江，熊礼贵，2022. 数字农业内涵、作用机理、挑战与推进路径研究［J］. 西南金融（10）.

陈洁梅，2023. 数字乡村建设与城乡高质量融合：机制讨论与经验证据［J］. 商业研究（4）：85-93.

陈锡文，2023. 食物安全保障是现代化强国的根本［J］. 农村金融研究（4）：3-8.

陈星，张学敏，2017. 依附中超越：应用型高校深化产教融合改革探索［J］. 清华大学教育研究，38（01）：46-56.

陈正，秦咏红，2021. 德国学习工厂产教融合的特点及启示［J］. 高校教育管理（4）.

董亚宁，顾芸，杨开忠，2021. 农产品品牌、市场一体化与农业收入增长［J］. 首都经济贸易大学学报，23（1）：70-80.

杜志雄，2021. 农业农村现代化：内涵辨析、问题挑战与实现路径［J］. 南京农业大学学报（社会科学版）（5）：1-10.

方帅，2022. 我国农民组织化研究热点及演变趋势［J］. 华南农业大学学报（社会科学版），21（2）：51-59.

符明秋，朱巧怡，2021. 乡村振兴战略下农村生态文明建设现状及对策研究［J］. 重庆理工大学学报（社会科学），35（4）：43-51.

高鸣，种聪，2023. 依靠科技和改革双轮驱动加快建设农业强国：现实基础与战略构想［J］. 改革（1）：118-127.

高强，周丽，2023. 建设农业强国的战略内涵、动力源泉与政策选择［J］. 中州学刊（3）：43-51.

国家发展和改革委员会价格司，2021. 价格成本调查中心，全国农产品成本收益资料汇编 2021 [M]. 北京：中国统计出版社.

韩镝，王文跃，王晨，等，2022. 数字经济赋能乡村发展的关键问题研究 [J]. 信息通信技术与政策（4）.

韩亮，万俊毅，2023. "一村一品"示范政策促进了农民增收吗？：基于多时点 DID 的实证检验，现代财经（天津财经大学学报），43（6）：78 - 93.

郝晓燕，柳苏芸，2023. 农业贸易百问：美国农业生产具备哪些优势？ [J]. 世界农业（9）：135 - 136.

何亚莉，杨肃昌，2021. "双循环"场景下农业产业链韧性锻铸研究 [J]. 农业经济问题（10）：78 - 89.

胡新艳，陈卓，罗必良，2023. 建设农业强国：战略导向、目标定位与路径选择 [J]. 广东社会科学（2）：5 - 14.

胡元聪，2009. 农业正外部性解决的经济法分析 [J]. 调研世界（5）：18 - 21.

黄巧云，吕叙杰，石磊，2022. 新农科建设背景下农科专业改革路径探索：以华中农业大学农业资源与环境专业为例 [J]. 中国大学教学（6）：19 - 26.

黄婉婷，蓝红星，施帝斌，2023. 数字经济对农村三产融合发展的影响机理及空间溢出效应 [J]. 统计与决策．（16）.

黄宗智，2021. 中国的非正规经济 [J]. 文化纵横（4）：64 - 74.

黄祖辉，傅珠珠，2023. 建设农业强国：内涵、关键与路径 [J]. 求索（1）.

魏后凯，崔凯，2022. 农业强国的内涵特征、建设基础与推进策略 [J]. 改革（12）.

冀宏，张扬，朱益波，等，2022. 产教融合课程的理路与实践 [J]. 高等工程教育研究（4）：70 - 76.

贾春增，1989. 外国社会学史 [M]. 北京：中国人民大学出版社：214.

简冠群，邓首华，2021. 激发企业参与乡村产业振兴的长效路径探索：基于关系投资视角的双案例研究 [J]. 金融发展研究（9）：72 - 78.

江艇，2022. 因果推断经验研究中的中介效应与调节效应 [J]. 中国工业经济（5）.

姜博，马胜利，唐晓华，2019. 产业融合对中国装备制造业创新效率的影响：结构投入的调节作用 [J]. 科技进步与对策，36（9）.

景娘，2021. 西北地区农产品供给质量评价指标体系构建研究 [J]. 北方民族大学学报（2）.

孔庆聪，2014. 我国本科高校大类招生背景下的专业分流制度研究 [D]. 武汉：华中师范大学.

孔祥智，2022. 加快建设农业强国的四个着力点［J］. 经济纵横（12）：1-8.

蓝红星，李芬妮，2022. 基于大食物观的"藏粮于地"战略：内涵辨析与实践展望［J］.
中州学刊（12）：49-56.

李翠霞，许佳彬，2022. 中国农业绿色转型的理论阐释与实践路径［J］. 中州学刊（9）：
40-48.

李登旺，2020. 深化土地制度改革，推动乡村产业振兴［J］. 中国发展观察（23）：
49-53.

李阳阳，淮建军，2023. "保险＋期货"模式与农户增收：基于全国 124 个县的多期双重
差分估计［J］. 中国农业资源与区划，44（8）：134-144.

李玉倩，蔡瑞林，陈万明，2018. 面向新工科的集成化产教融合平台构建［J］. 中国高教
研究（3）：38-43.

李玉倩，陈万明，2019. 产教融合的集体主义困境：交易成本理论评释与实证检验［J］.
中国高教研究（9）：67-73.

李垣，谢恩，廖貌武，2006. 个人关系，联盟制度化程度与战略联盟控制［J］. 管理科学
学报（6）：73-81，96.

李媛，阮连杰，2023. 数字经济背景下中国式农业农村现代化的拓展路径与政策取向
［J］. 西安财经大学学报，36（2）.

李中建，王志华，2023. 大国小农的农业强国之路：约束及破解［J］. 西南金融（12）：
41-53.

林满，谷承应，斯晓夫，等，2023. 县域创业活动、农民增收与共同富裕：基于中国县级
数据的实证研究［J］. 经济研究，58（3）40-58.

刘明月，冯晓龙，冷淦潇，等，2021. 从产业扶贫到产业兴旺：制约因素与模式选择
［J］. 农业经济问题（10）：51-63.

刘瑞，郑霖豪，陈哲昂，2024. 新质生产力保障国家经济安全的内在逻辑和战略构想
［J］. 上海经济研究（1）.

刘润泽，马万里，樊文强，2021. 产教融合对专业学位研究生实践能力影响的路径分析
［J］. 中国高教研究（3）：89-94.

刘同山，钱龙，2023. 发达国家农地细碎化治理的经验与启示：以德国、法国、荷兰和日
本为例［J］. 中州学刊（7）：58-66.

刘志民，陈万明，董维春，2002. 高等农业院校发展模式取向研究［J］. 高等农业教育
（11）：15-18.

柳友荣，项桂娥，王剑程，2015. 应用型本科院校产教融合模式及其影响因素研究［J］.

中国高教研究 (5)：64 - 68.

吕仁杰，许楠，2022. 新型城镇化与乡村振兴融合发展的人才流动趋向研究 [J]. 统计与管理，37 (8)：55 - 66.

吕越，张吴天，薛进军，等，2023. 税收激励会促进企业污染减排吗：来自增值税转型改革的经验证据 [J]. 中国工业经济 (2)：112 - 130.

罗静，2018. 应用学科的内涵及发展方略 [J]. 贵州社会科学 (4)：96 - 102.

罗重谱，2021. 全球粮食安全形势与我国中长期粮食安全保障策略 [J]. 经济纵横 (11)：97 - 102.

马丽，2018. 乡村振兴背景下高效生态农业发展战略研究 [J]. 农业经济 (10).

毛冰，2022. 中国产业链现代化水平指标体系构建与综合测度 [J]. 经济体制改革 (2).

毛瑞男，邢浩特，2024. 大食物观下我国粮食安全保障路径研究 [J]. 学习与探索 (2)：127 - 135.

毛世平，张帅，张舰，2024. 美国、欧盟和日本农业合作社发展经验及其借鉴 [J]. 财经问题研究 (1)：115 - 129.

年猛，2022. 国内外农村经济发展的典型模式及对我国乡村振兴战略实施的启示 [J]. 当代经济管理 (5)：45 - 50.

牛猛，李富强，2023. 助力乡村振兴 彰显央企社会责任担当：央企接续推进乡村振兴实施路径探索 [J]. 价格理论与实践 (1)：45 - 48.

农业农村部农村合作经济指导司，农业农村部政策与改革司，2019. 中国农村经营管理统计年报 (2018) [M]. 北京：中国农业出版社.

欧阳峣，2012. 大国经济发展理论的研究范式 [J]. 经济学动态 (12)：48 - 53.

潘海生，张玉凤，2023. 职业教育产教融合复杂禀赋、内在机理与运行机制研究 [J]. 西南大学学报 (社会科学版) (4)：176 - 186.

秦国强，2018. 乡村振兴战略背景下乐山市生态农业发展研究：以井研县天云乡为例 [J]. 乡村科技 (6).

沈黎勇，齐书宇，费兰兰，2021. 高校产教融合背景下人才培育困境化解：基于 MIT 工程人才培养模式研究 [J]. 高等工程教育研究 (6)：146 - 151.

盛朝迅，2024. 新质生产力的形成条件与培育路径 [J]. 经济纵横 (2).

石伟平，郝天聪，2019. 从校企合作到产教融合：我国职业教育办学模式改革的思维转向 [J]. 教育发展研究 (1)：1 - 9.

汤正华，谢金楼，2020. 应用型本科院校产教融合的探索与实践 [J]. 高等工程教育研究 (5)：123 - 128.

万宝瑞，2018. 实现"双目标"是落实农业供给侧结构性改革的根本任务［J］. 农业经济
　　问题（1）：4-7.

王平祥，徐小霞，刘辉，2020. 转型与重构：高校"新农科"建设发展探析［J］. 中国农
　　业教育，21（4）：54-60.

王王，王荣基，2024. 新质生产力：指标构建与时空演进［J］. 西安财经大学学报，
　　37（1）.

王晓航，2018. 生态农业发展的特点及意义研究［J］. 河南农业（14）.

魏后凯，崔凯，2022. 建设农业强国的中国道路：基本逻辑、进程研判与战略支撑［J］.
　　中国农村经济（1）：2-23.

魏后凯，叶兴庆，杜志雄，等，2022. 加快构建新发展格局，着力推动农业农村高质量发
　　展：权威专家深度解读党的二十大精神［J］. 中国农村经济（12）：2-34.

邬大光，2021. 探索高等教育普及化的"大国道路"［J］. 中国高教研究（2）：4-9.

伍骏骞，张星民，2023. 粮食生产激励能促进农民增收和县域经济发展吗?：基于产粮大
　　县奖励政策的准自然实验［J］. 财经研究，49（1）：124-138.

肖小虹，王婷婷，王超，2019. 中华人民共和国成立 70 年来农业政策的演变轨迹［J］.
　　世界农业（8）：33-48.

谢笑珍，2019. "产教融合"机理及其机制设计路径研究［J］. 高等工程教育研究（5）：
　　81-87.

徐全海，夏杰长，2023. 全力提升产业链供应链现代化水平：基于全球价值链视角［J］.
　　中国社会科学院大学学报，43（11）.

杨文斌，2020. 产学深度融合新工科人才培养的探索与实践［J］. 高等工程教育研究
　　（2）：54-60.

杨霞，张继河，杨娟，2014. "科教兴农"视角下的高等农业院校人才培养探究［J］. 职
　　业时空（9）：101-104，107.

姚树俊，董哲铭，2023. 我国产业链供应链现代化水平测度与空间动态演进［J］. 中国流
　　通经济，37（3）.

尹楠，2021. 财政金融政策融合支持乡村振兴的创新、实践与建议［J］. 中国银行业
　　（12）：45-47.

张海霞，杨浩，庄天慧，2022. 共同富裕进程中的农村相对贫困治理［J］. 改革（10）：
　　78-90.

张衡，穆月英，2023. 村集体经营性资产价值实现的农户增收和追赶效应：外生推动与内
　　生发展［J］. 中国农村经济（8）：37-59.

张林，温涛，刘渊博，2020. 农村产业融合发展与农民收入增长：理论机理与实证判定［J］. 西安财经大学学报（社会科学版），46（5）：42-56，191-192.

张露，罗必良，2021. 构建新型工农城乡关系：从打开城门到开放村庄［J］. 南方经济（5）：1-13.

张喜才，霍迪，2021. 中国生鲜农产品冷链物流薄弱环节梳理及对策研究［J］. 农业经济与管理（3）：93-102.

张贤明，崔珊珊，2018. 规制、规范与认知：制度变迁的三种解释路径［J］. 理论探讨（1）：22-27.

张新光，2011. "小农"概念辨析：兼论我国现行小农经济的弊端与改革取向［J］. 现代财经（天津财经大学学报）（12）：5-15.

张应强，姜远谋，2021. 创业型大学兴起与现代大学制度建设［J］. 教育研究（4）：103-117.

张永江，袁俊丽，黄惠春，2023. 农业强国推动经济高质量发展的理论逻辑与实践路径［J］. 经济学家（1）：119-128.

张哲晰，移月英，2018. 空间视角下农业产业集聚的增收效应研究：基于蔬菜专业村的实证［J］. 农业技术经济（7）：19-32.

赵春江，2021. 智慧农业的发展现状与未来展望［J］. 华南农业大学学报（6）.

赵瑞，祁春节，2022. 新型城镇化对农民收入的影响效应研究：基于30个省（市、自治区）面板数据的实证分析［J］. 中国农业资源与区划，43（2）：131-140.

霍鹏，肖荣美，马九杰，2022. 数字乡村建设的底层逻辑、功能价值与路径选择［J］. 改革（12）.

中国农业科学院，2020. 中国农业产业发展报告2020［M］. 北京：中国农业科学技术出版社.

中华人民共和国住房和城乡建设部，2022. 中国城乡建设统计年鉴2021［M］. 北京：中国统计出版社.

朱冬亮，王美英，2021. 从内生市场化到外生市场化：村级农业转型发展路径演变［J］. 江海学刊（4）：115-124.

朱晶，2022. 树立大食物观，构建多元食物供给体系［J］. 农业经济与管理（6）：11-14.

朱云霞，2016. 结构功能主义理论下的科学共同体研究新视角［J］. 现代情报，36（10）：3-8.

庄西真，2018. 产教融合的内在矛盾与解决策略［J］. 中国高教研究（9）：81-86.

Minten B，Singh K M，Sutradhar R，2013. Branding and Agricultural Value Chains in Developing Countries：Insights from Bihar（India）［J］. Food Policy（38）：23 - 34.

Ostrom E，Walker J，Gardner R，1986. Covenants with and without a Sword：Sclf - Governance Is Possible［J］. Amcican Review，86（2）：404 - 417.

Swagemakers P，Schermer M，Dominguez García M D，et al. ，2021. To what extent do brands contribute to sustainabagricultural production practices? Lessons from thrce Europcan case studies［J］. Ecological Economics：189.

Zhang C，Lu J，2014. Rescarch on development characteristics and brand spillover effects of agricultural Product Regional Brands in China［J］. INMATEH Agricultural Engineering（42）：97 - 104.

附　　录

2020 年以来关于产教融合赋能乡村振兴的部分重要会议、文件

2020 年 10 月

党的十九届五中全会

内容：提出"建设高质量教育体系""建设教育强国"，首次将"农业强国"写入党的全会文件。

出处：新华网公报

2021 年 4 月

《中华人民共和国乡村振兴促进法》

内容：以法律形式明确"支持乡村人才培养""推动产学研合作"，保障乡村振兴战略实施。

出处：全国人大网

2021 年 10 月

《关于推动现代职业教育高质量发展的意见》（中办发〔2021〕43 号）

内容：提出"推动职业院校与行业企业形成命运共同体"，强化职业教育对乡村振兴的支撑作用。

出处：教育部官网

2022 年 10 月

党的二十大报告

内容：强调"教育、科技、人才是全面建设社会主义现代化国家的基础性、战略性支撑"，提出"加快建设农业强国"。

出处：新华网全文

2022 年 12 月

《关于深化现代职业教育体系建设改革的意见》（中办发〔2022〕65 号）

内容：提出"科教融汇"新方向，建设市域产教联合体和行业产教融合共同体。

出处：中国政府网

2023 年 2 月

2023 年中央 1 号文件《关于做好 2023 年全面推进乡村振兴重点工作的意见》

内容：明确"农业强国建设"路径，要求"深入推进产教融合，支持涉农职业院校建设"。

出处：中国政府网

2023 年 5 月

教育部印发《关于加快新时代研究生教育改革发展的意见》

内容：提出"推动科教融汇、产教融合"，支持高校与科研院所、企业联合培养高层次人才。

出处：教育部官网

2023 年 6 月

《乡村振兴责任制实施办法》

内容：明确各级政府乡村振兴责任，要求"强化乡村人才支撑，推动产学研协同创新"。

出处：农业农村部官网

2024 年 1 月

2024 年中央 1 号文件《关于学习运用"千村示范、万村整治"工程经验有力有效推进乡村全面振兴的意见》

内容：强调"强化农业科技和装备支撑""深化职业教育产教融合，

培养乡村振兴急需人才"。

出处：中国政府网

2025 年 2 月

2025 年中央 1 号文件《中共中央　国务院关于进一步深化农村改革扎实推进乡村全面振兴的意见》

内容：强调"瞄准加快突破关键核心技术""深入实施种业振兴行动""加快攻克一批突破性品种""加快国产先进适用农机装备等研发应用""支持发展智慧农业，拓展人工智能、数据、低空等技术应用场景"。

出处：中国政府网

图书在版编目（CIP）数据

产教融合赋能乡村振兴的政策意蕴、学理逻辑与现实
方略 / 盛晓颖著. -- 北京 ：中国农业出版社，2025.
5. -- ISBN 978-7-109-33243-0

Ⅰ. F320.3

中国国家版本馆 CIP 数据核字第 20255CE804 号

产教融合赋能乡村振兴的政策意蕴、学理逻辑与现实方略
CHANJIAO RONGHE FUNENG XIANGCUN ZHENXING DE ZHENGCE YIYUN、
XUELI LUOJI YU XIANSHI FANGLÜE

中国农业出版社出版

地址：北京市朝阳区麦子店街 18 号楼
邮编：100125
责任编辑：王秀田
版式设计：小荷博睿　　责任校对：张雯婷
印刷：北京中兴印刷有限公司
版次：2025 年 5 月第 1 版
印次：2025 年 5 月北京第 1 次印刷
发行：新华书店北京发行所
开本：700mm×1000mm　1/16
印张：13.75
字数：205 千字
定价：68.00 元